함석헌의
종교인식과
그리스도교
생태철학

함석헌의
종교인식과
그리스도교
생태철학

초판 1쇄 2019년 10월 10일

지은이 김대식
펴낸이 김기창
표지디자인 황보형호
본문디자인 銀 ● 인쇄 및 제본 천광인쇄사

펴낸곳 도서출판 문사철
주소 서울 종로구 창경궁로 265 상가동 3층 3호
전화 02 741 7719 ● 팩스 0303 0300 7719
홈페이지 www.lihiphi.com ● 전자우편 lihiphi@lihiphi.com
출판등록 제300-2008-40호

ISBN 979 11 86853 65 8 (93230)
✻ 값은 뒤표지에 있습니다.

함석헌의
종교인식과
그리스도교
생태철학

함석헌평화연구소
김대식 지음

도서출판문사철

머리말
이제는 종교가 우주적으로 깨어나야 할 때: 어떤 존재라도 생명 아닌 것이 있을까요?

독일 소설가 토마스 만Thomas Mann은 『트리스탄』에서 "작가란 다른 누구보다도 글쓰기를 힘들어하는 사람"이라고 자신의 심정을 토로하듯 말을 했습니다. 그러면 저는 과연 작가라 할 수 있을까요? 함석헌에 관한 글을 써서 여러 책도 냈으니 자칭 그렇다고 말할 수도 있을 것입니다. 함석헌은 사상 강연자요 탈종교론적 해체주의자요 규정을 거부하는 아나키즘적 세계 비평론자라고 볼 수도 있습니다. 저도 그와 같은 사람을 우려내는 데 일정시간을 투자했으니, 그 선상에 있는 사람이라고 해도 과언은 아닐 것입니다. 그러나 함석헌에 대한 글뿐만 아니라 어떠한 글을 쓰려고 할 때마다 글쓰기는 여간 힘든 노동이 아닌 것만은 분명합니다. 집중력, 지구력, 공간확보력, 독자적인 시간점유력, 민첩하고도 적절한 정보수집과 판단력, 정교한 개념구성력, 게다가 체력과 자본력까지. 허나 마지막 체력과 자본력은 시간이 갈수록 자신이 없어집니다. 체력은 당연히 나이가 들면서 생기는 늙어감에 대한 거부할 수 없는 시간성 때문이고, 자본력은 돈이 안 되는 글을 써대니 독자들의 접근성을 스스로 막고 있어서 그런 것 같습니다. 아니 솔직히 말하면 저의 글이 머리를 쿨하게 만들어 주는 재미가 없다고 해야 옳은 말이겠습니다.

이번에 내는 책은 오래 전 허물없이 지내던 출판사의 대표님과 만남에서 비롯된 것이었습니다. 하지만 그 출판사 역시 너무 착한 운영(?)에 도산의 쓰디쓴 잔을 마시고 패배를 해버렸습니다. 저간의 사정을 품고 있는 안타까운 기표와 기의를 그냥 방치하기에는 아깝다는 생각에 두 책을 하나로 묶었습니다. 함석헌의 생태철학과 그리스도교 생태철학의 교집합이 크다고 생각하여 병렬적으로 나누면서 수많은 생명들이 똑같은 가치로 이 세상에서 자신의 몫을 다했으면 좋겠다는 바람을 가져보았습니다. 함석헌도 그리스도교적 사유를 가지고 있었던 분이고, 그 종교적 인식이 다양한 관점으로 확대 재생산되는 것을 볼 수 있습니다. 초월을 지향하면서도 수평적 생명을 아우르는 태도는 모두가 씨올 이라는 바탈에서 비롯된 것이라고 봅니다. 이 활자도 씨올 이 버스러지고 꿈틀대는 생명의 아우성들일지도 모릅니다. 그의 겸허한 종교적 감성과 생태적 감수성을 잘 살피면서 그리스도교적 생태철학을 영성적으로 체화하는 흐름으로 이 책을 대한다면 의의가 있을 것입니다.

이 책은 크게 두 부분으로 나누어집니다. 하나는 함석헌에 대한 이야기들을 가장 기초적이고 직관적인 언어로 풀이를 하려고 했던 글들이 묶어진 것이고, 또 다른 하나는 오늘날 환경문제를 간단하게 짚어서 종교적으로 사고하고 실천할 수 있는 글들이 따라붙었습니다. 시간이 갈수록 환경문제는 심각하고 그에 대한 실천은 빈한데, 저부터가 이기적이어서 자연환경과 인간환경 자체를 개선하려고 노력하지 않는 것 같습니다. 한때 환경신학과 환경철학에 대한 논의들이 활발하던 때가 있었지만 지금은 시들해진 것도 그에 대한 담론은 상식이라고 생각하는 경향이 짙어서 일 것입니다. 결국 환경문제는 실천이 관건das Wesentliche인데 불편한 것은 싫다는 사람들의 강한 저항과 외면이 문제라서 부담스러운 학문적 영역이 되어버린 것 같습니다. 물론 이러한 학문을 전공한다는 것은 결국 잔소리꾼이 된다는 것인데, 학문의 영역에서나 삶과 종교 현실에서 잔소리를 누가 좋아하겠습니까. 잘 먹고 잘 살면 행복하다는 논리나 마음을 편안하게 해주는 달콤한 단문들이 더 매력적인 것을. 그러나 필자는 또 잔소리꾼이 되려고 합니다. 서강대학교 대학원 종교학과에서 출발하여 대구가톨릭대학교 대학원에서 종교학을 공부하면서, 생태철학(생태영성)은 신학은 물론이거니와 정치, 경제, 문화, 사회, 철학, 종교, 과학, 인류학 등 여러 분야에서 두루 해박하게 알고 접근해야 하는 종합학문이라는 것을 깨달았습니다. 그것을

20세기 철학자요 신학자인 로마노 과르디니R. Guardini를 통해서 배웠고, 오스트리아 빈대학교에서 과르디니 연구로 박사학위를 받은 스승 전헌호 신부님으로부터 가르침을 이었습니다.

이렇게 장황하게 서문을 장식하고 있는 이유는 필자가 현재 함석헌과 로마노 과르디니를 어떻게 칸트식으로 종합하느냐의 과제를 안고 있다는 말을 하고 싶어서입니다. 함석헌의 자유로운 진리 인식과 실천, 그리고 아름다운 인격체로서의 씨올의 완성에 이르기까지, 그의 사유와 행위는 경험 이전의 순수한 씨올로부터 시작합니다. 아무리 훌륭한 종교라 하더라도 씨올의 종교성은 씨올 자신으로부터 비롯되어야지, 타자의 욕망에 의해서 형성되는 정신체계가 되어서는 안 됩니다. 씨올의 자유, 씨올의 자유로운 사유가 씨올 자신을 규정짓는 핵심이어야 합니다. 그렇다고 해서 씨올이 자기 잘난 맛에 살라는 말이 아닙니다. 씨올은 다른 씨올과 생각을 나누고 연대해야 합니다. 서로 돕는 삶, 곧 '같이살기'가 가능해야 이 세계가 달라집니다. 아귀다툼의 경쟁적 삶을 거부하고 저항하면서 서로 돕고 보완하고 일으켜 세우는 느슨한 연대는 일정한 거리를 두면서 상호간의 울타리를 존중하는 삶입니다. 이것은 자연과 공존하는 삶에서도 전혀 다르지 않습니다. 자연도 씨올에서 나왔고 인간 자신도 씨올이라는 원본적 정체성을 가지고 있으니 동근원적 성격을 지닌 생명적 존재임에 틀림이 없습니다. 따라서 더불어 살고 같이 살기 원하는 것은 인간과 동물을 나누기 이전의 아프리오리한 공통성이라는 점을 잊어서는 안 됩니다.

함석헌의 종교인식과 생태철학, 그리고 그리스도교 생태영성이 잘 이어지도록 활자를 새롭게 앉혀준 〈문사철〉 출판사 대표님께 감사를 드립니다. 한 사람에 의해서 생각이 문자가 되고 다시 활자가 되기까지의 고충을 잘 아시는 김기창 대표님의 배려로 이 책은 다시 탄생한 것이나 다름이 없습니다. 우주에 새겨진 초월자의 생각과 그 초월자와 벗 삼아 온누리에 자신의 기운을 뻗친 자연, 그리고 그에 의해서 오랫동안 진화해온 종교적 심성이 어떻게 어우러져야 하는가는 이제 심각한 인간의 숙제가 되었습니다. 나무에 아로새겨진 정신을 종이에 담아내는 것이 부끄럽기 그지없는 허섭한 생각이나 낡고 오염된 문자를 나열하지 않았을까, 하는 염려를 하게 되는 배경이기도 합니다. 그럼에도 지금까지 가능한 한 순수한 사유와 의식을 지향할 수 있도록 붙잡아 준 사람들, 선조비先祖妣, 그리고 선친先親과 선비先妣의 영혼과도 연결 짓지 않을 수가 없습니다. 또한 진리와 진실에 입각하여 살려고 하시는 덕惠스러운 분들, 황보윤식 선생님, 이호재 선생님, 전헌호 신부님, 차동엽 신부님, 조은식 교수님, 박정환 박사님, 정은희 박사님, 박요섭 목사님, 오희천 교수님, 이찬수 선배님, 이길용 선배님, 이찬옥 권사님, 필자의 친구 신성대 목사, 박광수 목사, 신성열 박사, 그 외 대구가톨릭대학교 대학원 지인들, 익명의 천사들에게까지도 감사합니다. 그리고 가족 공동체라는 울타리에서 자리를 지켜준 안식구 고운과 아들 지원이에게도 고마움을 표합니다. 한 글자, 한 문자의 사유와 삶의 철학은 필자만의 것이 아니라 모든 분들과 함께 나누었던 이야기들이기에 엄밀한 의미에서 텍스트text는 콘텍스트con-text입니다. 그런 뜻에서 종교의 본래성과 우주생명공동체를 위해서 염려하는 지기知己들의 정신이 씨줄과 날줄로 엮고 짜고 꼬아 만든contextus; contexere 이 책이 더 나은 순수한 마음과 생명의 관계를 낳기를 바랄 뿐입니다. 새로운 상호부조 相互扶助의 직조織造를 위해서!

2019년 10월
金大植 書

차례

들어가는 말_이제는 종교가 우주적으로 깨어나야 할 때:
    어떤 존재라도 생명 아닌 것이 있을까요?   4

제1부

1. 함석헌의 생명철학과 영성, 그리고 씨올 에코에티카 두울   15
2. 함석헌의 사상을 생태적으로 읽기 (1)   21
3. 함석헌의 사상을 생태적으로 읽기 (2)   29
4. 함석헌이 말하는 으뜸이 되는 가르침과 얼   39
5. 함석헌을 살아야 합니다!   56
6. 이루지 못한 함석헌의 계몽적 이성   59
7. 함석헌의 '기억'의 신학과 영성적 철학   62
8. 김수환 추기경을 떠나보내며, 한국교회를 탄하다!   72
9. 정부의 종교적 편향, 씨올의 마음이 아닙니다!   76
10. 한국교회 영성의 지정학적 위치에 대한 비판적 고찰   83
11. 우리는 숫자가 아니다!   92
보론 생명에 대한 존재론적 인식과 생명미학적 정치   96

제2부

1. 환경목회, 세계와 교회의 또 하나의 거룩한 소통입니다! 127
2. 자연을 '배려'하는 환경목회 134
3. 환경목회, 생태적 문화영성의 실현 142
4. 소비세계를 향한 외침, 성 아우구스티누스의 '애덕'은 죽었는가! 148
5. 성 베네딕도의 '겸손의 영성'과 생태적 리더십 155
6. 빙엔의 힐데가르트의 '바라봄'의 영성과 생태미학 161
7. 생태인류학의 선구자 마이스터 에크하르트,
   우주적 지성(직관)으로 땅과 하늘을 잇다! 168
8. 성 프란치스코의 '가난'의 영성과 생태심리학 175
9. 성 이냐시오 로욜라와 생태영성 182
10. 에디트 슈타인의 영성과 현상학적 환경철학 189
11. 토마스 머튼의 하나님 맛봄의 영성과 범지구적 활동 관상 196
12. 21세기 지구를 위한 영성과 환경목회의 방향 203
보론 수도원의 탈시공간의 의미와 수도자의 식탁,
   그리고 대안적 먹거리 공동체의 가능성 210

참고문헌 254

제1부

1
함석헌의 생명철학과 영성, 그리고 씨올 에코에티카 두울

▎씨올 에코에티카 하나: 씨올이 생명이다!

함석헌의 「맘」이라는 시에 보면 이런 싯귀가 나옵니다. "맘은 씨올/ 꽃이 떨어져 여무는 씨의 여무진 올/ 모든 자람의 끝이면서/ 또 온갖 벙삶의 어머니." 그 뿐만이 아닙니다. 그는 '맘'을 꽃, 시내, 구름, 높은 봉, 호수, 별, 바람 등으로 비유합니다. 함석헌에게 있어서 씨올은 자연입니다. 그러니 맘(마음)이라는 것은 자연스러움입니다. 인간의 맘은 자연, 곧 우주를 닮게 되어 있다는 말입니다. 맘이 씨올이라고 말할 수 있었던 것은 인간의 맘이 생명의 원천이자, 근간이기 때문입니다. 다시 말해서 씨올이 생명인 것입니다.

그런데 그 맘은 자연을 닮았기 때문에 자연을 그려낼 수 있습니다. 우리는 그것을 '맘결'이라고 부릅니다. '마음-무늬' 정도로 해석해도 무난할 것입니다. 그렇다면 인간의 마음-무늬, 인간의 마음-상태는 어디서 온 것일까요? 그것은 다름 아닌 자연에서 온 것입니다. 인간의 마음이 자연을 닮아서 그 안에 씨올이 영글어 간다고 할 때 그것이 곧 생명을 살리는 정신이 되는 것입니다. 그래서 그 정신은 모든 것들을 살리는 혁명의 씨앗이 됩니다. 그러한 맥락에서 함석헌은 "공㎯을 위하는 것이 정신"이라고 말합니다. 그는 공을 "세계"와 동일시합니다. 우리가 살고 있는 생명세계가 살만한 세상이 되기 위해서는 정신이 깨어 있어야 합니다. 정신이 깨어 있어야만 생명세계, 삶의 세계의 무늬가 아름다워질 수 있습니다. 그러하기에 함석헌은 민중의 의식, 곧 양심과 지식이 고양되어야만 세계가 달라질 수 있다고 말합니다. 오늘날 세계는 죽음의 무늬로 드리워져 있습니다. 죽음의 그림자가 전 세계, 온 우주를 뒤덮고 있습니다. 그러한 죽음의 무늬를 삶의 무늬로 만들어내기 위해서는 반드시 씨올의 정신을 일깨워야 합니다. 자신의 이익을 위하고, 자본을 위하는 세계는 정신이 깨어 있다고 말할 수 없습니다. 오히려 정신 그 자체가 생명(세계)의 혁명이 되기 위해서는 나의 마음-무늬의 근원을 살펴야만 합니다. 먼저 그 근원을 깨닫는 것이야말로 세계를 일으킬 정신이 깨어날 수 있는 길입니다.

우리가 살고 있는 생명세계, 삶의 세계가 온전해지기 위해서는 씨올의 마음-무늬, 마음-상태의 혁명이 일어나야 합니다. 달리 말해서 맘이 씨올이 되어서 여물고 또 여물어야 합니다. 그것을 '맘-가짐'이라고 말할 수 있겠습니다. 씨올이 여물고 생명이 되어서 세계의 충만한 정신으로 드러나기 위해서는 '맘-가짐'이 필요합니다. 그 맘-가짐은 말 그대로 마음을 가진다는 소유의 개념이 아니라, '마음 바탕, 혹은 근본을 갖추어서 지니는 것'을 말합니다. 그것은 인간의 마음에 마땅히 있어야 할 올곧은 삶의 자세와 태도를 갖추는 것입니다. 마음을 생명의 마음으로 가꾸는 것은 소유하려는 욕망과는 다른 차원입니다. 인간이 자신의 '맘-가짐'을 진정으로 새롭게 할 때 모든 것을 버릴 수 있습니다. '맘-가짐'이 새로운 인간은 생명세계의 일원으로서 모든 것을 버릴 때 비로소 가질 수 있다는 것을 알게 될 것입니다. 그러므로 우리의 삶의 세계가 복원되기 위해서는 씨올의 마음-가짐이 바뀌어야 합니다. 돈과 명예, 권력, 지위, 학식 등으로 일관된 소유 양식에서 탈피해서 씨올로서의 삶, 즉 맘이 씨올이 되어 여물어야 합니다. 씨올이 죽어 없어져서 세계를 살리는 에너지가 되어야 합니다. 그래서 씨올은 착함이며, 겸손입니다.

함석헌이 말했듯이 우리는 맑은 향을 토해내는 씨올로서 변화해야 합니다. 그것이야말로 씨올이 여물어서 자람의 끝에서 피어나는 생명의 향기가 될 수 있기 때문입니다. 앞에서 말한 것처럼 씨올의 마음-무늬, 마음-상태는 자연에서 왔습니다. 자연을 닮았습니다. 그것을 깨닫는 것이 마음-가짐입니다. 그러므로 '맘결'을 곱게 하고자 한다면 '맘가짐'을 달리 해야만 합니다. 맘가짐을 바르게 하기 위해서는 씨올의 근본을 깨달아 그 깨달음을 잘 간직하여 지니는 것입니다.

마음에도 결이 있듯이, 자연에도 결이 있습니다. 함석헌은 그것을 꽃, 시내, 구름, 높은 봉, 호수, 별, 바람 등으로 묘사하고 있습니다. 바람결, 눈결, 물결, 나무결 등 우주의 모양과 상태 또는 시간이나 때를 나타내는 말을 붙여서 자연의 무늬를 나타내듯이 사람의 마음에도 결이 있습니다. 그것을 우리는 숨결, 맘결이라고 말합니다. 사람에게는 숨과 마음이 생명입니다. 그것조차도 '결'이 자연을 닮았다는 것을 함석헌은 잘 말해주고 있습니다. 그러므로 함석헌의 에코에티카 Ecoethica의 첫 번째 공리公理, axiom는 "씨올은 생명이다", 혹은 "씨올은 자연을 닮았다"라고 말할 수 있을 것입니다.

씨올 에코에티카 두울: 씨올의 생명 노래를 불러라!

"우리 본바탕이 문제다. 그것을 피어내야 한다. 생명은 스스로 피어나는 것이다. 그래서 피ㅁ다. 같은 생명이 피기에 따라 잎이 되고, 꽃이 되고, 동물이 되고, 사람이 되고, 노래·춤·학문·영이 된다. 사람의 생명은 그 됨이 과일과 같다. …… 아무리 잘 먹어도 씨는 못 먹는다. 씨는 도둑질 못한다. 도둑질할 필요 없이 도둑질하려고 해도 할 수 없는 것이 씨다. 우리 몸도 그렇다. 나의 참 나는 내 속에 있는 씨다. …… 우리의 씨는 인仁이다. 사랑이다. 참이다. 공자의 인仁은 사랑과 참을 한 데 합해 한 말이다. 그것이 우리 바탕이다."

씨올의 생명 노래의 핵심은 인仁, 곧 사랑입니다. 소리는 시간의 흐름 속에서 공기의 파장과 진동을 일으켜 사람의 귀에 전달됩니다. 그것이 노래입니다. 울려 퍼지는 것이 노래입니다. 공기와 바람 사이사이를 돌아다니며 사람들에게 전달되는 소리는 노래가 되고 소음이 되고 정보가 되고 사랑이 되고 죽음이 되기도 합니다. 그러나 '참 나 속에 있는 씨'는, 함석헌의 논리에 따르면, 사랑의 노래를 부르기를 원합니다. 아니 우리의 마음 바탕은 생명의 노래를 부르는 참된 씨를 가지고 있습니다. 참된 나는 내 속에 들어 있어서 생명을 살리는 씨가 됩니다. 그 씨는 사랑이며 인이며 참입니다. 그러므로 참된 세계를 만들어 가는 생명의 씨는 사랑입니다. 사랑만이 거짓과 위선, 죽음의 세계를 참된 세계, 사랑의 세계로 만들어갈 수 있습니다. 씨올은 본바탕의 노래인 생명을 노래해야 합니다. 세계에 참된 생명이 피어나도록 생명의 울림이 있어야 합니다. 그 생명의 울림은 지속적으로 울려야 합니다. 한번이 아니라 계속해서 생성되는 울림이어야만 합니다. 씨올의 생명에서 또 다른 씨올의 생명으로 이어지는 생명은 끊임없이 울려 퍼지는 생명의 노래이며 온갖 세파와 죽음의 풍랑을 거슬러 울려 퍼지는 노래여야 합니다. 그래서 함석헌은 다음과 같이 말합니다. "생명은 지속이다. 끊이지 않고, 끊어졌다가도 다시 잇는 것이 생명이다. 또 한 번 해보는 것이 생명이다." 생명의 울림은 생명과 생명의 어울림일 뿐만 아니라 반생명적인 행위자에게도 울림이 되어 생명 안에서 서로 어울리는 울림이 되어야 합니다. 울림이 공명이 되어 온 우주의 제 생명적인들이 울리고 또 울려서 영원히 지속되는 것이 생명[삶숨]이 되기 때문입니다.

자연이 유린되는 험난한 과정 속에서 어느 때보다도 씨올의 저항은 필연적으로 요청됩니다. 자연을 폭력으로 대하는 인간들에게 생명의 노래를 통한 비폭력적인 저항은 반생명적 행위에 대한 철저한 거부이자 맞섬입니다. 그것은 자연이 우리 인간의 이익과 수단으로서의 맞섬으로 여기는 행태에 대한 다시 맞섬입니다. 생명인 모든 것들에 대해서 마주 서서 사랑의 눈빛을 교환하며 사랑의 노래를 부르면서 교감하는 참된 나로서의 씨올은 자연의 폭력에 대한 비폭력적인 저항 운동을 전개합니다. 그것은 함석헌이 말한 것처럼, "생명은 대듦[저항]이다. … 생명은 자기주장이다. … 생명은 '노우!'다."라고 말한 것에서도 잘 드러납니다. 생명이 있는 모든 것은 자기주장에 입각해서 반생명적인 것에 대해 '안 돼'라고 단호히 말할 수 있는 것이고, 마주 서서 생명과 대화할 것을 바라는 성찰적 자세이기도 합니다. 더 나아가서 그것은 함석헌이 말한 대로 비인간성을 이기고 늘 자신을 초월하는 참사람이 되기 위한 앎의 태도입니다. 생명을 알기 때문에 저항하는 것이 아니라, 반생명적인 것에 대해 저항하게 되면 생명이 된다는 것을 알게 됩니다. "'아니'하면 '안다'"가 그러한 뜻입니다.

함석헌은 "죽어서도 생각은 계속해야 한다. 뚫어봄은 생각하는 데서 나온다"는 말을 한 적이 있습니다. 우리가 지금 해야 할 것은 생명에 대한 생각, 생각이 깊어지는 생각, 생명을 생명으로 대할 수 있는 생각이라고 봅니다. 그것은 우리의 생명이 다하는 그 날까지 나의 생명뿐만 아니라 나를 생명 되게 하는 모든 생명적인 것에 대한 생각에 대한 꿰뚫어-봄에서 비롯됩니다. 죽임의 현상, 반생명적인 문화, 비인간적인 자본, 시대의 가벼움 등을 그저 응시하는 자세가 아니라 정확히 꿰뚫어서 바라보아야만 생각이 자랄 수 있습니다. 생각이 자라나면 그 생명이 나의 생명이 될 수 있을 것이고, 또한 그 생명은 많은 생명적인 것들이 될 수 있기 때문입니다. "생명의 가장 높은 운동은 돌아옴이다. 생각이란, 정신이란, 창조주에게서 발사된 생명이 무한의 벽을 치고 제 나온 근본에 돌아오는 것이다." 함석헌의 말처럼, '제 생명'을 소중히 여길 수 있으려면 자신의 근본을 돌이켜 생각해볼 수 있어야만 합니다. 그래야 생명의 노래는 지금 여기에서만 그치는 것이 아니라 우리의 미지의 후손들을 통해서도 사랑의 노래, 생명의 노래가 온 우주에 울려 퍼질 것이기 때문입니다. 따라서 함석헌이 말하는 에코에티카의 두 번째 공리는 바로 이것입니다. "생명의 노래를 불러 그 생명이 피어나게 하라!"

2

함석헌의 사상을 생태적으로 읽기 (1)

"복숭아가 살을 먹힘으로만 씨를 드러낼 수 있고, 씨가 나와야 종자가 퍼질 수 있듯이 사람도 남을 위해 내 심정을 주어야만 나의 인격의 핵심이 드러날 수 있고, 인격의 핵심이 드러나면 내가 진리를 세상에 퍼치게 되고, 나와 같은 사람을 얻게 된다."

▌ 환경문제의 딜레마:
"사람의 가장 귀한 것은 자기를 돌아볼 줄을 아는 일이다!"

환경문제는 곧 인간의 문제입니다. 이 말은 환경문제의 시발점이 인간의 의식과 행위에서 비롯되었다는 말입니다. 그래서 환경문제를 해결하기 위해 환경과 인간이라는 두 마리 토끼를 한꺼번에 잡아야 한다는 논리가 우리를 더욱 난감하게 만듭니다. 그럼에도 굳이 어느 쪽에 우선을 두어야 할 것인가를 논하자면 인간의 문제를 먼저 다루고, 그 다음에 환경 문제로 시선을 돌려야 할 것입니다. 그만큼 인간 자체, 인간과 환경의 상호관계성에서 이기적일 수밖에 없는 인간이 어떻게 의지적으로 변할 수 있느냐에 따라 자연과의 공존 여부가 달라질 수 있다고 봅니다. 아무리 환경문제를 해결하기 위해서 선진국의 정책을 도입한다고 하더라도, 그 공동체를 구성하고 있는 인간이 달라지지 않는 한 근시안적인 정책policy은 품위polish가 없는 또 다른 조작과 꼼수의 정치politics로 전락할 수밖에 없기 때문입니다.

지금까지 환경문제를 접근하는 방식을 보면, 인간 의식의 변화와 정신의 성숙에 초점을 맞추었다기보다는 눈에 보이는 가시적 이벤트, 프로그램, 그리고 정치 및 정책 등에만 지나치게 집중하였다는 인상을 받게 됩니다. 여기에는 한국 NGO, 특히 환경단체의 활동 자금을 위한 모금과 밀접한 관계가 있기 때문이라고 봅니다. 다시 말해서 '돈'의 문제라는 것입니다. 환경운동을 전개하는 데에는 막대한 예산이 투입되는데 이것을 각각의 환경단체가 감당하기에는 그 예산이 턱없이 부족하다보니 가시적 활동, 근시안적 정책 입안, 전시 행정 등으로 일관하면서 모금 홍보 활동 같은 환경운동이 되버렸다는 말입니다. 그렇게라도 하지 않는다면 수많은 익명의 회원들이 회비를 납부해줄리 없기 때문입니다. 최악에 경우에는 정부로부터 지원을 받아가면서 운동을 전개해야 하는데, 거기에 무슨 환경정치를 위한 중립성과 비판이 있을 수 있겠습니까? 보이기 위한 환경운동이 낳은 병폐인 듯싶습니다. 모금, 즉 돈과 관련하여 환경단체들이 자유로울 수 없고, 시민들의 의식 개조가 아닌 먼저 환경운동단체의 의식 개조가 되지 않는다면 운동의 투명성과 순수성을 상실할 수밖에 없습니다. 그런 투명성과 순수성을 담보로 환경을 잡기 위해 몸부림치던 사람들이 돈 때문에 발목을 잡힐 수는 없는 노릇이지요.

인간 의식의 변화(이성의 진보)는 진화론적으로 보더라도 가장 늦게

더디 진화되어 왔습니다. 그런 연유로 환경운동단체들이 먼저 관심을 기울어야 하는 것은 인간의식의 개조와 변화에 있는 것입니다. 그래서 함석헌은 "사람의 가장 귀한 것은 자기를 돌아볼 줄을 아는 일이다. … 진화의 난 끝을 의식이라 할 것인데, 의식은 생명의 스스로를 돌아봄 곧 자기반성이라 할 수 있다."고 말했는지 모릅니다. 환경운동가 자신의 자기반성, 즉 스스로 돌아봄reflectere이 있어야 사회가 계몽될 수 있는 것이고, 그 계몽을 통하여 자연이 자연으로서 존재 세계를 확보할 수 있게 되는 것입니다.

▍환경문제와 씨울의 정신: "모든 문제는 결국 정신 문제다!"

씨울 은 대지에서 움트는 생명력이자, 인간 본성을 자라게 하는 정신 에너지입니다. 그 정신은 자신을 자유롭게 할 뿐만 아니라 우주를 놓아두는 초월성을 지녔습니다. 이에 함석헌은, "사람은 정신이요, 정신은 자유하는 것"이라고 말합니다. 올바른 정신을 가지고 있는 인간이라면, 자신뿐만 아니라 모든 존재들을 구속하고 소유하려는 자세를 버립니다. 그래서 먼저 사람 자체가 정신이 되어야 합니다. 정신이 된 사람, 정신이 된 씨울 이어야 비로소 모든 생명의 죽임을 지양하고, 온갖 죽음의 문화를 삶의 문화로 전환할 수 있는 것입니다. 그의 표현대로 "죽음을 죽음으로 알지 않으므로 정신이 된다"고 말할 수 있는 씨울 은 죽음까지도 넘어서는 자유로운 정신을 갖고 있기 때문입니다. 그러므로 씨울 은 "제 생각"을 할 수 있어야 합니다. 그것이 민족의 시작이자, 기틀이라고 함석헌이 말한 것처럼, "제 생각"은 바른 생각, 온전한 생각, 자주적인 생각, 생명의 생각으로 볼 수 있습니다. 환경문제를 해결하기 위한 인간학적 태도는 바로 환경운동가와 그러한 운동에 동참하는 모든 사람들이 "제 생각"을 갖는 것입니다. "제 생각"을 가진 사람들에게는 '생명이 인仁'이라는 것을 깨닫게 됩니다. 함석헌의 주장대로 생명에 대한 '아가페'의 발로가 되는 것입니다. 씨울이 "제 생각"을 가진 자유로운 정신이 된다면 씨울의 행위는 자연히 생명 일반을 향한 생명적인 행위가 묻어날 것입니다.

함석헌은 말합니다. "고난의 역사는 고난의 말로 써라." 그런데 인간의 삶의 역사만이 고난의 역사가 아닙니다. 환경의 역사도 고난의 역사입니다. 그 동안 우리는 '자연을 통해 주시는 하늘의 말씀을 들으려 하지 않았던 짐승이었고, 짐승만도 못한 죄수'였기에 자연이 고난을 당한다는 의식을 하지 못했습니다. 그러니 이제는 인간의 역사뿐만 아니라 환경의 역사도 고난의 말로 써야 할지 모르겠습니다. 그 고난의 언어는 어디서 나오는 것일까요? 바로 씨울의 정신입니다. 씨울의 제 생각입니다. 씨울이 "제 생각"을 갖고 산다면, 자신만이 씨울이 아니라 씨울을 씨울되게 했던 그 근원인 우주를 참 생명의 씨울로 여길 수 있을 것입니다.

| **환경문제와 새로운 인간학: 우주의 씨울을 체험해야 합니다!**

'자연을 어떻게 인식하느냐'라는 인식론적 사유는 자연을 생명으로, 살아-있음으로 바라보는 생명 인식의 근본적인 물음입니다. 자연에 대한 생명 인식론적 사유는 자연의 '격格'을 달리 할 수 있는 중요한 인식의 전환이기도 합니다. '격'은 자연의 '자리'를 인정하고, 자연의 생명'다움'을 존중하는 것입니다. 그런데 자연에 '격'을 부여한다는 것

은 어떤 의미에서 인간의 '인격'이 선행되어야 합니다. 인간의 인간다움과 인간의 자기 본래성, 인간 그 고유의 자리를 인정받고자 한다면, 오히려 우주 전체의 '자리[格]'에서 인간의 '자리[格]'를 물어야 합니다. 그러므로 인간의 인격은 '환경인격', '생명인격', '생태인격'이 되어야 합니다. 인간에게만 '격格'이 있고, 자기 자신다움이 있다는 것은 인간의 오만입니다. 그러한 인간이 환경의 근본적인 문제를 가져왔고, 또한 그 문제조차도 치유하지 못하는 것입니다.

따라서 오늘날의 환경문제를 해결하기 위한 과제로는 먼저 새로운 인간학이 요청됩니다. 필자는 그 새로운 인간학의 단초를 함석헌의 씨올 사상에서 찾을 수 있다고 생각합니다.

"그렇다, 깨달아야 믿음이다. 못 깨달으면 미신이요, 기적이요, 깨달으면 정신正信이요, 권능이다. 무엇을 깨닫는다는 말인가. 나를 깨닫는다는 말이다. 역사를 깨닫는다는 말이다. 역사의 책임을 지는 나요, 나의 실현된 것이 역사임을 깨달아야 믿음이다. 그 믿음을 가져야 인격이요, 국민이요, 문화의 창조자이다."

이러한 함석헌의 사상을 보면, 중세의 신비가 마이스터 에크하르트 M. Eckhart(1260-1327?)와 그의 사상을 잘 풀이한 매튜 폭스 M. Fox가 말한 의식과 정신의 '깨어남'과 매우 흡사합니다. 역사의 나를 깨달음, 그 역사적 존재로서의 자기 존재를 깨닫는 것이 인간 현존재를 인격이라 한 함석헌의 사상은 우주 전체 속에서 자신을 깨닫고 모든 생명들과 함께 생명을 깨치고 살아가는 인간의 자리를 잘 말하고 있습니다.

생명이 있는 모든 것들은 고유한 자신의 자리에서 '자신답게' 살도록 되어 있습니다. 이른바 생명 일반은 생명으로서 있을 자격, 생명-다움으로 살아갈 우주 안에서의 위치가 있습니다. 필자는 그것을 인정하고 존중하는 것이 환경인격, 생명인격, 생태인격이라 했습니다. 그런데 이러한 환경운동, 생명운동을 전개하면서 정책을 입안하여 반생태적 정부나 반생명적 사회와 맞서는 사람 역시 '사람다움[人格]', '사람의 품격', '사람-됨됨이'가 근본이 되어야 합니다. 그래야 '사람다움'을 기본으로 여기며 모든 생명에 대해서도 '생명-다움'으로 품을 수 있는 것입니다. 이 '사람다움'이 인간, 즉 사람과 사람 사이에 가져야 할 예禮로서의 꾸밈[格式]이라면, '생명다움'은 사람을 포함한 모든 생명들 사이의 보편적, 형식적 격식입니다. 이 말은 자연 자체가 인격이 있다는 말이 아니라 도덕적 고려의 대상 혹은 존재ens라는 점에서 그 격格을 상정해야만 한다는 것입니다. 자연을 비소유의 존재ens로 인식하는 씨올 인간학은 모든 생명들 안에 신과 우주의 정신을 머금고 끊임없이 생성하고자 하는 능력(의지)을 배태하고 있다는 것을 인식하는 것입니다. 다시 말해서 모든 것 안에 '씨올 이-있음'으로 보고자 하는 것입니다. 민초가 씨올 이듯이, 백성 안에 씨올 이 있듯이, 우주 안에 씨올 이 있음을 알고 우주의 씨올 을 경험하는 것입니다. 함석헌은 이것을 "나무가 땅에서 난 것이면 생명은 우주에서 난 것이다"라고 말했습니다. 또한 우주의 생명을 신에 빗대어 이렇게 표현했습니다.

"하나님의 입이 있다면 산에 있고, 바다에 있고, 풀과 꽃과 벌레에 있고, 햇빛과 구름과 바람에 있다. 자연이야말로 하나님의 말씀이 아닌가? 산색개비청정신山色豈非淸淨身, 계성편시장광설溪聲便是長廣舌-바위 빼나고 숲 우거진 봉우리 그대로가 하나님의 몸이요, 고함치다, 속삭이다, 노래하다 하는 시냇물 소리 그대로가 하나님의 음성이다. 자연은 벌레처럼 파먹기나 할 미끼가 아니요, 깊은 가르침을 주는 스승이요, 간절한 위로를 주는 친구다."

자연을 신의 몸과 음성으로 혹은 스승과 친구로 표현하고 있는 함석헌의 생태적 사유는 앞서 말한 중세의 신비가 마이스터 에크하르트와 많이 닮았습니다. 만물 안에서 신을 볼 줄 알았던 에크하르트의 속 알맹이와 자연 안에서 씨올 이-있음을 인식할 수 있었던 함석헌의 속 알맹이는 일맥상통합니다. 그들은 자연 안에 우주의 씨올 이-있음을 깨우쳤던 것입니다. 그런데 그들이 들었던 씨올의 소리는 백성, 즉 사람에게만 있지 않습니다. 씨올의 소리는 사람의 소리만 아니라 우주의 속 알맹이에서 나오는 고통과 고난의 외침입니다. 우리는 지금 저 속 깊은 곳에서 처절하게 울부짖는 자연의 소리를, 자신이 지닌 씨올의 소리를 들어달라고 말하고 있는 존재론적 외침을 외면하지 말아야 합니다. 그것이 씨올의 속 알맹이와 우주의 속 알맹이가 만나는 것입니다. 함석헌은 이것을 이렇게 표현한 바 있습니다. "우리는 우리가 스스로 '인仁'한 사람임을 믿어야 한다. … '인'은 알맹이다. 그것이 곧 생명이다. 하나님의 명이다. 없어질 수 없다. … 하나님이 우리에게 주신 '착함'이다."

원래 '인격'을 의미하는 영어의 'personality'는 라틴어의 'persona'에서 왔는데, 그 어원을 좀 더 파헤쳐보면 '소리의 울림'을 뜻하는 'personare'에서 파생되었음을 알 수 있습니다. 신이 우리에게 주신 착함, 그것은 소리의 울림, 즉 자연이 우리에게 뚱겨주는 소리, 아픔의 소리, 우주의 서로-울림의 소리를 들을 수 있는 속 알맹이입니다. 그 속 알맹이가 인격이요, 인품이 되는 것입니다. 그 속 알맹이가 하나님이 우리에게 주신 '착함'의 본질입니다.

'격格'이라는 한자어는 '나무의 가지가 이르러 닿다'와 '쑥 내밀다'라는 속뜻을 담고 있습니다. 지금 우리는 하늘을 향해 뻗어 있는 생명을 바로잡기[格] 위해서 진정한 생태적 휴머니즘이 필요합니다. 그 생태적 휴머니즘은 자신을 철저하게 반성하고 씨올의 정신을 가다듬으며 자신을 깨닫는 인격자에 기반을 두는 것입니다. 각자覺者의 삶은 비단 자신이 '정신'이라는 사실을 알아차리는 것뿐만 아니라 자연이 거대한 씨올의 생명을 배태하고 있음을 알고 자연에게 손을 내밀어 같은 생명으로 맞닿아 한올지게 살아가는 것입니다. 그것이야말로 씨올이 "제 생각"을 가지고 갈가위 같은 죽임의 문화꾼을 극복하고 환경인격을 가진 살림의 문화꾼으로 살아가는 길이라고 생각합니다.

3
함석헌의 사상을 생태적으로 읽기 (2)

▎환경문제와 생철학으로서의 맑은 정신: "생명은 거룩한 것이다!"

함석헌에게 있어서 "생명은 자람이요, 피어남이요, 낳음이요, 만듦이요, 지어냄이요, 이루잠"입니다. 또한 '생명은 피어나고 터지고 달려가고 뛰어가는 늘 새로운 것'입니다. 그래서 그는 생명을 긴장이라고 말합니다. "삶은 한 개 켱김[緊張]이다." 그런 뜻에서 보면, 삶은 명사적 동사입니다. 삶 혹은 생명이란 정지한 듯하고 고정되어 있는 것 같지만, 실상은 멈추지 않고 영원히 운동하는 속성을 가졌습니다. 그렇게 팽팽한 우주의 긴장을 '생명의 알-짬'이라고 말할 수 있다면, 생명의 실이 엉키지 않고 삶과 죽음, 전체와 나, 공公과 사私를 초월하는 거룩함이 필요합니다. 거룩함은 삶도 있고 죽음도 있으며, 전체도 있고 나도 있으며, 공도 있고 사도 있다는 삶의 초월성입니다. 그렇게 할 때 마치 삶의 양끝에 있는 것들의 생명실이 엉키지 않고 우주라는 '생명꾸러미' 안에 함께 있을 수 있는 것입니다[共存在(더불어-있음)]. 그것은 어떤 의미에서 "삶은 곧[直, 貞]이다", '삶은 가운데[中], 바름이다', "삶은 되풀이

인듯하면서도 늘 새롭고, 한없이 많은듯하면서도 하나다"라고 말한 함석헌의 생철학적 표현에서 잘 드러난 바와 같이, 히브리성서(구약성서) 「레위기」에 나타난 '거룩함kadosh(레위 11:45, 20:7-8 참조)과도 잘 어울립니다. 비록 거룩함이 '구별'을 의미하는 용어로 사용되기는 하지만, 무엇과 구별되기 위해서는 엉키지 않음, 섞이지 않음, 올곧음, 올바름, 완전함, 깨끗함(맑음)이 있어야 하기 때문입니다.

삶은 새로움이고 하나[큼, 불변, 통일, 가득함, 바름 등]입니다. 그것은 또한 자유함입니다. 함석헌은 이를 두고 "생명은 스스로 끊임없이 피어나고 지어내는 것이기 때문에 늘 어디 가든지 막아냄, 건드림, 잡아당김을 느낀다. 그것을 이기고 제대로 하는 것, 자유하는 것이 생명이다. 새롭다는 것은 자유하는 힘을 가졌다는 말이다"라고 말하고 있습니다. 그러므로 생명이 거룩하다는 것 혹은 생명이 거룩하기 위한 조건은 제 생명을 생명이 되도록 내버려두는 것, 제 생명을 살아낼 수 있도록 삶과 죽음, 전체와 나의 생명 잔치에서 소외시키지 않는 스스로 그러함[自然/自由]입니다.

생명이 '거룩하다는 것'은 '맑은 것'입니다. 이 맑은 것은, 함석헌의 논리에 따르면, 지수화풍地水火風으로서, 그것을 통해서 만물이 온전하게 되는 것을 말합니다. 이른바 '옹근 생명'입니다. 거룩한 것, 혹은 맑은 생명은 '흠이 아니 간 것', '이지러짐이 없는 것'입니다. 따라서 '옹근 생명'은 거룩한 것입니다. "거룩은 아무도 손을 댈 수 없고, 마음을 거기 붙일 수 없고, 비평을 할 수 없고, 건드릴 수 없는 것이다." 이 거룩한 옹근 생명[holy]을 통해서 만물[wholly]이 나옵니다. 그러므로 거룩한 생명인 자연을 아무도 손댈 수 없습니다(자연의 폭력화에 대한 저항), 아무도 마음을 거기 붙일 수 없습니다(자연의 소유화에 대한 저항), 아무도 비평을 할 수 없습니다(자연의 무정신화無精神化에 대한 저항), 아무도 건드릴 수 없습니다(자연의 수단화와 착취화에 대한 저항).

이제 우리는 함석헌의 표현대로, "삶이 스스로 새로워지는 삶이라면 삶의 길이란 스스로 새로워지는 생명의 불도가니 속에서만 있을 수 있는 일"이라는 것을 인정하고 늘 정신을 새롭게 하는 일 뿐입니다. 그가 말한 것처럼, "정신은 아무것도 섞인 것이 없이 맑아야" 합니다. 맑은 것이 거룩한 것이라 했으니, '옹근 생명'을 거룩한 것으로 마주 대하자면 정신을 맑게 해야 합니다. 뿐만 아니라 정신 속에 들어 온 외물外物, 즉 '욕심'을 덜어내는 일이 시급합니다. 맑은 정신 스스로 삶을 살아가도록 내버려두는 것이 아니라, 그 맑은 정신 속에 하고자 하는 인위人爲적인 마음, 즉 불순물인 욕심으로 채워둔다면 자연은 하고자 하는 그 인위에 지배되어 버리기 때문에 거룩한 '옹근 생명'이라는 인식이 생길 수 없습니다. 그러므로 맑은 정신으로 자연을 바라봐야 '옹근 생명'이 자란다는 '생각'을 할 수 있습니다. 왜냐하면 '생각 없이 생명을 알 수 없기 때문'입니다.

'옹근 생명'을 속 깊이 생각하고 우리의 삶을 생생하게 살아 있게 하기 위해서는 절대와 상대를 다 살려야 합니다. 절대와 상대가 따로 떨어져서 절대만이 거룩하다고 치우친(얕은) 생각을 한다면, 삶은 쪼개지고 거룩해질 수 없습니다. 삶이 생생하게 드러나고 살아가도록 만드는 것은, 삶, 즉 생生이 스스로 새로워지도록 만드는 것입니다. 그러기 위해서는 다음과 같은 함석헌의 생명역사관을 견지할 필요가 있다고 봅니다. "세계는 시시각각으로 낡아가는 세계지만 그것을 하나님의 영원을 드러내고, 하나님은 거룩한 하나님이지만 시시각각으로 그 세계에 사랑의 손을 대기를 아끼지 않는 하나님이다. 이리하여 영원히 새로워지는 생명의 역사 바퀴는 구른다." 이제 생명세계 안에서 신의 영원을 드러내고, 세계의 거룩함을 알리는 것은 씨올의 몫입니다. 그러므로 맑은 정신을 지닌 생각지기 씨올 [民]들이 이러한 생명의 역사 바퀴를 굴리는 데 일조해야 하지 않을까요?

▍함석헌의 자연 해석학: "삶[生]이요, 숨[命]이다. 돼감[歷史]"

"사람이 하는 것은 행동이다. 그저 걸어가는 것이다. 가고 가고 또 가는 것이 인생이요, 우주요, 생명이다." 이런 함석헌의 논조 속에는 모든 것은 머물지 않고 단지 쉴 뿐, 그저 걸어감, 살아감, 찾아감 일 뿐이라는 것을 암시하고 있습니다. 그런데 삶[生]도 숨[命]이 되어[生命] 끊어지지 않고 가고 또 가는 것, 그래서 살아가는 것, 그것이 역사歷史(돼감) 아니던가요? 함석헌의 정신을 헤아려보면, 그 질긴 역사의 바탕에는 인간의 무늬[人文]만 있었던 것이 아닙니다. 자연의 무늬가 있어서 그것이 우러나와 인간의 무늬가 형성된 것입니다. 그러니 사람의 얼이 따로 있고 자연의 얼이 따로 있는 것이 아니라, '삶숨[生命]의 얼'이 있는 것입니다. 필자는 이것을 '삶이요 숨으로 이어지는 자연 해석학'이라 말하고 싶습니다. 그러므로 인간의 삶의 텍스트text는 늘 자연과 함께-해온 텍스트con-text입니다. 함석헌에게 있어서 삶의 텍스트와 콘텍스트는 서로 중첩되어 있습니다. 삶숨은 텍스트이자 동시에 콘텍스트이기 때문입니다.

"나무는 땅이 하늘 향해 올리는 기도祈禱요 찬송讚頌이다. 하늘에서 내린 것에 제 마음을 넣어서 돌린 것이 숲이요 꽃이다. … 머리 위의 저 푸른 하늘은 우리 정신의 숲이다", "자연이 … 우리 정신교육의 교과서도 된다"라는 표현들은 그가 자연을 어떻게 생각하고 있는지에 대한 해석학적 관점을 잘 읽을 수 있습니다.

함석헌에 따르면, "세계는 생명을 죽이기 때문에 더럽다"고 했습니다. 이 세계의 생명 죽임을 극복할 수 있는 한 가지 방법은 '혁명'입니다. 그런데 그 혁명이란 그냥 되는 것이 아닙니다. 생명에 대한 해석, 자연에 대한 해석, 세계에 대한 명료한 해석이 필요합니다. 가다머 H.-G. Gadamer(1900-2002)나 그롱댕J. Grondin은 '해석학적 보편성'을 인간의 '내적 언어im verbum interius'로 보았습니다. 그러면 함석헌에게 있어서 모든 것을 말할 수 없는 그것, 언어를 통해서 끊임없이 진술되어야 하는 이 세계를 해석학적 언어로 담아낸다면 어떤 것이 있을까요? 삶숨, 얼, 정신, 씨올, 비폭력, 저항, 혁명 등. 이미 함석헌은 이런 혜안을 갖고 있었습니다. "혁명은 해석에서부터 시작이다. 이 우주는 뜻의 우주이므로 중요한 것이 해석이다", "혁명은 뒤집어엎음이다", 또한 간디의 말을 인용하면서, "혁명이란 맨 첨 원리에 돌아감이다"라고 말한 것처럼 자연은 돌아가기를 원합니다. 다시 말해 혁명을 원합니다. 인간이 중심이 되었던 체제를 뒤엎고 온 우주와 인간 더불어 살던 맨 처음으로 돌아가기를 바라는 것입니다. 지금의 텍스트를 발생시킨 콘텍스트를 고쳐서 새로운 자연이라는 텍스트를 쓰기를 원합니다. 그것을 소위 '생태 혁명', '우주 혁명', '환경 혁명'이라고 부를 수 있을 것입니다.

또 한 가지의 방법은 '저항'입니다. 함석헌이 "사람은 저항하는 거다. 저항하는 것이 곧 인간이다. 저항할 줄 모르는 것은 사람이 아니다. 왜 그런가? 사람은 인격이요 생명이기 때문이다", "생명의 길은 끊임없는 반항의 길이다"라고 말한 것은, 삶숨의 보편성을 저항으로, 삶숨의 본질을 자기주장(자기줏대)으로 보고 있는 것입니다. 삶숨이 있는 모든 것들을 해하는 행위에 대해 저항하는 것, 그 저항이야말로 '삶이 있는 모든 존재들이 스스로 하는 것'이라 할 수 있습니다. 그러므로 반생명적인 것에 대해서 저항하는 이유는 "생명 그 자체가 규정이요 범주"이기 때문입니다.

그렇다면 오늘날 반생명적, 반생태적인 세계에서 씨울이 해야 하는 저항의 몸짓과 저항의 언어는 무엇일까요? 역설적이게도 '삶이 숨이 되도록 하는 삶숨'입니다. "내가 뭐냐? 끝없이 나감이 나요, 자기를 함이 나요, 삶이 곧 나다. 내 이름이 뭐냐? 길이 내 이름이요, 참이 내 이름이요, 생명이 내 이름이지. 구원이 뭐냐? 이름을 얻음이다. 이름이 어디 있느냐? 이름은 천지에 하나뿐이다. 내 몸에 붙인 이름을 버리고 '그 이름'을 받을 때 나는 영원한 존재가 된다." 그렇다면 자연을 무엇으로 명명할까요? '삶숨'입니다. 자연이 살아 숨 쉬고 있다는 것을 깨우치고 그 깨우침을 통해 제 생명을 살지 못하도록 하는 모든 행태에 대해서 반항하고, 생태혁명을 일으키는 것이 씨울의 이름값을 하는 것이요, 자연에 이름을 붙일 수 있는 삶숨이자 그 일부가 될 수 있는 것입니다. 아마도 그것을 위해서 "삶숨은 힘을 쓰고, 애를 쓰고, 기를 쓰고, 얼을 쏠 것"입니다. 왜냐하면 생명세계와 그 세계 속에서 살고 있는 인간의 맹목적 의지는 "삶숨"이기 때문입니다. "생명의 원리는 자!이다", "그저 자연이다", "제대로 그런 것이다." 함석헌의 말을 빌린다면, 사랑이 꿈틀거리는 자연을 바라보기 위해서는 씨울 안에 사랑이 꿈틀거려야 합니다. 그래야 그저 자연이자, 제대로 그러한 것의 참 삶숨이 피어날 수 있을 것입니다.

함석헌은, "창조하는 힘은 씨울에게만 있다"라고 했습니다. 씨울은 하나의 '삶숨 물둥지'에서 새로운 자연을 창조하는 콘텍스트가 될 수 있을 것이며, 그 속에서 자연은 참 삶숨을 지닌 새로운 텍스트가 되어 살아 숨 쉬는 존재가 될 것입니다.

▮ 비욘드 씨올 텍스트: 진화하는 씨올의 생명, "생명은 지속이다!"

함석헌의 사상 곳곳에서는 진화론적 성격이 많이 나타나고 있습니다. 그것은 프랑스 철학자 앙리 베르그송H. L. Bergson(1859-1941)과 피에르 테야르 드 샤르댕Pierre Teilhard de Chardin(1881-1955)의 진화론적 색채를 이어 받았기 때문이라고 봅니다. 공교롭게도 올해(2009)는 진화론의 창시자인 찰스 다윈Charles R. Darwin(1809-1882)의 서거 200주년이 되는 해이기도 합니다. 세계의 학문적 흐름은 일찌감치 생물학적 패러다임으로 바뀌었고, 그에 따라 우리나라의 학계에서도 '통섭統攝, consilience'이라는 생소한 언어를 통해 알 수 있듯이 자연과학, 특히 생물학과 인문학의 다학문적 통합을 시도하고 있습니다. 그러나 이미 함석헌은 이러한 진화론을 자신의 사상에서 과감하게 사용하면서 씨올 사상을 발전시켰으니 어찌 보면 그야말로 한국 근현대사의 통섭의 선구자라 할 수 있을 것입니다.

그는 '단순히 세계의 발달만 아니라 … 새 인류가 나타날 가능성까지도 내다보고 있는 이 진화의 시점'에 대해서 말하면서, 그것을 '생각을 전체로서 하는 사회'라고 덧붙입니다. 전체를 바라보는 생각, 속이 깊은 생각, 우주 전체를 바라보는 생각, 생각을 곱씹어 볼 줄 아는 생각을 가진 사회가 새로운 인류로 등장할 것이라는 주장입니다. 왜냐하면 "진화to evolve하는 것이 생명"인데, 이 "생명은 변화"하기 때문입니다. 앞에서 말한 바와 같이 '삶숨'은 전체이고, 전체로서 바라봐야 합니다.

그가 "한 개 한 개의 생명은 다 우주적 큰 생명의 나타난 것이다. 다 하나님의 말씀이다. 그것은 우리 몸의 한 부분이다"라고 말한 것처럼, 삶슮은 개체적 존재이지만 전체 안에서의 개체입니다. 그래서 "우리는 터져 나가는 우주에 산다. 우리가 터져 나가는 우주다. 우주의 씨올 이다. 우주의 한없는 겨레가 터져 나올 씨올 이다"라고 말할 수 있는 것입니다.

그런데 이 "우주는 움직이는 우주요, 인생은 자라는 인생"입니다. 심지어 그는 "하나님은 영원히 되자는 이, 되어가고 있는 이"라고까지 말합니다. 그래서 우주의 역사는 가히 혁명적이라고 말할 수 있습니다. "생명이 진화하는 것이기 때문에 역사는 혁명적to revolve이 아닐 수 없다."

그렇다면 이 시점에서 씨올 (사상)은 어떻게 진화해야 할 것인가 하는 것입니다. 진보적인 씨올 은 지구윤리를 넘어서, 어쩌면 함석헌의 사상까지도 넘어서, '우주의 윤리'를 주창해야 할 것입니다. 이것은 함석헌 자신도 그렇게 선언하고 있습니다. "앞으로 윤리는 우주윤리지, 인간에게만 한 한 것이 아닐 것이다", "윤리는 생명적·유기적 통일이다." 그렇기 때문에 "남의 생명을 먹고야 사는 이 생명일 수 없다. 남 죽이지 않고 나 스스로 사는 것이 영이다. 하나님은, 즉 진화의 목표는 영이다. 영이 되기 위해 불살생을 연습해야 한다." 진화의 오메가 포인트는 나 스스로 사는 것입니다. 그러기 위해서 살생을 하지 않으려고 자신의 정신을 바로 세워야 합니다. 남을 죽이면서 스스로 살아 숨 쉰다 [삶슮]고 말할 수 없기 때문입니다.

"그러기 위하여서는 우주에 대한 마음씨부터 달라져야 한다. 이때까지 한 것처럼 우주는 죽은 것이라든지, 객관적인 존재라든지, 마음대로 개척하고 정복할 것이라든지, 알 수 없는 수수께끼라든지, 더구나 무슨 적의나 있는 듯이 하는 생각은 없어져야 할 것이다. 우주를 사랑하고, 존경하고, 너와 하나를 이룬 한 인격으로 알아야 할 것이다. 본래 사람은 우주와 하나였다." 우주와 하나였던 큰 생명이자 '옹근 생명'은 정복의 대상이 아닙니다. 오히려 생명에 대해서 속 깊이 그리고 갈쌍하게 생각하는 사람은 동물식물과도 감응, 감화하기 때문에 그들에 대해 예사로이 다루지 않게 됩니다. "생명은 생각을 한다", "우리가 아는 것으로는, 의식작용은 거의 우리 사람에만 국한된 듯이 보이나 아마 그렇지 않을 것이다. 동물식물에 생각이 있다는 것은 이제는 의심할 여지도 없지만 소위 무생물이라는 것에도 의식이 존재를 결정하느냐, 존재가 의식을 결정하느냐는 그렇게 간단히 집어치울 수 있는 문제가 아니다."

우주 안에서 인간만이 의식을 가진 존재로 인식하는 것은 독단과 편견입니다. 그러므로 "교만으로가 아니라 겸손으로, 강함으로가 아니라 사랑으로 사는 것입니다. 이것이 우리의 알갱이요, 또 인류의 알갱이, 따지고 보면 우주 진화의 알갱이입니다." 사랑과 겸손, 존경과 인격의 대상으로서의 우주로 인식한다는 것 자체가 우주 안에서 인간의 의식이 진보되었다는 척도로 볼 수 있습니다. 그래서 "생명은 지속이다"라는 말이 힘을 얻으려면 인간의 생각 또한 진보를 해야만 합니다. 우리가 아직까지 "자연은 우리 어머니입니다"라는 함석헌의 다소 진부해 보이는 생각조차도 할 수 없다면 인간은, 씨올의 생각은 더 진보해야 할 것입니다. "고상한 정신 살림이라 하는 것도 자연을 떠나서는 있을 수 없기 때문"입니다.

다윈의 자연선택의 논리에 따라 씨올의 사상이 앞으로 도태되지 않고(외면당하지 않고 혹은 부적자不適者가 되지 않고), 적자適者가 될 수 있을까요? 그것은 우리가(씨올들이) 다함께 "우주의 심정"을 갖고 온 삶숨을 위해 "사랑의 합창"을 할 수 있느냐 혹은 없느냐에 달려 있다고 해도 과언은 아닐 것입니다. 우주의 삶숨과 그 속에서 살고 있는 인간의 삶숨을 위해서 말입니다.

4
함석헌이 말하는 으뜸이 되는 가르침과 얼

▌ 종교는 참(찾음)이다!

"참 찾아 여는 길에
　한 참 두 참 쉬 잘 참가
　참 참이 참아 깨 새
　하늘 끝 함 밝힐 거니
　참 든 맘 빈 한 아 참
　사뭇찬 참 찾으리."

종교라는 말마디는 이미 으뜸이 되는 혹은 거룩한('마루' 宗) 가르침[敎]이라는 뜻을 품고 있습니다. 사람들에게 종교란 무엇보다도 삶의 좌표가 되어주는 으뜸이 되어야 하고, 그러기 위해서는 어느 것보다도 거룩한 것이 되지 않으며 안 됩니다. 함석헌의 표현대로 '삶은 살아감'입니다. 그런데 살아간다는 것은 그냥 살아가는 것이 아니라 '참'으로 살아가야 합니다. 그 '참'을 살아가도록 만들어주는 것이 종교가 해야 하는 역할입니다.

오늘날 종교가 거룩하다거나 으뜸이 되어서 씨올 들에게 '참'이 무엇인지, 찾아가도록 만들어주는가라고 묻는다면, 확신을 가지고 그렇다고 답변할 종교는 없을 것입니다. 그렇다면 함석헌이 말하는 참이란 무엇일까요? "참이 뭔가? 삶은 참이다. 삶보다 더도 없고, 삶보다 덜도 없다. 그에서 더 큰 밖이 있을까?" "참이 뭔가? 찾음은 참이다. 찾으면 참이다." "참은 하나요, 하나님은 참이다." 함석헌에게 있어서 삶과 참은 매우 밀접한 관계가 있는 듯이 보입니다. "인생은 참을 찾는 거다"라고 말한 것처럼, 삶은 찾아가는 것입니다. 삶은 참을 찾아가는 과정입니다. 그가 말하는 종교 논리 가운데에는 기성종교를 통해서 복을 얻고, 성공을 하고, 지위와 명예를 얻는 기복적인 신앙 태도는 어디에도 없습니다. 오로지 '참'을 '찾아감'이라는 명제를 강조하고 있을 뿐입니다.

궁극적으로 찾아감의 목적은 무엇입니까? '하나님'입니다. 절대자, 초월자가 참이라는 말입니다. 인생의 목적이 성공, 재물, 명예, 권력, 자녀 등의 가시적인 획득물이 아니라 무형적인, 비가시적인 절대자가 되어야 한다는 것입니다. 궁극적인 존재와의 만남은 나의 실존을 찾아감, 즉 절대적인 존재가 나를 살리기 때문입니다. 종교를 갖게 되고 그리고 그 종교가 신봉하고 있는 신을 믿게 되면 인간의 욕망이 실현되기 때문에 '참'이 아니라, '참'을 찾아가기 때문에 인생이 살아가게 되고 살게 되는 것입니다. 이것의 앞뒤가 바뀌면 안 됩니다.

더욱이 함석헌이 말하고 있는 바와 같이, "하늘 말씀이 곧 숨·목숨·생명이다", "말씀을 새롭게 한다 함은 숨을 고쳐 쉼, 새로 마심"이라면 인생의 숨고르기를 제대로 하기 위해서는 하늘 말씀을 '참'으로 여겨야 합니다. "말씀하는 것은 하나님의 입이다." 그렇다면 씨올 은 제대로 말을 써야 할 책임이 있습니다. 종교는 사람의 입이 아니라 하나님의 입에서 나오는 말만 써야 합니다. 그래서 말-씀입니다. 그냥 말이 아니라 말-씀입니다. 신에게서 나오는 말을 반듯하게 사용할 줄 아는 씨올 만이 '참'을 실천한다고 볼 수 있습니다.

그러므로 종교는 참 마음, 찬 마음을 가지도록 해야 합니다. 그 꽉 찬 마음은 충만하고 온전한 마음입니다. 또한 꽉 찬 마음은 '꼬부라진 것을 펴는 것, 꼿꼿하는 것, 올바로 하는 것, 한결같이 하는 것이 참 찾음이요, 수양이요, 믿음이요, 신생新生함이다.' 이러한 꽉 찬 마음, 충만한 마음을 가지고 있을 때 꿰뚫을 수가 있다. 꿰뚫는 것, 그것이 참이다. 있음[有]을, 사물[物]을 꿰뚫는 것, 무한의 저쪽을 보는 것, 그것이 참이요, 통찰이요, 달관입니다.

오늘날 종교는 '참'을 찾아가려 하지 않고 있습니다. '거짓'을 좇고 있는 종교가 참을 말할 수 없을 것입니다. 참을 찾아가는 종교만이 참을 만날 수 있고, 참을 말할 수 있을 것입니다. 씨올 들이 종교를 통해서 참을 찾아간다는 것은 참을 알려고 하고, 참을 발견하려고 하고, 참을 만나려고 하는 것이라고 봅니다. 그 참이야말로 허영으로 빈 마음을 꽉 차게 할 수 있을 것이고 유한을 넘어서 무한을 꿰뚫는 혜안을 줄 것입니다. 그 무한을 꿰뚫는 힘은 신의 입에서 나오는 말의 씀씀이를 어떻게 하느냐에 달려 있습니다. "피 뛰는 심장 속"에 하나님을 품는다는 것은 아마도 이를 두고 한 말이라고 봅니다.

참 종교가 되기 위해서 싸움도 마다하지 말아야 합니다. "참 종교는 참 전쟁이요, 참 싸움은 참 종교다"라고 함석헌이 말한 것은 참이 되기 위해서는 각고의 노력이 필요하다는 의미로 풀이할 수 있을 것입니다. '참 종교에 참여해야만 씨올은 참 사람이 됩니다.' 왜냐하면 "내가 참을 하는 것 아니라 참이 나를 살릴 것"이기 때문입니다.

▌종교, "죽어야 사는 것입니다!"

본디 "종교는 죽어야 삶입니다." 죽음으로 사는 것이 종교입니다. 그런데 종교가 살면서 죽음을 회피하려고 합니다. 영원히 산다는 것은 죽음이 있어야 영원히 살 수 있는 법인데, 영원히 살기 위해서 죽으려 하지 않습니다. 그러니 죽음으로써 삶을 사는 참 종교가 될 수 없는 것은 당연한 이치입니다. 유사 이래로 죽음을 제쳐놓고 사는 종교 혹은 살아남는 종교는 보지 못했습니다. 함석헌은 이를 두고 다음과 같이 말합니다. "나는 사람이 되기 위해, 전체를 살려 내기 위해 날마다 자기를 십자가에 내주는 '그 한 사람'을 살리기 위해 날마다 죽어야 할 것이야 할 것이다." 종교는 사람을 만듭니다. 사람을 살립니다. 참 자기가 살기 위해서는 십자가의 사건이 내 사건이 되어야 합니다. 다시 말해서 "십자가는 가만히 세워 놓은 십자가가 아니라 오르는 십자가요, 죽음의 십자가가 아니라 산 음악의 십자가"가 되어야 한다는 것입니다.

사람이 사는 것은 거기 죽음의 장소에 올라야 사는 것입니다. 죽음의 장소에 죽음의 음악이 흐르는 것이 아니라 생명의 음악이 흐르는 것이요, 사람을 살리는 음악이 흐르는 것입니다. 사람은 죽음으로서 사람이 됩니다. 날마다 죽어야 사람이 됩니다. 그래야 십자가는 산 음악의 십자가가 될 수 있는 것입니다.

그래서 종교의 죽음은 장송곡이 아니라 환송곡입니다. 죽음이 울려 퍼져야 주검에서 생명이 일어납니다. 다시 말해서 종교가 죽어야 백성[씨알]이 삽니다. 이 땅에서 삶-숨(생명)이 살아 숨쉬고 삶에 숨이 끊어지지 않기 위해서는 종교가 죽어야 합니다. 씨알을 아프게 하고 씨알을 정신적으로 배곯게 하는 종교는 죽어서 그들을 살려야 합니다. 그래서 예수의 십자가는 죽은 자의 십자가가 아니라 산 자의 십자가가 되어서 그들이 '제 삶'을 살도록 해야 합니다. 종교에서 죽음은 생물학적 소멸을 의미하지 않습니다. 오히려 종교에서 죽음은 실존으로서의 죽음입니다. 그래서 십자가는 거기 서 있는 막대기가 아니라 땅으로서의 현실을 딛고 일어선 생명나무입니다. 생명나무를 올라야 죽지 않고 살 수 있습니다. 땅의 현실이 삶의 숨을 이어주는 것 같지만 실상은 막대가 같이 서 있는 투박한 생명나무가 삶의 숨을 고르게 합니다. 그 생명나무의 뒷켠에는 신의 현실, 즉 삶을 사는 게 있기 때문입니다.

십자가는 '오름'과 '들음'입니다. 십자가는 (지고) 오르기 위해 존재하기도 하지만 신의 목소리를 듣기 위해서 거기 있습니다. 십자가는 죽음으로 보이는 것이 아니라 삶으로 건네 오고 삶으로 부르는 신의 목소리를 듣는 것입니다. 예수는 십자가에 올라서 신의 목소리를 정확하게 들었습니다. 신이 그에게 말걸어옴은 "죽음이 너를 살리리라"였습니다. 일찍이 하이데거M. Heidegger가 "인간은 말을 들음으로써 인간이 된다"고 말한 것처럼, 신의 말에 자신을 열어놓는 사람들에게는, 죽음이란 신의 버림이 아니라 신의 살림이 됩니다. 신의 말-걸어옴에 성큼 다가 선 예수는 다시 사는 자가 되어 종교가 혹은 종교인이 다시 살도록 합니다. 그런 의미에서 진정한 자유의 성취, 그것은 곧 씨알로 하여금 '참인간'으로 다시 살도록 하는 것과 다르지 않습니다.

함석헌이 십자가의 사건을 죽음의 음악이 흐르는 곳이 아니라 산 음악이 흐르는 곳으로 본 것은, 예수의 죽음이 모든 사람을 살도록 하는 산 음악이 되었기 때문입니다. 그러나 오늘날 그리스도인들은 우리의 맏형이 되신 예수를 따라서 남을 살리고 남이 춤추도록 만드는 산 음악이 되지 못하고 있습니다. 십자가 앞에서 환상곡이나 환송곡 아닌 장송곡을 연주하고 있기에 더욱 가슴이 아픕니다. 그것은 예수의 십자가가 단지 그의 십자가일 뿐 나의 십자가가 아니라는 생각을 갖고 있기 때문입니다. 십자가는 나의 사건입니다. 십자가에서 나의 존재가 드러나는 것입니다. 그 존재 사건은 올라서 스스로 죽음의 춤을 추어야 개현開顯됩니다. 나의 죽음의 춤이 오히려 남을 살리는 춤이 된다는 자명한 이치를 오늘날 그리스도인은 깨달아 알아차려야 합니다. 십자가가 죽음을 가로질러cross 넘어가는 삶-숨의 발생-터라는 사실을 인식해야 합니다.(오마이뉴스 블로그 함석헌평화포럼 2009. 3. 31. 게재)

▎"종교는, 한 마디로 그 뜻을 찾자는 운동이다!"

종교는 인간의 자아와 대상을 건전하게 인식하며 통합시켜주는 역할을 합니다. 종교의 기능이란 건강한 인간을 만드는 것이라 할 수 있습니다. 여기서 건강한 인간이란 이성과 감성이 잘 조화된 인간을 의미하는 것입니다. 머리만 발달한 인간은 가슴이 차갑기만 할 것이고, 감정만 앞세우는 인간은 이성적, 합리적, 논리적 판단이 흐릴 수 있습니다. 그런데 종교는 이러한 이성이나 감성과 함께 영성을 덧붙임으로써 그 고유의 성격을 규정하려 합니다. 그런 의미에서 종교적 인간이라 함은 종교적 사유와 행위를 종교적 정신에 걸맞게 형성된 사람을 일컫습니다. 그러므로 종교적 정신spirit에 걸맞은 것이 영성spirituality입니다. 그리스도교는 예수의 정신에, 불교는 부처의 정신에, 유교는 공자의 정신에, 이슬람교는 무함마드의 정신 등 각 종교의 정신에 입각하여 살아가는 것이 마땅하다 할 것입니다.

그러나 교회는 신자들의 이성을 마비시키고, 감성만을 혹은 배타적인 종교적 정신만을 강조하면서 그 편협성을 적나라하게 드러냅니다. 함석헌은 종교를 '그 뜻을 찾자는 운동'으로 정의합니다. 각자의 종교가 추구해야 하는 정신을 찾고 그 삶을 살아가는 '제 뜻 찾기'가 종교라는 것입니다. 그것은 함석헌이 누누이 강조하고 있는 생각하는 씨알, 올바로 사유하는 백성과 일맥상통하는 것이라고 생각합니다. "철학하지 않는 인종은 살 수 없다"고 말한 함석헌의 말은 종교에 대해 철학하지 않거나 이성적 성찰 없는 종교는 살아남을 수 없으며, 자칫 맹목적인 감성주의적 집단이나 본질이 퇴색된 종교성을 가진 무지렁이 집단으로 전락하고 말 수도 있다는 경고입니다. 따라서 "생각은 생명의 자발自發이다. … 살려거든 생각해야 한다. 제 철학을 가지고, 제 종교를 가지고, 제 역사를 가지고, 제 세계를 가져야 한다"는 그의 논조를 새기고 또 새겨야 할 일입니다. 생각이 살아야 '뜻'을 찾을 수 있습니다. '제 생각'이 있어야 종교적 세계가 건강해질 수 있습니다. 자신의 종교적 세계를 그려낼 수 있는 자기 나름의 생각이 없다면 세계는 온전하게 그려질 수가 없습니다. 종교는 세계를 형성시키는 힘이 되기도 하지만, 그럴 경우에는 종교가 가지고 제 나름의 생각이 있어야 가능한 일입니다.

세계의 형성은 곧 인간의 정신 형성과 매우 밀접한 관계가 있습니다. 서양철학, 특히 가다머H.-G. Gadamer의 해석학에서는 '형성'을 나타내는 말을 'Bild'라고 표현함으로써, 'forma'보다 더 넓은 의미로 사용하였습니다. 그것은 '인간성에로의 고차적인 형성'(Johann Gottfried von Herder)이나, '육성'(Kultur, I. Kant)으로, 혹은 '보편적인 정신적인 존재'(Georg W. F. Hegel)로 의미를 이어갔습니다. 종교가 그 뜻을 찾고 그 뜻에 따라 살자는 것이라면, 종교의 무늬와 삶의 꼴은 궁극적으로 인간이 고차적인 정신을 가지고 주체적으로 살아가는 것일 것입니다. 그러나 종교의 신앙형성, 영성형성, 정신형성을 위한 노력들이 결국 지나친 감성주의에 전도된다든지, 아니면 왜곡된 영성으로 일관하는 경우가 많다는 것입니다. 그렇게 될 때 종교는 종교 고유의 제 뜻을 찾기보다는, 혹은 신의 뜻을 추구하기보다는 이상적 심리에 경도되어 참다운 인간 세계와 종교 세계를 구축하지 못하게 됩니다. 이를 두고 함석헌은 다음과 같이 말하면서 염려한 바 있습니다. "모든 잔혹, 악독은 이상심리에서 나오는데 그 이상심리를 일으키는 것은 종교적 자아분열이다……. 그렇기에 사회도덕, 사회주의, 세계평화, 새 질서 운운하면서 종교에 의한 인격의 분열이라는 문제를 생각하지 않는다면 어리석은 일이다…… 국민을 통일하는 종교가 되려면 그것은 인생을 통일하는, 인격을 통일하는, 자아를 통일하는 종교가 아니면 아니 된다." 따라서 종교적 세계와 인간의 삶의 세계가 건전함을 유지하기 위해서는 인격적인 종교인을 형성해야 합니다. 또한 그 집단이 가지고 있는 '제 뜻에 대한 기억들'을 새롭게 재해석하고 각 종교의 문제에 대해서 사려 깊은 분별력과 건강한 종교 감정을 고양하도록 해야 할 것입니다. '제 뜻에 대한 기억들'에 대한 이성적 반성의 기능을 가지고 있는 종교의 이성은 배척해야 할 것이 아니라, 올바른 신앙 잣대를 판단하는 비판력이 되도록 해야 합니다. 종교의 영성이 살아야 희망이 있는 것은 사실입니다. 그러나 그것 못지않게 중요한 것이 신앙적 지성과 신앙인의 제 생각을 통해 신이 인간에게 건네주려는 본질적인 제 뜻이 무엇인지를 판별하고 그것을 살아내는 것입니다. 종교가 후대의 인간의 삶에, 그리고 인간의 세계에 무엇을 물려 줄 것인가 하는 것은 각기 '제 기억들'을 '제 뜻'에 맞게 찾아내어 풀이하여야 할 뿐만 아니라, 종교적 이성, 종교적 감성, 종교적 정신을 균형을 이루어 종교적 자아분열과 인격의 분열을 극복하느냐 못하느냐 여부에 달려 있다고 해도 과언이 아닐 것입니다.

▌종교는 "혁명 곧 천명天命을 새롭게 하라!"

예로부터 종교는 땅의 백성, 씨올에게 숨통을 터주고 새로운 삶을 바라보도록 해주었습니다. 그래서 으뜸이 되는 가르침이었고, 정신의 거룩한 마루로 불렸습니다. 그것은 '천명', 곧 '하늘-숨'을 통해 인간의 삶을 새롭게 했기 때문이고, 하늘-숨으로 땅-숨을 내었기 때문입니다. 땅-숨이 막히면 삶은 정체되고 죽음이었습니다. 그러므로 땅-숨구멍을 내기 위해서는 필연적으로 하늘-숨을 열어야만 했습니다. 백성이 딛고 있는 삶의 숨(-구멍)이 꼴깍꼴깍 거릴 때 하늘-숨이 백성의 삶에 숨통을 트게 만들어 주었음을 역사는 말해주고 있습니다.

그런데 오늘날 우리나라의 현실, 세계의 현실은 그 삶-숨(생명)이 경각에 달하는 지경에 이르렀고, 씨올의 삶의 숨-구멍, 땅-숨도 더불어 고통을 겪으며 숨을 헐떡이고 있다는 것입니다. 이때 종교는 "혁명, 곧 천명을 새롭게 해야" 합니다. 하늘-숨을 통해 삶을 재형성reformation 하도록 해야 합니다. 만백성들이 하늘-숨을 통해 하늘-뜻을 알고 삶과 세계의 "새로운 틀거리(틀거지)"를 만들어야 합니다. 그래서 함석헌은 "창조하는 힘은 씨올에게만 있습니다. 모든 시대를 죽음에서 건져내어 새 문화로 부활하게 하는 영원한 역사의 메시아는 씨올 속에 숨어 있습니다. 다만 하늘 소리 땅 소리가 그 속에 결합되지 않으면 안 됩니다"라고 말했던 것입니다. 하늘 소리와 땅의 소리를 결합할 수 있는 주체는 씨올 입니다. 씨올 이 깨어서 역사의 주체가 되어야 하고 하늘-숨을 두루 인식하여 행동하는 것은 하늘-숨, 곧 종교혁명을 통한 삶의 새 틀짜기가 이루어지는 것입니다.

이제 필요한 것은 종교개혁이 아니라 종교혁명입니다. 종교가 하늘-숨을 떠받드는 것이 아니라 씨올이 주체가 되어 하늘-숨과 땅-숨을 결합하도록 해야 합니다. 그것은 어떤 새로운 종교를 창조하는 것이 아니라 "삶의 틀거리"를 새롭게 만드는 것을 의미합니다. 역사를 자라게 하는 것을 말하는 것입니다. "하나님도 자라는 하나님이기 때문입니다." 이와 더불어 함석헌은 다음과 같이 종교를 비판합니다. "종교는 사람을 통해서는 되지만 사람이 만들어 낼 수 있는 것은 아니다. 우리는 세상에 사람이 만들어 낸 종교가 많이 있는 것을 안다. 그러나 그렇기 때문에 그것은 참 종교, 곧 삶의 새 틀거리를 체험시켜주는, 역사를 자라게 하는 종교는 되지 못한다. 가짜 종교다." 이러한 그의 비판적 의식은 바로 천명, 곧 땅-숨과 삶-숨은 하늘-숨을 새롭게 해야만 가능한 일이라는 것을 일깨워줍니다. 그러나 하늘-숨을 새롭게 하는 일은 그냥 되는 일이 아닙니다. 내 생각이 하늘 생각인지, 으뜸 얼이라 자부하는 생각이 하늘-숨에서 비롯되는 것인지 아닌지를 깨달아야 합니다. "우리가 생각할 줄 아는 것은 하나님이 생각이시기 때문이다. 생명 그 자체가 생각이다. 거기서 인간이 나왔다 … 우리 생각을 내놓고 그이의 생각에 가는 길은 없지만 우리 생각이 곧 그이의 생각은 아니라는 데 문제가 있다." 그러므로 단순히 종교적인 말인지, 아니면 종교 지도자의 말인지, 하늘의 말씀인지를 명석판명하게 분별하여 산다는 것은 하늘의 입을 통해서 말하여지는 하늘 명령[천명]에 따라 사는 삶과 맥을 같이 하는 것입니다. 그렇게 하늘-숨을 열고서 사는 삶이 이른바 들숨날숨(히브리어: 루아흐, 그리스어: 프네우마)의 생각대로 사는 길입니다.

"생명에는 중지도 없고 실패도 있을 수 없다." 종교는 인간의 삶(생명)에 숨을 불어 넣어 주어야 합니다. 참 종교란 삶에 숨이 붙어 있도록 해주는 종교, 삶에 숨통을 조여 오는 매일 매순간마다 살도록 해주는 종교, 살아 숨을 쉬도록 해주는 종교를 지칭합니다. 종교가 씨ᄋᆞᆯ의 삶을 진실되지 못하게 하여 거짓되고 왜곡된 삶을 살도록 한다면, 오히려 그것이야 말로 숨을 쉬는 것 같지만 실상은 숨이 붙어 있는 것이 아니라는 것입니다. 하늘의 정신을 품고 있는 하늘-숨은 인간의 삶을 지배하는 것이 아니라 자유롭게 하며, 구속으로부터 해방하는 힘을 가지고 있습니다. 그것이 삶의 힘으로서의 하늘 정신입니다. 독일 신학자 위르겐 몰트만J. Moltmann은 하늘로부터 내려오는 영이 인간의 삶의 세계에 강력한 영향을 주고, 본래적 자기 자신이 되도록 한다고 말합니다. 이러한 주장은 함석헌이 말하고 있는 삶의 틀거리의 혁신과도 매우 밀접한 관계가 있다고 봅니다. 삶의 틀거리를 재편성하고자 하는 것, 그래서 삶의 숨통을 트게 만들어주는 것은 하늘-숨을 받들며 사는 숨-주머니-종교가 해야 할 중요한 역할 중에 하나입니다.

▌"새롬, 샘, 삶, 영원히 스스로 새롭는 생명을 믿음이 곧 새 종교다!"

함석헌은 "새 것을 믿으면 스스로 새로운 삶이 된다. 내가 새롬이 되면 새 숨이 저절로 쉬어진다"고 했습니다. 종교가 태동되기만 하면 종교적 삶이 그냥 이루어지는 것이 아니라 날마다 새로운 종교로 거듭나야 하는 것입니다. 날로 새로운 삶, 새로운 변화, 새로운 마음으로 영원이 삶으로 들어올 수 있도록 해야 합니다. 그러면 영원히 새로운 종교가 될 수 있는 것은 무엇일까요? 그 편협하기 짝이 없는 '우리'라는 것을 넘어서야 합니다. 우리 교회, 우리 성당, 우리 사찰, 우리 종교, 우리 정당, 우리 동네, 우리 자식, 심지어 우리나라 등. 이 모든 정체성들을 일컫는 울타리적 사고가 극단적인 배타성을 낳게 되는 행동을 가져올 수 있습니다.

오늘날 만연되어 있는 이 배타성을 극복하기 위한 함석헌의 대안이 '형제'라는 말입니다. 언어가 행동을 낳고 자신을 규정하듯이, 형제라는 말 속에는 우리라는 범주를 뛰어넘는 의미가 깃들어 있습니다. 피붙이만 형제가 아니라 모두가 뜻을 함께 하고 의식을 통일할 수 있다면 형제가 될 수 있는 사회, 그 종교가 새로운 종교가 될 수 있는 것입니다. 새롭다는 것은 너와 나 '사이'에 '보편적인 존재'가 있다는 것을 인정하고 영원히 새로운 사이가 되는 것입니다. 그것이 형제입니다. '사이'가 존재하지만 그 '사이'에는 존재가 있어서 틈이 없이 너와 내가 하나가 될 때에 종교가 새로워질 수가 있습니다. 종교와 종교는 다르지만, 민족과 민족이 다르지만 형제가 될 수 있는 것은 '사이-있음'이기 때문입니다. '사이'가 있어야 여백이 있고 아름다울 수 있으며 그래서 관계가 좋을 수 있습니다. '사이가 좋다'는 말은 바로 나날이 관계가 새롭기 때문에 그렇습니다. 너와 나 사이의 차이를 인정하고 배려해줄 수 있어야 영원한 형제가 될 수 있습니다. 너와 나 사이의 차이와 다름이 존재해도, 그렇기 때문에 그가 소중한 가치가 있다는 것을 아는 것이 중요합니다.

그러므로 새로운 종교가 된다는 것은 아름다운 일입니다. 함석헌은

'아름답다'를 '앎답다'로 풀이합니다. "남이 알아줄 만큼 값이 있단 말이다." 아름답다는 말은 실용적인 의미가 아닙니다. 그것은 우선 '조화'입니다. 이 종교와 저 종교는 서로 다릅니다. 그러나 서로 그 종교 고유의 정신과 가치를 인정하고 알아줄 만한 가치가 있다는 것이 조화를 이루어나갈 수 있는 길입니다. 각각의 종교를 개별적으로 놓고 보면 그리 완전하지 않을 수도 있습니다. 교리나 의례, 조직과 규모 등을 면밀히 살펴보면, 긴 세월 동안 종교가 가진 아름다움이란 보잘 것 없을 수도 있습니다. 그러나 곳곳의 종교는 우주 전체에서 보면 각기 제몫을 하고 있다는 것을 알 수 있습니다. 어느 종교가 우월하고 또 반대로 열등한 것이 있을 수 없는 일입니다. 형제애는 서열의 감정으로는 이루어낼 수 없는 귀중한 가치입니다. 서열은 새로움, 참 삶살이를 가져 올 수 없기 때문입니다.

이러한 형제애적인 새로움, 새로운 종교가 되려면, 종교간의 배타성을 극복해야만 합니다. 그러나 더 나아가서 자연에 대한 배타적 태도, 자연에 대한 인간의 우월한 의식을 버려야만 합니다. 그 역할을 삶과 그 삶-숨[생명]을 영원으로 인식하는 새 종교가 해주어야 합니다. 종교가 자연과의 관계에서 그 '사이'를 만들어주어야 합니다. 자연과 인간 '사이'에 일정한 관조적 '거리'가 필요하다는 말입니다. 때로는 멀리 바라봐야 아름다운 것이 있습니다. 자연 속에 있는 나무, 풀, 꽃, 동물, 곤충, 바위 등은 뜯어 놓고 보면 하찮다 여길 수 있지만, 멀리서 전체를 바라보면 그 조화로움이 얼마나 아름다운지 모릅니다. 함석헌은 이렇게 볼 수 있는 나의 시선은 "무한에 대한 종교적 애탐"이라고 말했습니다. 더 나아가서 "들국이 아름답고 기러기가 아름다웠던 것은 우리 속에 깊이 깃들어 있는 도덕성 때문"입니다. 이 말은 독일의 근대철학자 칸트I. Kant의 숭고미와 많이 닮았습니다. 웅대한 자연을 바라보면서 오히려 내 마음에 깨달음으로 오는 것은 인간의 도덕성, 인간 정신의 고양이라는 것입니다.

지금 종교는 두 가지 당면된 문제 앞에서 함석헌의 '종교미학적 시각'을 배울 필요가 있다고 봅니다. 종교가 새롭게 변화하고자 하는 욕망이 크면 클수록 타종교에 대한 형제애가 선행되어야 하는 것이고, 언제나 자연에 대해서 배타적이고 이기적이었던 마음이 미(학)적 감수성을 가져야만 한다는 것입니다. 그것은 결국 종교나 자연에 대한 태도가 소유 개념이었던 것을 이제는 우주의 배경 속에서 봐야 한다는 말입니다. 우리가 반드시 기억해야 할 것은 예수는 종교적인 강요나 배타성을 말한 적이 없었으며, 자연에 대해서는 퍽 가까웠던 분이었다는 것입니다. 함석헌은 말합니다. "내 사랑아, 마음을 아름답게 가져야지. 어떤 마음이 아름다운 마음이냐? 무한을 안은 마음이 아름다운 마음이지. 어떤 마음이 무한한 마음이냐? 참된 마음이지…… 영광의 님을 사랑하여 하늘가에 서라. 서서 바라라. 그러면 새 시대의 주인이 네 허리에서 번개처럼 방사되어 나올 것이다." 교회를 비롯한 한국의 모든 종교들이 무한을 안은 마음들이 되어 종교와 자연에 대해서 형제로 대하는 혜안이 생기기를 바랄 뿐입니다.

▎함석헌의 유신론적 진화론, 종교는 진화해야 한다!

함석헌에 따르면, "하나님의 운동은 저항"입니다. 또한 "천지창조하려는 하나님이 물 위에 운동하셨다는 그 운동은 무슨 운동이었나? 반항운동이었다"고 말하는 논조는 마치 생성신학, 혹은 생성철학을 말하고 있는 것 같습니다. 하나님의 운동성이 근본적으로 반항운동에 있다고 말한 것은 하나님이 정체되어 있는 것이 아니라, 존재적 생성자로 보고 있는 것입니다. 이 저항이라는 것을 굳이 어떠한 불의의 세력에 항거하는 운동으로 볼 수도 있지만, 종교적인 측면에서는 권력에 안주하려는 신앙의 안일함, 예언자적 비판력의 상실, 하나님성Godness이 아닌 것에 욕망하려는 것에 끊임없이 거부하려는 정신을 의미합니다. 그것은 함석헌의 표현대로 늙어가는 종교, 즉 "타락"하는 종교가 되는 것에 저항protestant하는 것입니다.

20세기의 언어철학과 분석철학의 토대를 마련한 비트겐슈타인L. Wittgenstein(1889-1951)은 "세계가 신비적"이라고 이야기합니다. 세계가 신비적이라는 것은 삶의 의미가 보이는 것이 아니라 보여지는 것이기 때문에 그렇습니다. 신앙의 언어는 단순한 말이 아니라 신이 보여지도록 만드는 언어입니다. 다시 말해서 하나님의 운동성과 저항성이 드러나는 말씀이 되는 것입니다. 함석헌은 이러한 시각을 함축적으로 표현합니다. "말씀은 반항이다." 반항한다는 것은 생명이 있기 때문에 반항을 하는 것입니다. 반항에는 자유롭게 되고자 하는 욕구가 있기 때문에 가능한 일입니다. "저항의 성격은 생물에게만 있지 않다. 그보다도 낮은 무생물인 물질이라는 데 내려가도 역시 있다." 반항은 생명 현상입니다. 생명은 움직이고 앞으로 나아가는 에너지입니다. 그 근본적인 에너지가 바로 하나님입니다. "하나님은 스스로 나오는 이, 스스로 폭발하는 이, 그러기 위해 스스로 맞서고 뻗대고 걸러내는 이다. 스스로 노여워하는 이다." 하나님의 자기 존재성이 운동이요, 생명입니다. 그래서 죽음의 세력과 맞서 싸우는 반항 그 자체인 것입니다. 반항하는 존재 그 자체이신 하나님은 영원한 자유입니다. 그것을 가둘 수 있는 힘은 어디에도 없습니다. 스스로 말미암은 자존자(I AM that I AM)는 끝까지 생명입니다. "자유야말로 생명의 근본 바탈이다. 진화to evolve하는 것이 생명이다. 생명이 진화하는 것이기 때문에 역사는 혁명적to revolve이 아닐 수 없다. 역사가 혁명의 과정이라면 인생이 어찌 저항적이 아닐 수 있겠는가?"

하나님이 생명이고 운동이라면 실존적으로 인간은 어떠한 구속으로부터 해방을 경험하고자 하는 강한 욕구, 즉 자유를 갈구하게 되어 있습니다. 생명과 자유는 머무는 것이 아니라 동사적 명사, 즉 삶입니다. 삶이 저항해서 생명의 역사를 살기 위해서 나아가야 합니다. 이러한 생명의 역사, 진화의 역사를 늘 새롭게 쓰고자 하는 씨올의 갈망을 종교가 막아서는 안 될 것입니다. 종교와 과학이 진화라는 말마디를 가지고 지난 200년간 논쟁만 해왔습니다. 그러나 성공회 사제이자 입자물리학자인 존 폴킹혼J. Polkinghorne이 고백하고 있는 것처럼, 오히려 과학이 하나님을 더 잘 인식하게 만들어 준다는 것에 동조한다면, 진화론적 과학을 뜨거운 감자로만 여길 필요가 없다고 봅니다. 진화론은 하나님의 창조 가운데 포함되는 그분의 계획이라는 점을 받아들인다면 우주의 새로운 역사를 창출할 수 있다고 봅니다. "진동하고 진동하던 끝에 "빛이 있을지이다!" 하고 벼락 소리 질렀을 때 '완전'의 늙은 하나님은 죽어 터져 티끌로 헤어지고 영원히 새로운 자유의 생명의 역사가 돌기 시작했다." 이와 같은 함석헌의 통찰은 이미 하나님이 처음부터 낡고, 쓸모없는 그리고 진부한 하나님이 아니라 영원과 무한으로서의 하나님을 지향했다는 것을 알게 해줍니다.

그러므로 종교가 유신론적 진화론을 말할 수 있는 용기는 종교 자체도 하나님의 생성적 역사에 동참하는 대열에 한몫을 하겠다는 것으로 받아들일 수 있습니다. 인간이 영원한 것, 무한한 것, 완전한 것, 말로 할 수 없는 존재를 향해 나아간다는 것이 종교의 진화입니다. 그러한 종교적 진화가 씨올의 신학을 더욱 풍요롭게 할 수 있을 것입니다. 그러므로 진화하는 종교로서 씨올의 신학을 가진 종교가 미래의 적자로서 살아남을 것이 아닐까요?

더불어 지금 여기(현재)와 아직 오지 않은 그 때(미래)에 정말 필요한 것은 "씨올 철학"입니다. 함석헌이 말한 것처럼, 그것은 "민중의 전체로 생각하는 것"입니다. 세계의 진보, 종교의 진보, 정치의 진보, 삶의 진보를 가져올 수 있는 것은 결국 씨올에게 달려 있다는 것이 씨올 철학이 아닐까 싶습니다. 씨올의 생각이 진화한다면 절망은 없습니다. 절망과 포기의 시대에 씨올들에게 필요한 것은 경제적 안전장치나 정치경제적 유토피아가 아닙니다. 씨올의 생각과 사상 바뀜이 시대를 변화시킬 수 있습니다. 그래서 함석헌은 오늘도 말합니다. "씨올 철학에는 절망이 없다."

5
함석헌을 살아야 합니다!

오늘날 우리 시대의 가장 큰 문제는 뜻이 없는 '말'만 무성하다는 것입니다. 모름지기 말에는 정신이 있어야 합니다. 다시 말해 말은 철학입니다. 철학이 없는 말은 아무리 말을 해도 사람을 움직이지 못합니다. 말은 단순히 음성 언어가 아니라 말하는 이의 역사와 사상이 묻어나기 때문입니다. 그래서 말은 마음에서 우러나와 사람의 마음에 파고들어 그 사람에게 감동적인 삶이 되는 것입니다.

함석헌을 말한다는 것은 함석헌의 정신에 따라 살게 될 때에 비로소 설득력을 얻습니다. 그것은 함석헌이 말만 하는 이가 아니었고 자신의 말을 살았기 때문에 더욱더 힘을 얻게 되는 것입니다. 따라서 지금 함석헌을 다시 살린다는 것은 함석헌을 살겠다는 제2의 사건[生起, ereignis]으로서의 삶을 발현하겠다는 것과 같은 맥락이라고 봅니다. 그런데 함석헌을 말하는 이가 함석헌 본래의 생각과는 다른 삶을 산다면 함석헌은 지금 여기에서 살지 못합니다. 함석헌을 말하는 사람들이 함석헌의 냄새가 나지 않는다는 말입니다. 함석헌을 앞세워 마치 '함석헌 액세서리'로 과시소비(?)하면서 정작 그분의 본질과는 거리가 먼 삶을 보여주고 있으니 세상은 함석헌에 대해 전혀 관심을 갖지 않는 것이 당연합니다.

그것은 함석헌이 말한 것처럼, 상식적이지 못한 삶을 사는 것입니다. 함석헌을 말한다는 것은 함석헌을 사는 것입니다. 그게 함석헌을 말하는 사람들의 상식입니다. 아니 함석헌을 말하는 이들에 대해 일반적인 사람들이 갖고 있는 상식입니다. 위대한 근대철학자 칸트는 이 상식이라는 말을 '공통감sensus communis'이라고 말했습니다. 사회가 상식이 통용되는 것은 강제가 아니라 상호 동의와 상대방에 대한 배려, 그리고 설득입니다. 함석헌의 사상이 사회적으로 받아들여지는 것은 주관이 객관에 대해 함석헌의 삶이 이렇다는 것을 보여주고 그것을 살면 만족스러운 삶이 될 수 있다는 것을 설득할 때 가능합니다. 함석헌을 말하는 사람들이 삶으로 보여주는 것이 다른 사람들에게 보편적인 삶이 될 수 있도록 말입니다.

그런데 함석헌을 말하는 사람들은 함석헌을 제대로 살아내지 못하고 있는 것 같습니다. 함석헌의 표현을 빌려 쓴다면, 정말 열심만 가지고 있지 냄새나는 신앙적 교조주의자dogmatist만 무성할 뿐입니다. 그것이 함석헌에 대해서 건강하게 해석된 해석학적 삶이라면 괜찮습니다. 그러나 언제 어디서나 함석헌이 신앙화, 절대화되어서 마치 그것 아니면 안 된다는 듯 주장하는 텍스트 근본주의자는 대화를 하고 싶어도 대화가 될 수 없습니다. 한번 쓰여진 텍스트는 늘 독자의 해석을 기다립니다. 텍스트는 당시의 시대성을 반영하고 있기 때문입니다. 그래서 텍스트와 콘텍스트와의 교량 역할을 해주는 것이 해석입니다. 독자는 그 해석을 통해 텍스트의 삶을 자기화해서 살아가게 됩니다. 그러기 위해서는 언제나 건전하고 건강한 열린 해석이어야 합니다. 함석헌을 말하는 이들은 그러한 작업을 통해 시대와 그리고 동시대 사람들과 소통해야 합니다. 소통되지 않는 사상은 오래 가지 못합니다. 함석헌을 기억하는 이들이 많이 있지만, 그러나 앞으로도 함석헌을 기억하는 이들이 과연 있을 것인가는 의문입니다. 기억하는 이들이 기억을 살아주어야 그 기억이 생명력을 얻게 될 것입니다.

지금 이 순간에도 함석헌의 사상이 "생명체"가 되기를 손꼽아 기다리는 사람들이 많이 있습니다. 함석헌은 생명을 삶-숨이라고 했습니다. 사람들은 삶을 숨쉬게 만드는 사상을 기다립니다. 그 사상을 통해 이 사회와 국가, 그리고 세계가 하나의 거대한 생명체가 되어서 삶을 살리고 생명을 살리는 촉매제가 되기를 바라는 것입니다. 그러나 그 보다 먼저 할 일은 함석헌을 말하는 이들이 말을 앞세우지 말아야 합니다. 말은 맑은 사상을 건네는 도구입니다. 그래서 말은 철학이라고 했습니다. 함석헌의 철학이 내면화되어 그것으로 삶을 살아주어야 함석헌이 살아납니다. 말만 하지 말고 삶을 살아주어야 함석헌이 생명체가 될 수 있다는 말입니다. 사람들이 묻습니다. "당신은 함석헌을 살고 있습니까?"

6
이루지 못한 함석헌의 계몽적 이성

　학자들은 철학적 사조나 문화적 현상에 따라 우리 한국 사회가 포스트모던의 시대에 살고 있다고 말하곤 합니다. 포스트모던은 근대의 이성중심의 사유에서 감성으로, 획일화에서 다양성으로, 독단주의에서 관용주의로, 로고스에서 뮈토스로의 전환을 이루었다고 봅니다. 그런데 여기서 주목해야 할 것이 있는데, 다름 아닌 이성입니다. 이성이라 함은 주관이 대상에 대해서 판단하고 추론하는 인간의 능력을 말합니다. 이성은 논리적 사고와 언어를 통해 자아가 타자와 성숙한 의사소통을 이루어가도록 만드는 인간의 특유한 능력입니다.

　그런데 우리 사회가 얼마 전에 겪은 노무현 전 대통령의 죽음을 통해서 겪은 현상에 대해서 자살이니 타살-이 또한 종교 공동체에서 일어난 말싸움인 듯하지만-이니 하며 말하는 것은 논점을 흐리는 것이라고 봅니다. 필자는 오히려 우리 사회가 아직도 근대의 계몽적 이성도 경험하지 못한 사태의 결과라고 보고 싶습니다. 이성을 기반으로 하는 민주주의는 토론과 대화를 통해서 이끌어 가야 하는 민중^{demos} 정치입니다. 그런데 그 토론과 대화의 매개를 발현시키는 이성적 성숙을 이루지 못한 사회는 감성(칸트는 감성을 단순히 감정으로 보지 않고 인간의 선천적 인식능력의 한 부분으로 봅니다. 심지어 제3비판서에서 나타나는 공통감은 감성적 이성과 맞닿아 있습니다)을 편협된 감정으로 몰고 가기 마련입니다. 고대 서양 철학자들이 그렇게 말했던 중용이나 부동심(아파테이아apatheia)을 지닌 철학적 정치가의 모습은 고사하고 말입니다.

그런 의미에서 필자는 우리의 문명이 진보된 것만큼 인간의 이성 또한 진화했는가를 묻고자 합니다. 함석헌의 저서 곳곳에서는 진화론적 색채가 짙게 배어나옵니다. 그것은 잘 알다시피 앙리 베르그송H.-L. Bergson(1859-1914)이나 떼이야르 드 샤르댕Pierre Teilhard de Chardin (1881-1955) 같은 사상가들로부터 영향을 많이 받았기 때문이라고 봅니다. 그러나 그렇다고 해서 함석헌이 그러한 사상가들의 말마디를 있는 그대로 읊조리기만 한 분이 아니라, 외래의 사상들을 바탕으로 자신만의 진화사상을 발전시킨 분이라고 생각합니다. 그러니 우리가 지금 함석헌에 대해서 말한다는 것은 아직도 미몽에서 깨어나지 못한 몰이성적 사회와 인간을 이성적 사회가 될 수 있도록 하기 위함이라고 봅니다. 다시 말해서 함석헌의 사상을 통해 이 사회와 개인의 이성적 진화를 꾀해야 한다는 말입니다.

그러나 혹자는 함석헌을 두고 사회적 진화론자라고 말한 바 있습니다. 아마도 사회적 진화론이라는 말은 맥락으로 보아 아직도 계몽되지 못한 이 사회와 개인이 이성적으로 깨어서 사회적 투신자, 사회적 혁명가로서 살아가야 할 것이라는 의미의 재해석이라고 여겨집니다. 함석헌이 그렇게 부르짖었던 것이 민족의식의 계몽이라면, 그것은 개인의 이성적 발달과 전혀 상관이 없는 것이 아닙니다. 오히려 함석헌의 말대로 "생각이 생각을 낳는" 행위이며, 생각 안으로 들어가는 것입니다.

그의 논리에 따라 생각이 생각을 낳는다면 생각의 곳간은 끝이 없을 것입니다. '생각의 곳간이 끝이 없다.' '생각이 생각을 낳아 생각이 자라게 한다.' 이런 함석헌의 논리는 전체로 보면 개인, 사회, 우주의식의 진화로 확장될 수 있습니다.

지금 우리 사회는 개별적 존재인 인간 이성의 진화, 사회 구성체로서의 이성의 진화, 우주의식의 진화가 결핍되어 있습니다. 다시 말해서 생각을 할 줄 모릅니다. 생각이 생각을 낳지 못합니다. 마음에서 자라는 소리[생]가 깨우침으로 이어져야[각] 사람이 자랍니다. 마음의 빛이 자라나는 것, 그것이 계몽enlightenment일진대 그 사건이 요원하기만 합니다. 포스트모던이 감성주의를 말한다고 해서 근대적 이성을 완전히 거부했다고(anti, 脫) 볼 수 없습니다. 포스트모던의 반성적 의식의 산물 역시 이성적 작용에서 시작하고 있기 때문입니다. 다시 말해 올바른 포스트모던의 비판적 사유는 곧 이성에서 출발해야 한다는 것을 의미합니다. 포스트모던시대에 정치적 삶이 감정으로만 치달을 수 없다는 문제의식은 바로 여기에 근거합니다. 포스트모던시대라 자신 있게 말할 수 있으려면 이성의 빛에 따라 우리의 의식은 토론과 대화, 의사소통이 원활하게 이루어져야만 합니다. 그렇지 않다면 우리는 여전히 "네 이성을 용기 있게 사용하라!(sapere aude!)"는 칸트의 계몽적 구호에도 미치지 못하는 사회 속에서 살고 있는 것입니다. 그러므로 앞으로 우리가 추구해야 하는 삶의 자세는 끊임없는 이성의 진보, 사회의식의 진화를 꾀하는 일이어야 할 것입니다. 함석헌은 우리에게 묻고 있습니다. "당신의 이성理性은 안녕하신가?"

7
함석헌의 '기억'의 신학과 영성적 철학

▍함석헌이 기억-됨과 기술記述로서의 기억-됨의 한계

함석헌, 오늘날 그를 기억한다는 것은 무슨 의미가 있을까요? 모름지기 기억은 해석-함이라는 하나의 행위입니다. 해석학적 행위는 오늘날 우리가 겪고 있는 치열한 삶의 현장에서 언어적 엄밀성과 행동으로 삶을 엮어가기 위한 몸부림입니다. "함석헌은 '축적된 전통'이라는 의미에서의 종교를 신봉하는 종교인은 아니지만 '마음의 초월체험'을 하면서 살다간 올곧은 신앙인이었다. 스스로 이단자가 되기를 선언하면서 교권제도 속에서 화석처럼 교리화된 기독교를 비판하고 그에 맞서 싸운 사람이지만 그는 '갈릴리 예수'와 '예수의 낙인(스티그마)'을 몸에 지닌 바울을 지극히 사랑하고 흠모한 분이다." 이렇듯 함석헌은 자신이 처한 삶의 자리Sitz im Leben에서 일어나고 있는 역사와 종교를 성서나 다른 종교의 사상들을 통해 비판하고 자신의 언어와 행동으로 승화시킨 삶의 철학자입니다. 그는 성서와 한국의 고난의 역사를 기억하고 날카로운 초월적 이성으로 풀어낸 해석학자입니다. 역사를 기억-함이란 바로 그의 신학함 doing theology의 출발이자, 삶의 고발이고 비판이었습니다. 그의 기억-함의 신학은 후대의 씨울들에 의해서 함석헌의 사상들이 기억되는 것이고, 또한 기억-됨을 다시 기억-함(역사적 실천)을 살아가기를 바라는 외침이었다고 볼 수 있습니다.

기억-함의 신학

함석헌은 고통의 사건들에 대해 참[誠]으로 대했습니다. 참으로 대했다 함은 그가 고통과 고난을 역사의 사건으로 기억하며 자신의 말을 이루었다[誠]는 것입니다. 그 시발점은 생명과 구원의 원리를 고난, 즉 십자가의 사건으로, 성서의 역사를 고난의 사건으로 현재화하여 기억-하였다는 데에서 엿볼 수 있습니다. 그에게 있어서 십자가는 고난입니다. 사회적 책임을 다하고 사회적 정의를 실천하기 위해서는 직접 십자가를 지고 피를 흘려야 하는 것입니다. 그의 십자가의 경험은 한국 역사가 고난의 역사임을 기억하는 것이고, 당시의 한국 정치 현실을 고난으로 보는 것입니다. 그럼으로써 그는 성서의 사건을 기억-함 속에서 새로운 해석과 실천을 내놓을 수 있었습니다.

기억-함은 단순히 과거의 경험과 사건을 현실에서 되살리거나 혹은 과거의 경험된 정보를 저장했다가 필요할 때마다 꺼내 쓰는 행위가 아닙니다. 그것은 과거의 경험들을 실존적으로 지금 여기서 실천함으로서 재현하는 것입니다. 그런 의미에서 함석헌은 자신의 신앙과 사상, 그리고 실천(삶)을 하나님의 기억 속에 내던짐으로써 오히려 하나님의 기억을 더 현실화한 사람입니다.

기억의 신학적 언어: 평화, 민중, 교회, 그리고 씨알의 종교

잘 아는 대로 함석헌은 비폭력 평화주의자입니다. 그의 평화론은 예수의 산상설교와 이사야서로부터 영향을 받았습니다. 또한 간디의 '사티아그라하'(眞理把持 혹은 진리를 붙잡음)라는 비폭력사상과 『바가바드 기타』에서도 사상적 기반을 마련했다고 볼 수 있습니다. 특히 노장철학의 핵심인 무위자연無爲自然과 퀘이커의 평화사상으로부터 영향을 받아서 평화를 역사의 절대적인 명령(마치 칸트의 정언명법과 같은)으로 인식하였습니다. 그래서 그는 전쟁과 국가주의를 비판 및 반대하는 실천적 평화론자가 되었습니다.

함석헌에게 있어서 하나님은 '전체'이면서 민중(씨알)과 연결되어 있습니다. 뿐만 아니라 씨알과 하나님은 하나입니다. 민중을 받드는 것이 하늘나라를 섬기는 것이라는 함석헌의 말에는 민중이 곧 구원의 주체이고 역사와 시대 변혁의 주체라는 것을 함축하고 있습니다. 민중인 씨알은 인류의 씨알이고 생명의 씨알입니다. 그러므로 민중의 세계-내-존재이면서 우주의 씨알로서 생명 전체가 운명공동체라는 사실을 자각합니다. 다시 말해서 씨알은 전체 우주와 유기적인 관계에 있습니다. 민중신학에서 민중개념의 우주적, 생명적, 종교적 특성이 약하다고 하는 비판도 있습니다만, 그러나 오히려 함석헌이 씨알을 민중으로 보고 있고 민중과 하나님을 하나로 보는 생명철학 혹은 생명신학적 관계성을 약화시킨 것이 아닌가 하는 생각을 하게 됩니다.

그렇다면 씨알과 동일시되는 이 민중은 누구입니까? "민중은 자기 스스로가 주인입니다." 민중(오클로스)은 민중 스스로의 언어, 민중의 언어로 이야기합니다. 민중의 언어로 말하고 민중의 언어로 소통을 합니다. 함석헌은 이러한 민중들을 향해 민중의 언어로 말하려고 합니다. 1세기 예수 운동을 주도했던 민중들은 예수를 민중의 언어로 기억하고 선포했던 이들입니다. 그렇게 민중의 언어로 기억된 예수는 교회 공동체라는 민중 집단에 의해서 민중의 언어로 기억을 전수해왔습니다. 그러므로 씨올, 즉 민중의 언어는 역사의 변화를 가져오는 혁명의 언어라고 볼 수 있습니다.

함석헌은 초기에 무교회의자라는 꼬리표가 붙어있었습니다. 이것은 우찌무라 간조의 영향을 받았기 때문입니다. 나중에 '퀘이커교가 형식적이거나 교리적이지 않아서 좋았다'라는 고백적 어투에서도 묻어나듯이, 그가 교회의 현실을 비판적 시각에서 보려고 한 것은 분명히 무교회적인 사상과 뿌리가 그에게 여전히 남아 있다고 보아야 할 것입니다. 그가 무교회적인 시각에서 바라본 교회는 "인간주의" 혹은 국가의 시녀 역할을 하는 교회의 모습으로 비추어졌습니다. 인간주의는 자칫 교회주의라는 조직과 교권을 가진 교회가 되어 그러한 교(도)권으로 성서를 해석하고 급기야 개인의 생활전반을 지배하게 됩니다. 그러므로 함석헌은 오로지 하나님을 떠난 어떠한 차원도 용납할 수가 없다고 생각했습니다. 그것은 신앙'만', 기도'만', 십자가'만'을 강조할 경우에 한쪽으로 치우치는 종교가 될 수 있기 때문입니다. 그래서 그에게 신앙적 외침은 '오직 하나님만'으로가 되는 것입니다.

그가 말하는 진정한 교회는 제도적, 국가적이기 보다 가정적이며 사랑이 화합하는 곳입니다. 그러기 위해서 종교는 낡은 기구를 버리고 날마다 새로워져서 영원히 불변하는 종교가 되어야 합니다. 참 종교는 자신의 종교까지도 부정되어야만 새로운 종교, 새로운 교회가 될 수 있기 때문입니다. 궁극적으로 그가 꿈꾼 교회는 '화和의 교회'입니다.

모든 종교를 하나로 묶어 내는 교회, 영과 진리의 교회, 성령의 교회라고 말하는 것입니다. 모든 종교들이 서로 각기 다르지만 아름다움을 드러내는 화和음音이 되는 하모니의 신학은 그의 종교적 포용성을 엿보게 됩니다.

함석헌은 이 땅의 모든 종교들이 제 역할을 하지 못했다고 비판합니다. 제 역할을 하지 못한 종교는 이제 새로운 종교로 거듭나야만 합니다. 그런데 새로운 종교는 어떠한 특정종교에 매어 있지 않습니다. 오로지 참다운 실천만이 참 종교가 될 수 있기 때문입니다. 이 땅에서 종교가 씨올의 제 종교로서 기억되기 위해서는 씨올이 특정종교에 매여 있도록 하면 안 됩니다. 씨올의 삶은 자유로운 삶, 해방하는 삶이기에 특정종교가 아닌 순수한 종교로서 제 삶을 실천적 영역으로 이끌어내는 종교여야만 합니다. 그러기 위해서는 종교란 도그마가 되어서는 안 되며, 세속적 권력에 편승하고 영합하는 종교가 되어서도 안 됩니다. 그래서 함석헌은 국가종교가 아닌 퀘이커교에 매력을 느꼈는지도 모릅니다. 그가 퀘이커교에 심취하게 된 동기에는 기존 종교의 피안성에 환멸을 느끼고, 지금 여기에서의 실천적 관심사(세계 평화나 사회 정의), 실존적 문제에 관심을 갖고 있기 때문입니다(김성수). 또한 함석헌은 퀘이커교가 냉철한 이성신앙을 견지했다는 점에 대해서도 마음에 들어 했던 것 같습니다. 그래서 함석헌의 퀘이커교의 신에 대한 체험이 '윤리적 신비주의'(김진), 공동체적 영성을 통해 사회적 실천이나 평화사상의 실천이라는 현실참여로 유도할 수 있었습니다.

더 나아가 씨올 함석헌은 종교가 피안적 세계만을 추구하려는 것이 아니라 지금 여기의 문제, 실천의 문제에 참여함으로서 역사를 변혁해야 하는 주체가 되어야 한다는 생각을 갖고 있었습니다. 이른바 관조적 혹은 사변적 신학이 아니라 참여적 신학을 주장한 것입니다. 이 것은 씨알의 인격적 변화, 우주 전체의 진화론적 인격적 참여의 종교 로까지 나아갑니다. 이 진화론적 신관은 하나님의 동적인 존재성, 즉 되어가는 하나님becoming God이 되어 역사와 사회 변혁의 원동력이 됩니 다. 정적이고 자족적인 하나님은 역사를 변화시킬 수가 없습니다. 반면 에 항상 변화하는 하나님은 새로운 신으로서, 종교도 끊임없이 변화할 것을 요구합니다.

씨올이라는 개념에는 모든 근원의 되는 '씨氏'와 올, 즉 O(태극, 혹은 초월적인 하늘), ·(내재적 하늘 곧 자아), ㄹ(활동하는 생명, 되어감, 끊임없 는 흐름)이 하나의 활동성(삶의 본질)을 이루는 생성신학적 의미를 드러 냅니다. 또한 '나'라는 존재는 궁극적인 실재인 하나님을 목표로 하는 지향성을 갖는다는 측면에서 삶-숨신학(생명신학)이라고 볼 수도 있습 니다. 하나님은 씨올에게 다가오는 존재요, 하나님은 우리(씨올)와 함께- 있음의 존재입니다. 또한 "씨올은 새로운 생명의 잠세적 가능성의 총체 요 그루터기다. 씨와 올은 모든 새로운 생명이 거기에서부터 나오는 근 원"이기 때문입니다.

함석헌의 그리스도론은 그의 종교에 대한 입장들을 놓고 볼 때, '아 래로부터의 그리스도론'을 주장했다고 보아야 할 것입니다. 종교가 진 화론적 과정에서 윤리적이고 영적으로 변화하고, 인간의 주체성을 강 조하는 종교라면 응당 하늘로부터가 아니라 땅으로부터라고 말해야 할 것입니다. 그것이야말로 인간의 정신이 진화하여 신과의 인격적 관 계 속에서 세계를 이끌어가는 주인이 되는 것입니다. "씨올 중에 씨올 은 예수입니다"라는 함석헌의 주장에 비추어 본다면, 그는 초월적 그 리스도론이 아닌 생생한 역사적 예수를 강조하였습니다. 그런 생각과 맞물려 십자가에서 일어난 사건, 즉 전통적인 대속론代贖論에 대해서도 함석헌은 신에 의해서 사해졌다는 주체성 없는 인간의 무책임성을 비판적으로 인식합니다. 그렇다면, 이것 또한 위로부터 주어지는 은총이 아니라고 볼 수 있습니다. 오히려 함석헌의 씨올의 종교, 씨올의 신학은 주체적으로 사고하고 판단하며 신과의 인격적인 관계를 지속시켜나가는 매우 역동적이면서도 이성적 신앙에 토대를 두고 있다는 것을 알 수 있습니다.

▎함석헌이 기억-됨의 신학을 위하여

과연 오늘을 살아가는 (감성적인) 젊은이들에게 근대적인 정치적, 이념적 언어들이 의미가 있을까요? 이러한 물음을 던지는 이유는, 청년 함석헌의 언어들을 어떻게 개발, 해석할 것인가가 향후 함석헌의 기억-됨과 매우 밀접한 관계가 있다고 보기 때문입니다. 오늘날 신학이 언어를 담아내는 해석학적 장치와 시대를 읽어 내는 안목이 매우 뒤떨어져 있는 것이 사실입니다. 신학은 이제 정치, 이념, 종교 등 거대담론에서 벗어나서(포기하고?) 실천적, 실습적 목회로 전향하였고, 언어 또한 이미 실용적인 언어(수사학적인 언어)로 변한 지 오래입니다. 함석헌이 예수를 '산숨'이라고 말한 것처럼, 오늘날 교회도 예수를 산숨, 혹은 삶-숨(생명)으로 여겨야 하는데, 오히려 예수를 죽은 숨으로 몰아가고 있음을 교회 공동체의 언어의 죽음 속에서 발견하게 됩니다. 그러므로 함석헌의 언어들이 오늘날 교회의 실천적 힘이 되기 위해서는 환경, 여성, 영성, 교육, 인권, 폭력, (다)문화, 예술(미학, 언젠가 함석헌은 진선미가 어우러진 것이 진정한 아름다움이라고 말한 바 있다) 등이 좀 더 미시적인 관점에서 다루어지는 신학적 해석들이 필요합니다.

함석헌의 언어 놀이는 그의 사상을 드러내는 데에 매우 탁월한 감각을 지니고 있는 것 같습니다. 언어란 모름지기 자신의 사상을 표현하는 매우 중요한 수단이라고 볼 때, 함석헌의 사상을 지금과 아직 오직 않음의 그 때에도(미래) 기억-되기 위해서 그의 언어 놀이에 대한 종교적 해석학이 절실하다고 봅니다. 특히 함석헌의 언어들이 박제화되지 않도록 현대적 감각에 맞는 신학적 언어, 해석학적 언어의 개발은 갈수록 가벼워지는 담론에 대해 무게감을 더해 주기 위해서라도 매우 중요합니다. 이것은 스힐레벡스E. Schillebeeckx가 말한 것처럼, 신앙의 언어가 게토화된 언어가 아니라 삶의 형식과 사회적 실재를 드러내는 언어가 되어야 한다는 주장과도 통하는 말입니다. 함석헌이 비판하고 있듯이, 작금의 신학적 언어가 너무 번역신학에 매몰되어 있었던 것이 사실입니다. 그 언어가 과연 민중을 깨우치는 언어가 되었습니까? 자첫 신앙의 언어가 교리의 언어, 주체가 객체에게 가르치는 언어가 되어버릴 수 있는 지배적인 언어가 될 수 있기 까닭에 씨알의 언어는 평등의 언어이어야 하고, 또한 열린 대화의 언어이어야 합니다. 그것이야말로 진정한 진리를 향해 나아갈 수 있는 길이며, 진리를 탐구하는 자세입니다. 뿐만 아니라 씨올이 진리를 통해서 제 목소리를 낼 수 있는 새 시대의 정신을 함양하고 타자와 관계 맺음의 방식대로 살아가는 길일 것입니다.

해석학은 exegesis와 eisegesis의 조화가 필요합니다. 현재 함석헌에 대한 연구를 위한 해석학적 작업은 exegesis가 주를 이룹니다. 그러나 현대적 해석을 위한 창조적 작업은 eisegesis에서 나옵니다. 그래서 함석헌에 머무는 것이 아니라 함석헌을 넘어섬, 넘나-듦(trans)의 신학이 필요합니다. 함석헌이 당시의 새로운 정신, 새로운 종교를 염원했던 노력들의 일환으로 옛글을 풀이했던 근본적인 이유가 씨알을 계도할 힘을 상실한 정신세계와 종교를 비판하면서 새로운 가치체계 혹은 정신세계를 창출하기 위해서였습니다. 마찬가지로 함석헌이 계속 기억-되기 위해서는 함석헌의 언어들을 새롭게 해석해야만 합니다.

함석헌이 기억-됨, 그리고 종교-임과 종교-됨

함석헌에 의하면 종교는 늘 변화하는 생명체입니다. 그렇기 때문에 어떠한 특정종교도 진리를 독점할 수가 없습니다. 종교는 변하지만 변하지 않는 것은 높은 진리를 향해 함께 매진할 때 가능한 것입니다. 그러기 위해서는 함께 진리를 탐구하는 공동체로서의 종교가 되어야 합니다. 종교적 배타성과 교만한 판단을 괄호치고 오히려 역사의 현장에 투신자로서 치열하게 살아가는 관념의 종교가 아닌 '길거리 종교'가 되어야 합니다.

함석헌은 종교-임being the religious뿐만 아니라 종교-됨becoming the religious을 이야기했습니다. 어떻게 하면 (특정)종교가 될 것인가가 아니라 어떻게 사는 것이 종교적 삶이냐 하는 것이고, 어떻게 하면 종교의 본질being이 완성될 수 있느냐보다 종교가 되어-감becoming에 초점을 맞추고 있다고 생각합니다. 종교는 완성이 아니라 완성을 향해 가는 진화론적 과정을 설명하고 있다고 봅니다. 그런데 현재 종교는 완성으로서의 종교 혹은 타종교보다 온전한 종교집단으로 단정 짓고 종교 놀이를 하고 있습니다. 종교가 건강하려면 종교 그 자체의 성격을 끊임없이 묻고 성찰해야만 합니다. 그것이 종교-되어감의 자세라 여겨집니다.

그렇다면 종교(교회)는 앞으로도 씨올에게, 민중에게 기억될 수 있을까요? 오히려 기억상실증에 걸린 종교나 불리할 때마다 여전히 해리성 장애를 앓고 있는 것처럼 행동할 것입니까? 기억은 종교 공동체 내에서 생성하기도 하지만, 바깥의 씨올들에게 기억-됨으로 잊혀지지 않는 경우가 더 많습니다. 무엇을 기억되게 할 것인가 하는 물음은 곧 종교 공동체 내에서 무슨 기억을 발전시키며 무엇을 스스로 기억으로 남길 것인가와도 밀접한 관계가 있습니다. 그러기 위해서는 마치 함석헌을 추종하는 이들이 끊임없이 정신을 쇄신함으로서 함석헌의 말마디나 암송하는 함석헌 도그마티스트가 되지 말아야 하는 것처럼, 종교 공동체도 예수의 말씀이나 암송하며 그것이 진정한 그리스도인양 으스대는 모습은 예수 도그마티스트에 지나지 않는 것이라는 점을 명심해야 합니다. 1세기 이후의 그리스도교 공동체 내에서 예수에 대한 기억은 도그마에 있지 않았습니다. 역동적인 삶, 그에 대한 새로운 해석들이 그를 역사적으로 숨 쉬는 존재로 만들었습니다. 1세기 예수 운동을 전개했던 이들이 간직했던 예수상이 그랬듯이, 오늘날의 예수도 기억-됨과 기억-함(삶)으로 현존시켜야 할 인물입니다.

같은 맥락에서 김진이 "오늘 우리는 함석헌 선생님을 만나고 있는가?"하고 현재형으로 물었듯이, 필자는 이렇게 고쳐 묻고 싶습니다. "오늘 우리에게 함석헌 선생님은 기억되고 있습니까?" 그리고 "내일도 함석헌 선생님은 후손들에게 기억될 수 있을까요?" 이에 대한 해답은 우리가 그를 기억하기 위한 지속적인 해석학적 작업을 통해서, 함석헌이 자신을 가리켜 '알바트로스'라고 말했듯이, 가장 높이 가장 멀리 나는 새로 만들 수 있느냐 혹은 없느냐에 달려 있다고 해도 과언이 아닐 것입니다.

8
김수환 추기경을 떠나보내며, 한국교회를 탄歎하다!

"서로 밥이 되어 주십시오!" 지난주에 선종한 故 김수환 추기경의 말씀입니다. 한국교회는 우리 사회의 정신적인, 물질적인, 도덕적인 밥이 되어 주고 있는지, 성직자와 성직자, 성직자와 평신도, 평신도와 평신도가 서로 밥이 되어 주고 있는 지를 한번쯤 성찰하도록 만드는 말입니다. 그런데 요즈음 한국교회의 현실을 보면, 과연 한국교회의 미래가 있을까 하는 의문을 갖게 됩니다. 모교단의 감독회장 선거에서 빚어진 파행은 교회의 성직자라는 신분이 권력과 명예, 그리고 돈을 거머쥐는 수단이 되어버렸다는 인상을 지우기가 어렵습니다.

본디 교회는 역사적 예수의 정신에 따라 '가난'을 기꺼이 받아들이고, 그렇게 살겠노라고 다짐하는 공동체입니다. 그런데 한국교회, 특히 개신교는 해마다 각 교단의 수장을 뽑는 선거에서 막대한 돈이 소요된다는 것은 어제 오늘의 일이 아니며, 이러한 사실은 교회의 본래 정신, 예수의 삶을 무색하게 만듭니다. 교회의 수장은 그리스도의 정신을 교단의 모든 공동체 구성원들과 함께 나누고 또한 그 정신대로 살아가도록 이끌어주는 상징적인 인격과 리더십을 가진 존재입니다. 그런데 교회의 수장이 된다는 것이 마치 교세에 따른 자신의 권력과 교회의 재정을 드러내는 수단으로 전락하고, 교단과 신자들을 섬기는 지도자가 아니라, 자신의 지위를 알리는 권력의 도구로 삼고 있다면 이는 예수의 정신과 상충되는 것입니다. 생각 없는 성직자입니다.

권력權力, 세력勢力, 재력財力 등의 한자어에는 '힘'을 뜻하는 '力'이 들어가 있습니다. 그런데 그 외에도 '力'은 하인, 일꾼, 부지런히 일하다, 있는 힘을 다하여, 애써 등의 의미가 두루 내포되어 있습니다. 그러니까 교회나 국가의 권력, 세력, 재력, 심지어 무력 등은 하나 같이 하인처럼 있는 힘을 다해 씨올들을 위해 부지런히 일하고 섬겨야 한다는 뜻이 아니겠습니까? 그렇지 않을 때 씨올은 반동하는 힘, 곧 반동력反動力이 생기게 됩니다. 그러므로 교회 및 종교 지도자들은 '어깻죽지의 힘[力]'을 빼서 씨올을 위해 힘을 써야 합니다. 그게 종처럼 만백성을 섬기다 형장의 이슬로 사라진 예수의 후예라 할 것입니다.

예수의 후예는 생각하는 수장이 되어야 합니다. 정신을 바짝 차리는 수장이 되어야 합니다. 한국교회가 권력과 재력을 좇고 있는 사이, 그래서 생각 없는 정신을 갖고 있는 사이 얼마나 추락할 지 알 수 없기 때문입니다. 무릇 생명을 살리는 수장이 되기로 다짐했다면 버려야 삶입니다. 버리지 않고 삶을 이룰 수 없는 것입니다. 함석헌은 "참 삶은 내 속에서 될수록 모든 것을 내쫓아 버려서만 될 일이다"라고 말했습니다. 그런데 이 참 삶은 속에 살아 숨 쉬는 것입니다. 이른바 속삶숨(속생명)입니다. 속삶숨이 참 삶으로 우러나오려면 새로-'나'야 합니다. 새로-남은 예수의 정신에 따라 거듭해서 '내'가 되는 것(거듭-남)입니다.

그러한 속생명을 통해 참 삶을 부단히 애를 썼던 이가 있었으니

故 김수환 추기경입니다. 지난주 가톨릭을 넘어서 교회와 국민의 큰 어른이라 할 수 있는 김수환 추기경이 선종善終했습니다. 그가 마지막으로 남긴 말은 '사랑과 용서'였습니다. 가히 예수의 보편적 진리라 할 수 있는 말을 모든 교회에 부탁하신 것입니다. 그러나 그것은 비단 교회를 위한 말씀만은 아니라고 생각합니다. 씨올들 전체에게 부탁하신 유언입니다. '사랑하고 또 사랑하고 용서하십시오.' 그것은 오늘날 교회의 수장이 되고 싶은 모든 종교 지도자들에게는 뼈아픈 일침으로 알아들어야 할 것입니다.

김수환 추기경을 떠나보내면서 이제는 쓴소리, 단소리, 웃음소리, 바람(희망)소리를 내줄 사람이 누구일까 염려하게 됩니다. 소리는 아무 때나 울려 퍼지는 것이 아닙니다. 생각이 나은 인물이 있어야 소리가 납니다. 지금 한국교회에 쓰디 쓴 소리를 누가 낼 것이며, 우리나라의 바람소리는 누가 불어 줄 것입니까? 한국 개신교는 지금 우는 소리, 배부른 소리, 생각 없는 소리, 안주安住의 소리, 귀를 막고 자신의 목소리만 높이고 있습니다. 그러나 그 소리는 어느 누구도 솔깃하게 듣지 않습니다.

권력과 아집, 욕망의 소리를 잠재우고 종교 지도자가 몸소 보여야 하는 것은 '청빈의 영성'입니다. 청빈(가난)은 결국 나눔의 실천과 다르지 않습니다. 나누어야 가난해질 수 있습니다. 한국 개신교의 현실은 부익부빈익빈이라는 자본의 논리와 조금도 다르지 않습니다. 가난을 영성으로, 예수 닮음으로 살지 않아도 비참하리만치 그 찰가난의 폭풍우를 있는 그대로 맞고 사는 성직자들을 기억해야 할 것이니, 이를 그들의 능력의 탓이나 성령의 임하심의 강약정도만으로 치부하지 말아야 할 것입니다. 왜냐하면 하나님의 있음과 하나님의 일하심은 교회 덩

치의 크고 작음에 있지 않고 오로지 참(진리)과 참의 열매(진실)에 있기 때문입니다. 그러므로 큰 교회는 작은 교회를 위해, 가난한 사회를 위해 나누어서 가난의 삶을 살아야 합니다. 그것이 거듭거듭 '나'를 비워내어 하나님으로 충만하게 하는 길입니다. 이를 두고 함석헌은 다음과 같이 말합니다. "참 참은 빔[虛]으로야 될 수 있다. 허즉실虛則實이라, 비면 찬다." 권력과 명예, 그리고 재물은 비움이 아니라 채움입니다. 버림이 아니라 가짐입니다. 예수는 자신을 가리켜 머리 둘 곳도 없다고 했고, 첫째가 되고 싶은 사람은 말째가 되어 남을 섬기는 사람이 되어야 할 것을 강조하였습니다. 그러니 지금 중요한 것은 "생각해서 얻은 것을 버리는" 일입니다. "삶은 지켜서 지켜지는 것이 아니라 내버려서 지켜지는 것"이라는 함석헌의 종교적 이치가 그것을 잘 말해줍니다.

김수환 추기경은 세기의 '생각'이 나온 인물입니다. 함석헌의 표현대로, '생각이 사람을 낳은 것'입니다. 생각은 사람을 낳을 뿐만 아니라 길[道]에서 기름[德/育]입니다. 생각은 자라게 합니다. 씨올을 자라게 하고 세계를 자라게 하는 것이 생각입니다. 그의 생각이 얼마나 많은 사람들이, 또 국가가 자랐는지 모릅니다.

벌써부터 그가 그리워집니다. 그러나 그를 이제 하나님의 품으로 돌려보내며, 우리가 새로운 그림이 되어야 겠다는 생각을 합니다. 그래서 모두가 그리는 그리움의 대상, 나라의 어른, 교회의 어른으로서 우리 자신을 그려보아야 한다고 마음을 다잡아 봅니다. 한국교회의 "가슴에 생명의 믿음이 일기를 기다리"면서 말입니다.

9
정부의 종교적 편향, 씨올의 마음이 아닙니다!

"생각하는 백성이라야 산다. 한국 사람은 심각성이 부족하다. 들이 파지 못한다는 말이다. 생각하는 힘이 모자란다는 말이다. 깊은 사색이 없다. 현상 뒤에 실재를 붙잡으려고, 무상 밑에 영원을 찾으려고, 잡다 사이에 하나인 뜻을 얻으려고 들이 파는, 캄캄한 깊음의 혼돈을 타고 앉아 알을 품는 암탉처럼 들여다보고 있는, 운동하는, 생각하는 얼이 모자란다. 그래서 시 없는 민족이요, 철학 없는 국민이요, 종교 없는 민중이다. 이것이 큰 잘못이다."- 씨올 함석헌

┃ 종교 그 자체 고유의 지정학적 의미를 찾습니다!

필자는 종교(개신교)라고 하는 울타리를 벗어날 수 없는 애매한 삶의 테두리 안에서 살고 있습니다. 그러면서도 종교가 아닌 제가 믿고 있는 예수의 정신이 무엇일까를 끊임없이 질문하고 그것에 대해 답을 구해 보려는 고민을 갖고 있습니다. 그것은 올바른 질문이 올바른 해답을 낳는다는 당연한 논리 때문이기도 하지만, 그 올바른 물음이라

는 것이 늘 쉬운 것만이 아니라는 생각을 갖게 됩니다. 그럼에도 다시 필자에게, 그리고 독자제현에게 해묵은 물음을 던져보고자 합니다. 그것이 설령 현문우답이 될지언정 지금 현시점에서 정부의 정치적 행보에 대한 어떤 해답을 구해야 한다는 치기 어린 마음이 일기 시작해서입니다.

요즈음 사회는 정부의 종교적 편향성에 대해서 상없는 짓이라 하는 것 같습니다. 사실 씨올들은 그것에 대해 관심조차 없을 수도 있습니다. 워낙에 종교인들의 행위가 그간 백성들에게 실망감을 안겨 주었기 때문에 더 나을 법한 그 무엇도 기대하지 않는 것입니다. 그렇다고 해서 지금 벌어지고 있는 '종교적 편향'이라는 올바르지 못한 정부의 태도와 그에 대한 표현에 대해서 묵과할 수 없기에 더욱 근본적인 문제를 제기할 필요가 있다고 봅니다.

종교는 어떻게 자신의 있음(존재)의 자리에 있어야 할까요? 모름지기 종교religion란 크게 보아 라틴어 relegere 혹은 religare라는 말에서 나왔다고 보는 것이 통설입니다. relegere는 '다시 읽는다'라는 뜻으로서, 종교적 경전을 오늘의 삶 속에서, 개별적인 존재가 사는 시대와 상황에서 되묻고 그 경전이 오늘을 살아가는 사람들에게 어떤 의미로 다가오도록 해석해내야 한다는 것입니다. religare는 '다시 묶는다'는 속뜻을 담고 있습니다. 그러니까 인간의 죄로 인해서 신과의 관계가 단절되었던 것을 회복하고 다시 연결할 뿐만 아니라 인간과 인간, 자연과 인간의 삶을 다시 온전하게 묶어야 된다는 말입니다.

따라서 종교의 어원이 담고 있는 그 본래적 의미는 종교적 삶의 되-물음, 되-삶, 그리고 되-묶음(일치)으로 정리할 수 있을 것 같습니다. 그러니 종교가 종교다워진다는 것은 특정한 권력에 편승하여 자신의 이익을 추구하고, 정치적 조직화를 통하여 지도자를 흔드는 일이 종교의 본래적 성격이 아니라는 것을 알 수 있습니다. 종교는 개별 종교들이 갖고 있는 경전의 의미를 오늘의 삶에 비추어 되묻고 새로운 해석을 통해 백성들을 위로, 격려하기도 해야 하지만, 때로는 이 사회(세계)를 향해 호되게 비판할 수 있는 예언자적 종교가 되어야 할 것이며, 또한 분열된 사회와 인간의 삶의 기본을 묶어서 새로운 정신으로 품어 안을 수 있어야 합니다.

▎종교의 백성이 아니라 백성의 종교가 되어야 합니다!

그러기에 지금의 교회는 국가의 최고 지도자를 우리가 뽑았으니 우리의 뜻-신의 뜻이 아니라-대로 해야 한다는 독선과 아집을 내려놓아야 하며, 타종교의 역사와 소신, 신념을 짓밟는 무도덕적, 비신앙적 행위와 마음을 삼가야 합니다. 왜냐하면 이 나라 모든 백성은 특정 종교의 백성이 아니며, 정부의 옆서버는 교회가 아니라 백성이라는 사실을 감안한다면 정부의 편향적 사고가 얼마나 판설은 것인지를 알 수 있기 때문입니다. 이미 매스컴을 통해서 '편향'이라는 말이 흘러 나왔다 함은 특정집단을 향한 권력의 쏠림, 관심의 쏠림, 이익과 특권의 쏠림 현상이 심화되었다는 말입니다. 균형이 깨졌다는 얘기입니다.

종교는 유사 이래로 신을 신앙하면서 균형, 질서, 조화, 일치 등을 추구해왔습니다. 그런데 그러한 도그마나 영성적 지침이 그 종교적 행위를 규정하고 그것을 지향해왔다고 한다면 지금의 쏠림은 자신의 종교적 근간 자체를 부정하고 마는 것입니다. 그러지 않기 위해서 종교는 먼저 철저하게 백성을 위한 종교가 되어야 합니다. 결단코 종교를 위한 백성, 종교를 위한 국가가 될 수 없습니다. 그것은 누구나 잘 알다시피 자칫 종교적 파시즘으로 흐를 여지가 있기 때문입니다. 오히려 백성의 정신세계를 높이고, 백성의 삶의 질을 향상시켜 초월자의 뜻에 맞갖게 사는 것이 행복한 인간이라 여길 수 있도록 만들어 주는 것이 이 나라 종교가 해야 할 몫이라고 봅니다.

또한 국가의 지도자는 설사 특정 종교에 속해 있는 다수의 지지를 얻어 대통령이 되었다 하더라도, 마치 한 종교의 수장인 양, 그래서 특정 종교를 편들어 주는 따리가 있어서는 안 될 것입니다. 국가 지도자는 종교의 백성을 위해 일하는 사람이 아니라 만백성을 섬기는 일꾼입니다. 다시 말해서 지도자는 가난하고 홀대 받는 백성들을 편들어야지 (특정) 종교를 편들어서는 안 된다는 말입니다.

▌ 정치적 대화가 아니라 대화적 정치를, 그리고 씨올 함석헌의 대선언을 실현합시다!

그리스도교가 고대 로마와의 관계를 통해 국가의 정치적 권력에 힘입어 소수종파에 불과했던 국가의 종교로까지 부상할 수 있었다는 것은 일반적인 상식으로 통합니다. 유다교의 아류라는 콤플렉스를 과감하게 탈피하고 독자적이고 독보적인 종교로서 국가가 공인하는 종교가 되었으니 이미 그리스도교의 태동부터가 정치적 권력을 맛보며 성장했다는 것을 알 수 있습니다.

그러나 그러면서 얻은 것과 잃은 것은 무엇이었을까요? 아마도 그리스도교가 국가 권력의 배후 덕택에 소수종파의 수준에서 세계적인 종교로 발돋음 할 수 있었다는 것이 하나의 득得이 되었을 것입니다. 그러나 실失은 종교 고유의 순수성을 상실한 채 국가의 이데올로기를 대변하고, 예언자적 비판 정신이 무뎌졌다는 것입니다. 국가를 비판하기보다는 비호하고 변론하는 기구 역할을 했음은 물론입니다. 그러다보니 타종교에 대한 배려와 관용, 그리고 일치는 뒷전이 될 소지가 많았습니다. 이러한 역사는 시간이 조금 지난 후에 고대 교부의 대부인 성 아우구스티누스Aurelius Augustinus(354-430)의 《신국론》에서도 잘 나타납니다.

필자는 이러한 교회의 역사를 반복하지 말고 종교와 국가와의 관계, 혹은 그리스도교와 타종교와의 관계가 '정치적 대화'가 아니라 '대화적 정치'로 개선되어야 한다고 생각합니다. 정치적 권력을 놓고 패권을 다투고, 또 정치를 좌지우지하여 이득과 이권을 쟁취하기 위한 '정치적 패覇'를 운운하는 '정치적 대화'를 지양해야 합니다. 그리고 종교와 국가는 진정으로 씨올을 위한 '대화적 정치'가 이루어지도록 노력해야 합니다. 다시 말해서 현재의 종교가 지향하는 방향이 '정치 우선주의'에서 '대화 우선주의'로 나아가야 한다는 말입니다. 종교는 정치적 교회주의를 벗어나서 한 나라의 종교들이 함께 대화하고 씨올이 원하는 것이 무엇인지, 씨올이 겪고 있는 고통이 무엇인지, 씨올의 생명을 위해서 어떻게 해야 할 것인지를 서로 머리를 맞대고 고민하는 성숙한 태도가 필요합니다. 그래서 필자는 종교宗敎라는 한자에서 '종宗'을 으뜸이나 근본을 일컫는 일반적 의미가 아니라 '마루', 즉 '하늘'로 읽고 싶습니다. 종교는 이 땅의 백성들에게 하늘의 가르침을 일러 주어 하늘의 이치대로 살아가도록 할 뿐만 아니라 이 땅이 거룩한 마루-우리 조상의 제사는 방과 방 사이를 연결해주는 마루에서 이루어졌습니다-가 되어 백성의 삶의 응어리를 풀어주고, 백성의 근본을 깨달으며 마음이 하늘에 닿을 수 있도록 길[道]을 열어 주는 삶의 잔치 자리가 돼주어야 합니다. 그게 바로 진정한 에클레시아ek-klesia(교회), 즉 신이 자신이 사랑하는 백성을 불러낸 정신에 따르는 올곧은 자세가 아닐까요?

씨올 함석헌은 '교회'가 아닌 '교회주의'로 빠져드는 것을 경계했습니다. 교회는 본래의 예수 정신을 살피고 그것을 살아 낼 수 있으나, 교회주의는 이미 하나의 이념적 태도를 지향하는 비역동적인 교회가 될 수밖에 없기 때문입니다. 그래서 씨올 함석헌의 모든 종교인들을 향한 대선언은 언제 들어도 감동으로 다가옵니다.

"내 기독교에 이단자가 되리라. 참에야 어디 딴 끝 있으리오. 그것은 교회주의적 안경에 비치는 허깨비뿐이니라. 기독교는 위대하다. 그러나 참은 보다 더 위대하다. 참을 위해 교회에 죽으리라. 교회당 탑 밑에 내 **뼈다귀**는 혹 있으리라. 그러나 내 영은 결단코 거기 갇힐 수 없느니라."

오늘날 모든 종교들이 '참'종교가 되기 위해 애를 쓰는 모습을 보고 싶습니다. 교회(개신교)는 참된 그리스도교가 되기 위해 고군분투하는 모습을 보여주었으면 좋겠습니다. 그 '참(알레테이아)'은 감추어져 있지만 종교의 진리를 진실하게 추구하려는 모든 사람들에게는 늘 열려 있기 마련입니다.

과거 〈대왕 세종〉이라는 사극드라마가 있었습니다. 잘 아는 바와 같이 조선은 애초부터 숭유억불을 국시로 삼았습니다. 그런데 세종은 아버지인 태종의 만류와 신하들의 반대에도 불구하고 불심을 향한 백성들의 마음만은 꺾지 않겠다는 교지敎旨를 반포합니다. 세종의 그와 같은 결정은 '백성의 마음'을 '하늘의 마음'으로 보았기 때문에 가능했다고 생각합니다. 지금 대한민국을 이끌어 가고 있는 지도자도 '하늘의 마음'(어쩌면 특정 종교의 마음을 사려고 하는 것인지도 모르지만)을 읽으려고 애쓰기보다 먼저 '백성의 마음', '씨올의 마음'을 헤아려 본다면 어떨까요?

10
한국교회 영성의 지정학적 위치에 대한 비판적 고찰

▌ 영성의 근본적 이념_영성은 초월적 삶의 철학입니다!

영성은 하나님의 영 안에서 그리스도의 뜻대로 살아가는 것이며, 그 안에는 윤리적, 실천적 덕목들이 포함되어 있습니다. 이러한 영성적 삶은 이미 유대교 안에서도 하나님이 자신들의 하나님 됨을 늘 기리며 그것을 삶의 근저에까지 뿌리내리고 있습니다. 그래서 유대교는 신앙과 삶이 분리된 것이 아니라 서로 밀접한 연관성을 갖고 그 종교적 삶이 이어져왔다는 것만 보아도 영성적 삶은 자연스러운 현상으로 인식됩니다. 심지어 가톨릭의 영성만 하더라도 굳이 스스로 영성을 운운하지 않아도 그 자체로서 그 영성이 묻어나는 것 같은 인상을 지우기가 어렵습니다. 반면에 개신교는 영성이라는 언어 자체가 낯설어 보이고 제 옷이 아닌 것처럼 인식이 되는 것은 참으로 불편한 일이 아닐 수 없습니다. 게다가 오늘날 한국교회, 특히 개신교는 영성이라는 말마디가 굉장한 유행처럼 번져서 교통정리가 되고 있지 않다는 인상을 받습니다. 영성이라는 갑작스러운 유행어가 주는 그 강력한 인상 못지않게 그렇게 영성에 대해서 잘 안다고 자부할 수도 없고, 안다고 해도 우리는 말로만(?) 살아 온 버릇이 있기 때문입니다. 그러니 영성이라는 언어에 부합하는 신앙적 삶을 살아낼 엄두도 못 내고 있었던 것은 아닌가 하는 자문을 해보게 됩니다.

그런 연유인지는 몰라도 오늘날 한국교회는 '영성 신드롬'에 사로잡혀 있는 것 같습니다. 필자의 긍정적인 생각으로는 퍽이나 다행스러운 일이라 여겨지기도 합니다만, 그럼에도 불구하고 우려가 되는 것은 영성을 교회의 또 다른 잇속 차리기 수단으로 여기는 까닭입니다. 이것은 한국교회가 종래의 어떠한 목회적 시스템과 프로그램으로도 더 이상 교회의 성장을 가져올 수 없다는 분명한 한계를 인식했다는 방증이 되기도 합니다. 그렇다면 영성이라는 것이 이제까지 한국 개신교에 전혀 없었는가 하는 씁쓸한 질문을 하게 만드는 지금의 교회 현상은 엄밀한 비판과 정리가 필요한 것 같습니다. 왜냐하면 오늘날 교회는 영성이라는 것을 그리스도인들의 삶이 되도록 하며, 예수의 삶을 살아내도록 만드는 그리스도인의 훈련이나 신앙의 내면성이라기보다 그것을 통한 부수적인 효과를 기대하고 있기 때문입니다. 이른바 교회 성장이나 목회성공의 또 다른 방편이라는 것입니다. 교회가 전도와 선교를 통해 성장을 가져올 수는 있습니다. 더불어 교회성장이 목회의 성공으로 비추어 질 수도 있습니다. 그러나 교회 성장과 목회의 성공이 반드시 교회 지도자나 교회 공동체의 영성 때문이라고는 단정 지을 수 없습니다. 영성은 그리스도인의 삶의 내면화와 외면화를 동시에 추구해야 하는 지난한 그리스도의 닮음에 있기 때문에 오히려 실패 같은 성장, 실패 같은 성공이 예수가 원하는 진정한 성공일 수 있습니다(마르 4:1-20, 마태 13:1-9, 루가 8:4-8 참조).

이러한 현실 속에서 우리의 영성이 자본에 물들어버린 마케팅이나 소비 상품으로 전락하고 마는 모습을 놓고 볼 때 한국교회는 본질이 퇴색되고 있다는 비판을 면할 길이 없습니다. 목회철학, 목회신학, 교회행정 등은 있어도 목회 마케팅(혹은 목회경영)은 아닙니다. 무엇이든 교회의 성장과 목회의 성공을 가져올 수 있다면 영성마저도 상품으로, 프로그램으로, 컨설팅이라는 명목으로, 일회적인 이벤트 등으로 만들어내야 한다는 목회 전략은 있을 수 없는 일입니다. 영성은 하나님의 영 안에서 그 분의 뜻에 맞갖게 살아가는 것이며, 그 분을 통해서 끊임없이 훈련되어야 하는 그리스도인의 근본적인 신앙의 덕과 삶의 자세입니다. 거기에는 늘 세속적 성장이나 세속적 성공만 있는 것은 아닙니다. 실패도, 좌절도, 고통도 있지만 그것을 극복하는 것, 그것을 딛고 일어나게 만드는 것이 성장이요, 성공이고, 더 나아가 영성의 결과라고 생각합니다(마르 4:1-20, 마태 13:1-9, 루가 8:4-8 참조).

자칫 영성적 목회를 한다고 하면서 교회의 일부 공동체를 자연에다 터 잡게 하고서 마치 웰빙적 목회가 영성적 목회로 치부되는 것 또한 문제가 있다고 봅니다. 대형교회일수록 본 교회 이외의 다른 건물을 도시 외곽에다 짓고서 자연을 만끽하며 철야나 주말 집회를 갖는 모습이 영성을 더 깊이 있게 만든다는 생각은 오산입니다. 교회가 뚜렷한 그리스도교적인 철학과 세계관을 가지고 시대의 역할을 다하는 것이 영성이지 부유한 교회이기 때문에 자연친화적 영성을 즐길 수 있는 기회를 갖는다는 것 또한 부의 상징으로서의 교회(건물)로만 비추어질 뿐입니다. 그래서 필자는 교회가 철학적 영성이 필요하다고 봅니다.

필자는 영성을 내면적인 정신으로 볼 수 있다면, 그것을 달리 '영성적 철학' 혹은 '철학적 영성'이라고 부르고자 합니다. 그렇다고 해서

이 용어가 낯설지만은 않은 것은, 이미 후설의 제자인 에디트 슈타인 E. Stein이 현상학적 철학과 토미즘을 접목하면서 영성을 철학화 한 적이 있었고, 철학을 영성적 사유와 실천의 깊이 속으로 가지고 들어와 영성을 더 풍요롭게 전개시켰기 때문입니다. 그리스도교 영성은 신자들의 신앙과 삶이 그리스도를 닮도록 다듬어 주는 하나님의 영 안에-있음이지만, 영 안에 있는 신자들이 삶의 세계에서 치열하게 고민하면서 생명, 환경, 여성, 어린이, 노인, 정치, 경제, 죽음, 가난 등에 관하여 초월적 바라-봄과 삶을 살도록 추동하는 힘이기도 합니다. 그래서 안셀름 그륀A. Grün은 영성이 '위로부터의 영성'만 있는 것이 아니라 '아래로부터의 영성'이 있다는 것을 깨우쳐준 바 있습니다.

▎영성의 근본적인 맥_개신교의 영성, 뿌리를 부인하면 안 됩니다!

오늘날 개신교가 유래 없이 영성이라는 말마디를 많이 강조합니다. 마치 교회의 트렌드처럼 돼버렸습니다. 영성 운운하지 않으면 깊이가 없어 보이는 것처럼 말입니다. 그런데 그리스도교 영성을 말하자면 그 뿌리를 어디에다 두어야 하는가 라는 의문이 생깁니다. 개신교는 자신의 영성을 이야기할 때 그 출발점을 그리스도 혹은 원시 그리스도교 공동체라고 말하면서 중세를 훌쩍 건너뛰고 종교개혁 이후의 영성만이 올곧다고 주장합니다. 그러나 정작 영성의 중요한 맥을 흐리고 있다고 봅니다. 가톨릭과 개신교가 분열되기 이전에 함께 공유했던 영성(사막교부들의 영성, 수도원 영성 등)이 오늘의 개신교를 있게 한 근원이자 원동력이었다고 본다면 과언일까요? 왜 개신교는 유달리 루터의 영성, 칼뱅의 영성, 웨슬리의 영성, 에드워즈의 영성, 오순절 영성만을 고집하는 걸까요? 이들의 영성 안에는 수많은 영성의 역사적 영향들이 함께 했었다는 것을 왜 부인하려 하는 걸까요? 이제 와서 공공연하게 영성을 이야기하는 것은 그리스도의 삶을 살아가려고 애를 썼던 신앙의 선조와 그 신앙의 유산들을 되새기겠다는 의지가 투영되어 있기 때문이 아닐까요? 우리는 가난, 정결, 순명, 공동체, 사랑, 겸손, 믿음, 기도, 노동 등의 신앙적 무늬들을 통해 자신을 예수화하려던 (가톨릭/교회) 영성가들을 신앙의 선배로 인정해도 되지 않을까요? 그러나 우리는 터부와 콤플렉스로 인한 피학적이면서 가학적 영성으로 일관하고 있는 것을 볼 때 안타깝기 그지없습니다. 우리 안에 이러한 영성적 트러블, 영성적 아포리아를 어떻게 해소할 수 있습니까? 아버지를 거부하고 죽인 그 죄책감에 시달려 남근이 상실될까봐 두려워하는 영원한 오이디스푸스 콤플렉스적인 신앙을 고집할 것인가, 아니면 자신의 피붙이마저도 삼켜 버리고 말겠다는 크로노스와 같은 괴물이 될 것인가 하는 것이 우리의 딜레마라고 볼 수 있습니다.

절대적 유한자인 인간이 절대적 무한으로 변화하고자 할 때는, 그것이 종교가 추구하는 궁극적 가치라고 한다면 영성은 그러한 삶을 내면화시키는 종교적 가치입니다. 거기에는 일반적으로 생각하는 성공이라는 외형적, 물질적, 가시적 가치와는 상반된 내면성spirituality을 강조하고 있다는 것을 알 수 있습니다. 가난, 노동, 사랑, 일치, 평화 등이 성공의 잣대로 측정될 수 있는 세속적 가치는 아닐 것입니다. 오히려 그리스도교 영성은 이 모든 것들을 담아낼 수 있는 '케노시스kenosis'(필립 2장 참조)가 밑바탕이 되어야 합니다. 자기 비움의 철학과 신학이 없이 진정한 그리스도인이 될 수 없습니다. 말할 수 없는 존재를 그가 마치 현전現前하듯이 드러내주는 삶의 궁극점은 그리스도인의 자기 비움, 즉 케노시스입니다. 그 케노시스를 통해서 그리스도의 정신이 내면화되어 영성적인 존재가 된다고 볼 수 있는 것입니다. 이렇게 케노시스적 영성으로 일관해 온 영성사의 '같은 축'인 가톨릭의 영성을 외면할 수 없는 노릇입니다. 그것이야말로 우리의 영성을 절름발이로 만들 수 있기 때문입니다.

▎영성의 근본적 화두와 실천_'가짐-구조'를 타파합시다!

중세의 신비주의자 마이스터 에크하르트^{M. Eckhart(1260-1327?)}는 도미니코 수도회 소속 신학자였습니다. 당시에 범신론자라는 낙인이 찍혀서 어려움을 당하기도 했고, 그렇기 때문에 그간에 학문적 연구의 대상에서 다소 변방으로 밀려 났던 인물이었습니다. 그러나 오늘날 그의 사상은 우리에게 여러 면에 있어서 영성의 훌륭한 지침이 되고 있습니다. 한국교회가 어느 때부터인가 가짐(소유)의 구조^{habenstruktur}에서 자유롭지 못하고 급기야 교회 세습이라는 기이한 현상으로 인해 지탄의 대상이 돼버렸습니다. 에크하르트는 이렇게 성공과 지위, 부 등 어느 하나도 포기하지 못하는 한국교회를 향해 가짐-구조를 타파할 것을 요청합니다. 아무것도 원하지 않음^{Nichts willen}, 아무것도 알지 않음^{Nichts wissen}, 아무것도 갖지 않음^{Nichts haben}, 즉 가짐-구조의 타파는 신과의 일치 속에서 자신을 무화無化시키며 무 자체로 내던지는 과감한 결단을 촉구하는 것입니다.

그러면 오늘날 그리스도인은 무엇을 갈망해야 할까요? 하나님과의 일치, 하나님과의 합일만을 갈망해야 합니다. 모름지기 영성은 얼이 깨어나는 것입니다. 그래서 그 분의 얼을 힘껏 살아내는 것만이 우리의 갈망이 되어야 합니다. 보이는 삶의 현실을 외면할 수는 없습니다. 그러나 무엇을 가지려는 욕망은 반드시 무엇을 버리는 것/비우는 것이 선행되어야 한다는 것을 예수는 가르쳤습니다(마르 10:17-22 참조). 오늘날 긍정적인 성공 마인드, 물질적 축복이라는 언어는 영성이라는 용어와 짝하기에는 낯선 단어들입니다. 영성은 가짐이라는 구조적인 삶 속에서는 자유롭지 못하다는 것을 일러주기 때문입니다. 오히려 에크하르트는 말합니다. "하나님의 것이 되십시오."

자신이 하나님의 것이 되기 위해 아무것도 가지지 않으려 했던 에크하르트는 하나님 이외에 그 어떤 것도 욕망하거나 알려 하거나 소유하려고 하지 않았습니다. 심지어 그는 하나님과 온전히 만나기 위해서 하나님마저도 버릴 것을 주장했습니다(초탈, Abgeschiedenheit). 진정한 신을 만나기 위해 신적인 것이 아닌 것들을 제거해가는 작업, 그래서 종국에는 순수한 하나님만을 만나기 위해서 모든 가짐-구조를 타파해야 하는 것입니다.

그리스도인의 성공은 어떤 지위나 명예나 부, 지식 등을 갖게 되는 것이 아니며 그것을 위해 예배, 찬양, 기도, 성서 읽기(혹은 거룩한 독서, lectio divina)를 하는 것이 아닙니다. 그리스도인의 성공은 오히려 그것을 넘어서서 가짐-구조를 타파하고 가난, 사랑, 희망, 기도 등의 영성과 윤리로 무장되어 있는 것입니다. 그래서 그리스도(의 정신)와 합일되어 있는 삶이 성공입니다. 모두가 다 판사요, 공무원이요, 의사가 되고자 하는 사회 구조에서, 그리스도인도 똑같이 획일화된 성공의 잣대에 휘둘린다면 그 가치의 기준은 그리스도의 영 안에 있는 삶(영성)과는 전혀 관계가 없습니다. 이것은 마이스터 에크하르트가 말하는 내맡겨짐(초연, Gelassenheit)의 영성을 무색하게 만드는 것입니다. 영성은 이윤을 추구하는 기업의 언어가 아니라 삶의 초월과 삶의 관조가 되어야 하기 때문입니다.

따라서 가짐-구조의 타파는 영성의 지름길입니다. 가짐-구조를 내려놓는다는 것은 그리스도의 정신을 다른 모든 사람들과 함께 공유한다는 것입니다. 영성이 모름지기 그리스도의 정신의 사유와 삶을 내면화하는 것이라면 가짐-구조의 안전장치를 내려놓을 수 있어야 그것이 지닌 정신적 힘이 보편적으로 작용할 수 있는 것입니다. 그리스도의 영성을 추구하는 것이 궁극적으로 모든 사람이 추구하는 물질적 소유구조에 함몰되어, 그것을 합리화해주는 수단이 되어 버린다면, 그 본질의 의미를 흐리게 하여 영성이 아닌 성공을 위한 하나의 심리적 기제, 심리적 동기 부여에 지나지 않을 것입니다. 그러므로 영성은 그리스도라는 거울을 통한 끊임없는 자기 내면의 성찰과 자기 훈련이요, 그리스도의 자기 내면화(내재화)입니다.

영성靈性(루아흐/프뉴마의 어원에서 파생된 언어)이라는 말은 바람처럼, 불처럼, 물처럼, 흙처럼 살아야 함을 넌지시 일러주고 있습니다. 다시 말하면 자연스럽게 사는 것, 신의 뜻에 역행하지 않고 자연스럽게 살아가는 것을 말하고 있습니다. 그것이 '내맡겨짐'의 삶입니다. 그렇기 때문에 예수도 먹을 양식을 쌓아두고 먹게 해달라고 가르치지 않았고 하루 먹을 밥을 달라고 가르쳤던 것입니다(마태 6:9-13절 참조). 아직 오지도 않은 미래에 대해서 알려하고, 말할 수 없는 신에 대해서 너무 많이 알려하고, 남보다 많이 갖기 위해 욕망하는 삶은 영靈, Spirit에 기대어 사는 것이 아닙니다. 더 나아가 그러한 삶은 하나님을 하나님으로, 이웃을 이웃으로, 자연을 자연으로 놔두지 못하는 것입니다. 그러므로 놓아-두십시오. 그 자리에 영이 머물고 사람과 물질이 있는 곳에 함께 사랑하는 마음이 머물 수 있도록 말입니다.

　이제 한국교회가 지향해야 하는 영성의 지표는 비움-구조가 되어야 합니다. 이른바 존재의 충만입니다. 그간의 한국교회는 그리스도의 가난의 정신에 관심을 두려 하지 않았습니다. 최근에는 권력을 등에 업고 마치 하나님의 뜻에 부합하는 지도자를 선출한 것처럼, 교회가 그 지도자를 좌지우지하는 현상이 목도되기도 합니다. 교회는 권력, 부, 명예, 지식 등을 버리고 나눌 때가 되었습니다. 예수께서 진정으로 원하시는 바가 무엇일까를 고민하면서 교회 공동체의 마음과 교회 건물의 몸집을 가볍게 할 때가 되었습니다. 그 빈 공간에 그리스도로 채우는 것이 오늘날 그리스도교의 과제가 되어야 합니다. 예수는 십자가에서 성공적인 삶의 전략을 단적으로 보여주었습니다. 한 마디로 '절대적 비움'입니다. 그러므로 사랑하는 한국교회여, 모든 것을 버리고 '그리스도가 마음에서 피어나게 하십시오.' 그것이 그리스도인이 진정으로 성공한 모습은 아닐런지요.

11
우리는 숫자가 아니다!

철학자 피타고라스Pythagoras는, "수number는 만물의 근원"이라고 말했다. 그처럼 원초적 무의식의 숫자 혹은 수는 인간 문명사에 있어서 획기적인 변화를 가져다 준 발견이었다. 기원전 3천 년경부터 이집트에서 사용하기 시작한 문명사회의 척도인 수는 인간 상상력의 극치였고, 그 상상력은 인간 역사 발전의 원동력이었다. 특히 인류의 위대한 발명이라고 일컬어지는 '0'이라는 숫자는 기원전 3백 년경에 바빌로니아에서 이미 어떤 자릿값의 빈자리를 표시하기 위한 기호로 쓰였던 것이, 나중에 서기 628년에 인도에서 현대적 의미로 사용하였다고 전해진다. 지금 우리가 활용하는 수는 인도 사람들이 발명을 했지만, 그 당시 무역을 활발하게 하던 아라비아 상인들에 의해서 전 세계에 알려지면서 아라비아 수라고 이름을 붙였던 것이다.

처음에 수는 셈이나 산법에서 출발을 했으나 인간의 논리이자 이성의 발로이기도 했다. 이성reason이라는 말에는 수, 즉 계산을 의미하는 라틴어 ratio에서 나왔으며 동시에 헤아리고 생각하는 이치, 이법의 뜻을 같이 갖고 있기 때문이다. 하지만 점차 수는 인간의 욕구를 넘어 욕망을 분출시키는 개념이 되어버렸고, 편리성·기계성·표준성·효율성·획일성·과학성 등을 통하여 도구적·파괴적 힘을 드러냈다. 20세기 초에 벌어진 양차세계대전의 아비규환은 숫자의 분열이자 수의 불안과 운동에서 비롯된 것이라 해도 과언은 아닐 것이다. 게르만(아리안) 민족이 아닌 다른 민족의 구분과 배제는 표준이라는 잣대와 우월의 신화 혹은 열망의 화신으로 많은 사람의 목숨을 앗아가 버렸고, 소수小數의 집단으로 분류된 통계학적으로 전혀 쓸모없다고 판단된 사람들마저 굴뚝의 연기 속으로 사라졌다.

양상은 달라졌으나 오늘 지구상의 대부분의 사람들은 자신의 정체성(ID)을 나타내는 특별한 기호들을 숫자로 식별하는 체계 속에 있다. 주민등록번호, 학번, 입양번호, 죄수번호, 카드식별번호, 은행대기번호, 군번, 선거후보번호 등. 숫자는 분류와 계급서열이라는 도구이기도 하고, 차별과 분절을 가져오는 수단이 되기도 한다. 엄연히 이름이 있고 얼굴이 있는 인격체임에도 불구하고 우리는 어디를 가든지 숫자라는 편리성 때문에 자신을 아무렇지도 않게 숫자와 일치시켜버린다. 설령 그것이 임시방편이라고는 하나 기분이 썩 좋을 수는 없다. 효율성 때문에 숫자로 정체성을 바꾸고 호명하도록 한다면 정작 '나'라는 존재는 무엇이라는 말인가. 타자는 우리에게 간혹 물어온다. "주민등록번호가 어떻게 되세요?", "학번이 어떻게 되세요?", "몇 번 손님?" 등. 여기에도 인간의 권리, 즉 정당하게 자신의 이름이나 인격적으로 호명되기를 바라는 마음을 갖는다는 것이 어수룩한 사고방식이라 치부하고 말 것인가?

숫자도 소통의 매체이다. 그러니 수를 잘못 이해하면 수치shame가 된다. 지금이 그런 상황이 아니던가. 망상의 숫자를 걸머쥐기 위해서 죽음의 경쟁을 마다하지 않을 뿐만 아니라 대적하고 결투하며 심지어 살인을 한다. 도대체 숫자가 무엇이기에 그러는 것일까. 숫자는 스스로 고백하지 않는다. 하지만 숫자를 다루는 인간에 의해서 그것은 의미와 질량과 부피와 크기와 길이 등으로 나타나 상상력을 메운다. 그 상상력이 지나치면 망상이 되어 버린다. 도저히 가늠할 수 없는, 아니 손에 잡히지 않는 그저 욕망이라는 사실을 알면서도, 이제는 사람들의 욕망마저도 강탈하겠다는 도둑들이 많아지는 세상이니, 이 세상은 그저 속고 속이는 또 '하나'(1)의 세계라는 숫자에 불과한 것인가.

숫자, "나타내지 않고 비밀히Non manifeste sed in occulto". 과연 앞으로 그럴 수 있을까? 숫자, 기껏해야 기호에 불과한 것이 너무 많은 언어와 함의를 남발하고 있다. 숫자는 아슬아슬하게 영혼을 팔아먹고 본능마저도 조각을 내는 특성이 있다. 숫자 뒤에 감추어진 익명성이 아무렇지도 않게 영혼을 팔아넘기는 것이다. 숫자는 그저 우연이다. 나에게 부연된 숫자는 우연한 만남에 지나지 않는다. 그것을 필연으로 여기고 격상·평가하는 것도 찬탄을 해야 하는 것인가?

우리가 평상시 너무 숫자에 대한 맹신에 젖어 있었던 탓은 아니었을까. 은행에서 자신의 정보가 유출되었다고 해서 다시 숫자만 달리해 플라스틱을 바꾼다고 영원히 비밀이 될 수 있는 것은 아니다. 공동체의 도덕적 해이, 숫자가 곧 돈이다, 숫자로 정보화된 인격체마저도 돈으로 사고 팔 수 있다는 잘못된 관념을 바꾸어야 한다. 공동체-국가공동체이든, 사회공동체이든, 경제공동체이든-는 최소한의 상도商道는 지켜주어야 한다. 다시 말하면 숫자면 모든 것이 된다는 인식에서 인간 의식과 존재의 탈바꿈이 필요하다.

개인을 소중하게 여길 수 있어야 공동체가 유지되고 발전할 수 있는 법이다. 개인이 그저 숫자로만 인식되기 때문에 개별 인격과 사적인 삶은 아무렇지도 않다는 생각이 공동체를 불신과 위험에 빠뜨리게 되는 것이다. 숫자는 실제가 아니라 환상이고 허구이다. 그것을 실제라고 믿는 순간 숫자와 그것이 가리키는 지시체를 동일시하면서 오류를 범하고 착각에 빠진다. 돈이라는 숫자가 가진 신화나 주민등록번호가 갖고 있는 환상, 그리고 일상에서 쉬이 접하는 대기번호표는 실제가 아니라 허구이다. 실제와 환상을 구분하지 못하는 세계, 환상을 실제로 인식하는 인간은 병리적 존재이다. 그럼에도 불구하고 인정할 수밖에 없는 현실세계 속의 숫자는 돈이라는 대표성을 띤다는 사실이다. 오늘날 정치는 머릿수이고, 경제는 수치이고, 권력은 돈이고, 신비는 숫자다. 인간과 세계는 결국 숫자뿐인 것인가?

오늘도 스마트폰 매장에서, 메일계정에서, 우체국에서, 은행에서, 서점에서 번호가 나를 부른다. 그 번호가 곧 나인 것이다. 잠시뿐이라고는 하지만 왠지 씁쓸하다 못해 찝찔하기까지 하다.

보론
생명에 대한 존재론적 인식과 생명미학적 정치

▎들어가는 말

한스 요나스Hans Jonas는 "우리 인간은 신의 일을 맡아보는 불충한 청지기이면서도 지금껏 신성이라는 행운을 누려왔다. 지금 신성은 우리로 인하여 위험에 처해 있다. 우리는 우리의 일그러진 얼굴로부터, 더 나아가서는 신의 얼굴로부터 또다시 오명을 씻어내야만 한다."[1]고 말했다. 생명에 대해서 책임을 져야 하는 인간 자신은 유신론적으로 말하자면, 초월자로부터 부여 받은 사명자이기도 하다. 그런데 우주의 생명은 고사하고 인간 자신의 생명조차도 책임을 지고 돌보는 사람이 없다. 그저 부유하고floating 있는 것이다. 생명이 부유하고 표류하고 있다. 걷잡을 수 없는 소용돌이 속으로 생명이 빨려 들어가는 것을 막지 못하고 그나마 남아 있는 잉여 생명마저도 귀속처를 모른 채 부유하고 있는 것이다.

---
1   Hans Jonas, 김종국·소병철 옮김, 『물질·정신·창조』, 철학과현실사, 2007, 94쪽.

이와 같은 성찰적 생명담론의 인식은 '생명은 살아야 한다'라는 당위성이 새삼 화두로 떠올랐기 때문이다. 국가나 사회, 그리고 자본과 관료체제를 비판하기에 앞서 보다 더 근원적으로 생명은 무엇이기에 죽음이라는 운명과 맞서 대립하고 싸워야 하는가를 다시 한 번 생각해보게 되는 것이다. 인간이 자연적 사멸성mortality에 대해서는 어쩔 수 없는 운명으로 받아들일 수 있지만, 그 사멸성이 인위적일 때는 그 운명이라는 사멸성조차도 얄궂은 장난과 놀이처럼 무한히 되돌리고 반복하여 끝내는 거부하고 싶을 것이다. 하지만 생명이란 모든 인간에게 공평하게 유일회성이라는 기회만이 주어져 있기 때문에 어떠한 사멸 가능성 앞에서도 피해갈 수 없는 것이 현실이다. 생명은 유일회성이기에 생존에 대한 본능과 욕구는 배경과 무대를 불문하고 사멸성과 사투를 벌이는 것이다. 그렇다면 생명의 소진 혹은 생명의 상실로 자칫 니힐리즘Nihilism으로 치달을 수 있는 현재의 상황을 타개해 나갈 수 있는 길은 없는 것일까? '기존의 가치는 죽은 것이며, 모든 것은 덧없고, 삶이란 아무런 목적도 없다는 철저한 허무감penetrating sense of nothing과 무의미성'을 극복할 수 있는 길은 정녕 없는 것일까?[2]

필자는 이러한 사멸성과의 사투가 허무로 끝나고 마는 인간의 생명 상실 사태를 묵과할 수 없는 일이라고 생각한다. 그래서 다시 한 번 생명에 대해서 근원적으로 묻고 새로운 생명철학의 가능성을 모색해보고자 한다. 이를 위해 먼저 생명에의 관심을 꺾는 외부적인 힘에 대해서 비판할 것이며 생명이라는 존재는 결국 콘텍스트 속에서 끊임없이 의미를 되새겨야 한다는 것을 규명할 것이다. 더 나아가서 생명을 어떻

---

[2] Johan Goudsblom, 천형균 옮김, 『니힐리즘과 문화』, 문학과지성사, 1988, 34쪽.

게 해석할 것인가와 이제 인문학에서 다루어야 하는 것이 단순한 인간 삶의 피상적이고 표층적인 문제보다 더 심층적으로 생명이라는 것을 언급해야 한다는 것을 역설하고자 한다. 마지막으로 그러한 모든 것들이 생명이라는 것으로 모이고 인위적인 사멸성을 극복하기 위해서는 생명미학적 정치학이 필요하다는 것을 논증하려고 한다.

┃ 생명의 본질과 생명철학의 요청

생명이라 함은 우주 전체에게 부여된 존재들의 자기 목숨 그 자체의 고유성이라 할 것이다. 그 고유성은 어떤 존재든지 침해받을 수 없는 것이라는 점에서 절대성을 지닌다. 또한 고유성은 본래성, 그것이 가지고 있으면서 어느 것과도 치환되거나 환원될 수 없는 그것 자체이기 때문에 어느 근원에서부터 유래한다는 것은 초월적 성격을 가지고 있다고도 볼 수 있다. 생명은 여러 학문적인 입장에 따라서 다양한 접근이나 해석이 가능할 수도 있겠으나 그 초월성에 대해서는 존재들이 가지고 있는 고유성 이외에 달리 설명할 방도가 없다. 지구생명체가 존재한 이래로 자연스럽게 단세포로부터 진화를 거듭하면서 지금의 여러 생명이 탄생했으며 가장 지능이 발달한 인간이라는 존재의 생명이 출현했다는 논리를 전개할 수도 있다. 하지만 이것만 가지고서 생명을 논한다는 것은 지극히 가벼운 담론이 될 소지가 있다. 그렇다고 철학자들의 입장에 따라 기계론적 생명관이나 생기론적 생명관을 선택, 생명을 규명하는 것도 생명 그 자체를 지나치게 단순화시킬 수 있다.[3] 생명은

---

3 Adam Rutherford, 김학영 옮김, 『크리에이션: 생명의 기원과 미래』, 중앙북스, 2014, 21쪽.

다만 존재할 수 있는 가능성으로 치부할 수 없는 당위성 즉 마땅히 존재하고 또 존재해야만 한다고 말해야 한다. 그래야만 인간 존재만이 생명을 가지고 있으니 다른 생명 존재들에 대해서는 가볍게 여겨도 된다는 식으로 결론을 내리지 못할 것이다. 이와 관련된 함석헌의 주장은 자못 흥미롭다.

생명은 생각을 한다. 우리가 아는 것으로는, 의식작용은 거의 우리 사람에만 국한된 듯이 보이나 아마 그렇지 않을 것이다. 동물 식물에 생각이 있다는 것은 이제는 의심할 여지가 없지만 소위 무생물이라는 것에도 의식이 존재를 결정하느냐, 존재가 의식을 결정하느냐는 그렇게 간단히 집어치울 수 있는 문제가 아니다. 고등동물에 있어서 의식과 조직 사이에 정비

생명의 기원에 대한 여러 설('세포설', '자연선택을 통한 다윈의 진화론', 'DNA 결합구조설', '신이 재채기를 하고 침을 뱉고 수음을 해서 세계가 창조되었다는 이집트 신화', '그리스도교의 무에서의 창조설')등이 있지만, 정작 생명이 무엇인가라는 물음에 대한 적절한 답변을 구하기는 어렵다: 전재원, 『로고스와 필로소피아』, 경북대학교출판부, 2014, 176-177쪽. "생명이란 그것이 자리 잡고 있는 물체의 물질에 의한 물리·화학적인 작용에 불과한 것이라고 볼 수도 있고 물리·화학적인 힘과는 전혀 다른 종류의 힘이라고 볼 수도 있다. 전자의 견해가 바로 기계론이고, 후자의 견해가 생기론(生氣論, vitalism)입니다 생기론은 물질과 생명이 원리적으로 구별된다는 입장이고, 기계론은 물질과 생명은 원리적으로 구별되는 것이 아니라 존재구조의 복잡성이나 정밀성 등에 있어서의 정도 차이만 있을 뿐이라는 입장이다. 모든 존재자를 원자의 기계적 합성으로 본 고대 그리스의 철학적 데모크리토스(Democritos)와 에피쿠로스(Epicuros), 물질과 정신을 철저하게 구별하면서 동물을 일종의 자동기계로 파악한 근대의 데카르트(R. Descartes), 인간도 자동기계나 다름없다고 주장한 프랑스의 유물론자 라 메트리(La Mettrie), 생명 현상을 인과적 기계적으로 설명하고자 시도하는 현대의 생물학 등은 모두 기계론을 대표한다고 볼 수 있다. 기계론자들과는 달리 생기론자들은 생명의 본질을, 물질에서는 전혀 찾아볼 수 없는 생명력 내지 생명소에서 찾는다. 고대 그리스 철학자 아리스토텔레스(Aristoteles)에 의하면, 생명체에는 물질적 요인 이외에 초물질적 요인, 즉 형상(形相)이 존재하며 이 형상이 생명체를 유기적으로 통제하고 보존한다고 한다. 현대 독일의 생물학자이자 철학자인 드리슈(H. Driesch)에 의하면, 생명현상은 무기물을 지배하는 원리와는 다른 원리, 즉 엔텔레케이아(entelecheia)에 의해서 지배된다고 한다. 이런 측면에서 생명층은 개체, 신진대사, 자기통제, 자기복제(생식), 사망, 유전, 도태, 진화, 합목적성 등의 범주적 특성을 지닌다고 하르트만(N. Hartmann)은 말하고 있다."

례의 경향이 보인다면 무생물이라는 것에도 생각을 가정해서 마땅한 일일 것이요, 더구나 마지막에 따져 들어가면 물질과 정신의 경계선이 없어진다는 요새 과학의 학설을 아울러 생각한다면 맨 처음에 말씀으로 만물이 됐다는 말이, 생각했던 이상으로 깊은 말임도 알 수 있다.[4]

이렇듯 생명은 존재 일반 모두에게 존재하는 것이다. 살아야 하고 또 살도록 만드는 그 원초적인 생명성에 대해서 완벽하게 해명할 수 없다고 하더라도 우리는 생명을 살고자 하는 의지 혹은 살도록 만드는 욕구이기 때문에 거스를 수가 없다. 따라서 존재한다는 것은 생명으로 있다는 것을 의미한다. 존재한다고 해서 마냥 사물적 존재로 있다는 것이 아니라 보이지 않는 생명적인 것이 사물적인 것으로 나타날 뿐이라는 것을 잊지 말아야 한다.

지금 생명철학 혹은 철학적 생명학을 논해야만 하는 당위성은 바로 생명을 사물적인 것으로 인식하는 데서 문제가 되기 때문이다. 생명을 사물성으로 인식할 경우에 도구와 수단으로밖에 그 존재론적 지위를 획득하기 어렵다. 데카르트 이후 정신이 아닌 육체나 물질은 연장으로서의 의미 이외는 아무런 가치를 갖지 못했던 대상이었기 때문에 생명이라는 현상을 통합적으로 보는 시선에서 멀어졌던 것이 사실이다. 하지만 생명은 정신 혹은 영혼이나 육체를 포괄하는 맥락을 벗어나서는 논할 수가 없는 시대가 되어버렸다. 그만큼 시대는 몸에 대한 인식을 광범위한 영역에서 감각적으로 적용·적응하고 있기 때문이다. 테크놀로지technology는 정신의 확장 기능들을 대부분의 장소와 감각 범주

---

4 함석헌, 함석헌전집2, 『인간혁명의 철학』, 한길사, 1983, 93-94쪽; 174-176쪽 참조.

안에서 작동하도록 만들었다는 것만 보아도 이미 근대적 인간의 인식의 한계를 넘어서고 있음을 충분히 입증하고 있다.

문제는 테크놀로지와 자본의 결합이 인간을 다시 수단화하고 통제하고 있다는 것이다. 테크네techne의 미적 가상과 자본주의 사회 속에서 인간을 노동력의 수단, 그리고 더 나아가서 그 노동을 통한 강제와 지배로 전락하고 있는 상황에서는 인간의 생명을 좀 더 깊이 있게 성찰적으로 들여다 볼 여유가 없는 것이다. 감성적, 감각적 인식의 확장과 더불어 자본의 통제는 인간을 과거보다 훨씬 쉽게 종속시킬 수 있는 시스템들을 만들어 놓았다. 그렇기 때문에 인간 자신이 생명의 주체라고 하는 인식을 갖기가 어렵다. 생명은 자신의 것이 아니라 테크놀로지와 자본에 의해서 창조 가능한 포이에시스가 된 것이다. 상상력으로만 존재하던 것들이 가시적으로 보이게 될 때 우리는 그것의 실현이 단지 상상력이 아니라 가능태이며 현실태라고 받아들인다. 그것의 결과에 대해서는 생각할 겨를이 없다. 이미 생명조차도 테크네와 자본의 영역 안에서 광범위하게 포섭되었기 때문이다. 우리는 이것을 테크네가 갖고 있는 의미론적 함의, 즉 기술물신주의에서도 찾을 수가 있다.[5]

여기에서 우리는 생명철학이 새롭게 요청된다고 볼 수 있다. 생명을 철학적으로 사유하는 것은 테크네의 작동 방식이나 자본의 지배에 의해서 잠식된 나의 의식으로는 감당할 수 없는 차원의 것이다. 스피노자B. Spinoza는 그것을 코나투스conatus로 풀었다. 인간의 존재 자유를 억압하는 것, 어쩌면 인간의 정신과 물질을 둘러싸고 있으면서 지배력을 행사하려고 하는 모든 것들에 대해서 내면적인 인식과 저항을 할 수

---

5 김병수, 『트랜스리얼』, 도서출판 신원, 2013, 65쪽.

있는 능력, 즉 자기 보존의 욕구인 코나투스를 잘 통제해 나갈 수 있다면 인간 자신의 생명을 향유할 수 있지 않을까. 인간이 가진 정열, 감정을 이성적으로 잘 관리하는 진정한 자유인이라면 어떠한 외부의 압력과 폭압으로부터도 스스로 해방할 수 있는 능력을 가지고 있다고 말할 수 있다. 생명은 관리가 되고 있다. 연령, 신체, 건강, 질병 등 인간과 연관이 되어 있는 모든 범주들은 국가에 의해서 관리가 되고 있으며 심지어 맘대로 처분되고 통제할 수 있는 권력, 이른바 생체권력biopower을 가지고 있다. 그것을 적나라하게 보여준 사건이 바로 아우슈비츠 수용소의 대학살 사건으로 드러난 것이다. 정치철학자 한나 아렌트Hannah Arendt는 바로 "선별의 원칙"이라는 것이 얼마나 무서운 것인가를 이렇게 증언하고 있다.

히틀러가 그의 대량학살을 '치료 불가능한 환자'들에게 '안락사'를 허용함으로써 시작했다는 것, 그리고 그는 자신의 학살 계획을 '유전적으로 손상을 입은' 독일인(심장과 폐 질환 환자들)들을 제거함으로써 마무리하려고 했다는 것은 잘 알려진 사실이다. 그런데 그 외에도 이러한 종류의 살인이 어떤 특정한 집단을 지향할 수 있다는 점, 즉 선별의 원칙이 상황적 요인에만 의존하고 있다는 것은 명백하다. 멀지 않은 미래의 자동화된 경제 가운데 인간은 지능지수가 일정 수준 이하인 모든 사람들을 제거하려는 유혹을 받을 수도 있다는 것은 상당히 상상이 가능한 것이다.[6]

국가에 의해서, 그리고 의학과 과학기술에 의해서 자행되고 있는

---

[6] Hannah Arendt, 김선욱 옮김, 『예루살렘의 아이히만』, 한길사, 2006, 392-393쪽.

생체권력은 인간의 근본적 생명 보존에 큰 위협이 되고 있다. 작위적이고 조작적인, 인위적인 생명 처분은 인간의 생명이 그 자체로 존중받아야 할 지위를 박탈당하는 것이다. 4·16 세월호 참사, 병영 난사 및 구타 사건 등은 국가에 의한 폭력과 살해 조장이나 다름이 없다. 그것이 과장된 표현이라고 한다면 학살이라는 지시적 의미보다는 약화되었을 뿐이다. 인간의 생명을 조작하겠다는 것, 그 근본에는 인간의 생명 인권에 대한 의식이 전혀 없기 때문이라고 단정 지을 수밖에 없다.

 작금의 사태를 보더라도 타자에 대한 생명, 그것은 가해자가 생명이라는 그 자체에 원본적으로 접근하지 않더라도 이미 타자의 의식과 지각에 어떤 피해를 입히는 것에서부터 생명에 위협을 가하는 것이다. 심지어 사건이 일어날 것을 예감하거나 사건이 일어날 가능성이 있음에도 방조·방관한 것 역시 생명에 대한 경시, 타자의 생명에 대한 인식이 결여되어 있는 것이다. 따라서 국가, 자본, 의료, 실험, 실습, 관찰 등에 의해서 이루어지는 온갖 생명 관리와 지배는 생명에 대한 근본적 성찰과 반성에 의해서 재고되어야만 한다. 생명철학 혹은 철학적 생명학이라는 것은 생명을 근본에서부터 인간학적으로 고찰을 시도하겠다는 의지와 지향성을 가지고 있다. 과학적, 특히 생물학적 환원주의나 기술 및 경영주의적 환원주의, 경제적 가치에 의한 인간관리주의, 평화를 가장한 폭력적 군사주의, 교육을 명분 삼아 교실과 학생을 통제하는 발달적 학습주의 등은 인간 그 자체를 근본에서부터 사고하고 그 밑바탕에 생명이라는 고유성을 기반으로 하지 않는다는 것을 반드시 염두에 두어야 한다. 따라서 생명철학은 모든 조건과 상황에 의한 환원주의를 배제하고 오직 인간을 비롯한 생명 일반에 대해서 엄밀하게 사유한다.

생명의 콘텍스트와 생명존재론

도처에 생명이 있는 한, 생명의 언어와 행위가 발생되는 장소와 배경이 존재하는 한, 그리고 생명이 관계되어 있는 한 인간이 해독하고 해석해야 하는 텍스트는 어디든지 존재한다고 볼 수 있다. 따라서 우리가 생명이 무엇이냐고 묻는다면, 생명을 좀 더 비판적으로 고찰하고자 한다면 정의 불가능성으로 인해서 그 의미는 무한히 증폭될 것이다. 그것은 생명이라는 텍스트가 고정되어 있다기 보다 일정한 콘텍스트에 매여 있기 때문이다. 다시 말하면 인간의 삶은 복잡성을 띠고 있고 그에 따라서 콘텍스트의 역동성과 복수성이 등장할 수밖에 없다.[7] "의미와 가치는 콘텍스트의 터에서 생기는 법이고, 또 우리 삶의 마당이 의미와 가치의 연계망이라면, 삶(의 복잡성)을 콘텍스트(의 복수성과 역동성)의 관점에서 풀이하는 것은 매우 뜻 있는 작업이라고 여겨진다."[8] 따라서 콘텍스트는 절대적이지 않음으로써 생명이라는 텍스트 또한 의미상대적(가변적) 절대성을 지닌다. 좀 더 정확하게 말한다면, 콘텍스트에 의해서 생명이라는 텍스트는 생성 혹은 의미화된다. 텍스트 그 자체를 응시한다고 해서 생명의 실체가 밝혀지는 것은 아니다. 하지만 오히려 변화 가능성에 의해서 생성되고 사건이 일어나는 콘텍스트는 생명이라는 것을 다시 반성하게 만든다. 그렇다면 절대적이라고 하는 생명이라는 텍스트는 고정된 것이 아니라 생성되는 것이라고 말해야 한다.

---

7 김영민, 『탈식민성과 우리 인문학의 글쓰기』, 민음사, 1996, 250-251쪽.
8 김영민, 위의 책, 268쪽.

생명이라는 텍스트를 응시 가능하도록 만드는 것은 콘텍스트의 변화이다. 콘텍스트는 내부의 동력에 의해서 변화하기도 하지만 일정한 외부적인 힘에 의해서도 변화하고 왜곡하기까지 한다. 그래서 김영민이 말하고 있는 것처럼, "콘텍스트에 전혀 의존하지 않는 텍스트는 불가능하다." 이 경우에 콘텍스트는 하나의 관습처럼 굳어져서 경직되고 제도화된 권력처럼 작용을 하기도 한다.[9] 권력이나 체제로서 작용하고 있는 콘텍스트가 텍스트를 응시 가능하도록 만드는 것이다. 반성하지 않는 텍스트로서의 생명은 응시·주시가 아니라 착시나 착각이 되어버린다. 콘텍스트가 텍스트로서의 생명을 지배하고 경시할 때, 자본의 수단이나 체제 유지의 허망한 것으로 전락할 때, 생명은 더 이상 자기 고유성을 상실한 채 관망의 대상이 된다. 더욱이 생명의 텍스트를 관망의 시선으로 읽고 폭력의 시선을 내면화하게 될 때 자신의 생명조차도 이미 그 시선의 연장선에 두게 된다는 사실을 잊은 채 말이다. 나의 생명의 텍스트가 중첩된 콘텍스트 속에서 감시, 통제, 지배당한다는 것을 공감한다면 타자의 텍스트를 자신의 콘텍스트 속에서 공통적인 생명인식으로 받아들일 수가 있다. 설령 나의 텍스트로서의 생명의 고유성이 타자의 콘텍스트 속에서 생명의 텍스트의 고유성과 다르게 느낀다고 할지라도 여전히 개별적인 생명의 고유성은 재론의 여지가 없다.

이와 맞물려 제기되는 물음은, 과연 '생명은 패러디parody인가'하는 것이다. 생명은 또 다른 생명의 패러디이고 하루의 일상은 또 다른 일상의 패러디 속에서 생명은 하이퍼리얼리티hyperreality나 시뮬라크르simulacre의 허상 속에서 존재하고 마는 것인가? 생명의 연장성이 또 다른

---

9 김진석, 『초월에서 포월로』, 솔, 1994, 191-192쪽.

생명의 패러디에 의해서 가능하다면 현존재의 생명은 그 고유성은 사라지는 것인가 하는 의문이 들게 된다.[10] 생명이라는 텍스트성은 콘텍스트성에 의해서 규정되거나 결정될 수 있다. 하지만 그렇다고 해서 콘텍스트 자체가 가지고 있는 가변성이 생명의 텍스트마저도 가변적으로 만들 수 있는 것은 아니다. 다만 생명의 텍스트는 콘텍스트에 의해서 물음의 방향, 물음의 내용을 달리 해야 한다는 점에서 그때그때 생명의 텍스트의 의미가 달라질 수는 있다. 여기서 콘텍스트를 다른 말로 한다면 사건이라고 말할 수 있다. 삶의 사건들이 발생될 때마다 생명은 그 가치와 목적, 심지어 그 고유성에 대한 것들을 존중할 것인가 아니면 방기·묵과할 것인가하는 매순간의 물음에 결단을 내려야만 한다. 패러디는 본래의 자리에서 벗어나 욕망의 대상으로의 전도顚倒되어 있는 것이다. 생명이 패러디가 아니라 생명 그 자체의 본래성Eigentlichkeit을 간직하려면, 그것이 자리에서 벗어난 것, 그것의 전도된 욕망으로부터 벗어나 존재 본래의 목소리로의 이동, 존재 본래의 자리로의 이동 parabasis으로 과감하게 도약하는 것이다.[11]

앞에서 말한 것처럼, 생명의 있음이라는 것은 콘텍스트에 의해서 자각이 되는 경우가 많다. 단지 생명의 있음이라는 것을 하나의 당연한 현상으로 인식하고 받아들일 수는 없다. 그것은 매순간 나의 콘텍스트 속에서 묻고 답변을 추구해야 하는 것이다. 그때 생명의 있음이라는 존재론적 의미가 새롭게 발생된다. 콘텍스트는 생명 존재에 대해

---

10 김진석, 위의 책, 195쪽.
11 Giorgio Agamben, 김상운 옮김, 『세속화 예찬. 정치미학을 위한 10개의 노트』, 도서출판 난장, 2010, 55-77쪽.

서 물음을 던지고 의미를 찾도록 만드는 역할을 한다. 그런 생명의 텍스트, 그 존재론적 의미는 콘텍스트라는 맥락 속에서 주어지는 나의 결단이자 행동이다. 자신이 아닌 모든 이질적인 것들과 사멸이라는 이질적인 콘텍스트와의 대립을 극복하면서 생명은 자기자신성Selbstheit을 획득하며 나아간다. 설령 생명이 "사멸성의 모험"이라고는 하나, 불멸성을 통한 윤리적 완성에 이를 수 있는 가능성이자 상처받기 쉬운 가능성으로 존재하려고 함으로써 초월적인 존엄성을 담지하려는 욕구가 있는 것은 부인할 수 없을 것이다. 한스 요나스는 유한한 개별자인 인간의 사멸성, "죽음으로의 소환 가능성"에 대해서 분명한 실존적 한계를 지적하고 있다. 자기보존의 본능은 죽음이라는 개별적인 자기자신성의 조건임에도 불구하고 사멸하지 않으려는 욕구 역시 인간이 가진 패러독스이다.[12] 그렇지만 "생명은 자신이 취한 진로에서 새로운 발걸음을 내딛는데, 이것은 자유의 새로운 지평을 여는 것"[13]이기 때문에 "오직 존재하는 것만이 존재의 권리를 갖는다. … 시간적으로 유한한 사태와 함께 또한 영원한 사태도 개입하고 있으므로, 그 문제에 대한 우리의 책임은 미래의 생명 존재들에 대해 치명적으로 적대적이 되고자 하는 유혹으로부터 우리를 벗어나게 하고, 〈우리 다음에 홍수〉가 나도록 내버려두는 더욱 사악한 종류의 배신 행위를 우리가 하지 못하도록 우리를 저지할 수 있"는 자세가 필요하다.[14] 그러므로 생명 존재의 자율성을 확보하고 그것이 곧 생명 존재가 지닌 자기자신성이라는 사실을 받

---

12 Hans Jonas, 한정선 옮김, 『생명의 원리』, 아카넷, 2001, 194, 498-507쪽.
13 Hans Jonas, 위의 책, 191쪽.
14 Hans Jonas, 위의 책, 514쪽.

아들여야 할 뿐만 아니라 그 보존 본능을 유지하도록 책임감을 가지고 생명 존재를 대하는 것이 인간이 해야 할 일인 것이다.

그러나 무엇보다도 가장 큰 문제는 생명의 귀속처가 없다는 사실이다. 생명은 정치적 장political field에서는 시뮬라크르로서의 상징일 뿐이고, 종교에서는 일찌감치 추상적인 미래로 전락하였으며, 철학에서는 관념이 되어버렸다. 다시 말하면 생명의 공론영역이 사라진 것이다. 생명은 주어져 있다es gibt. 하지만 생명에 대한 인식과 생명의 존재론적 사실성은 언급조차도 되지 않는 것이다. 더욱이 생명의 존재론은 도덕적 실재론에 의해서 철저하게 왜곡되어서 생명의 있음이라는 생명 현상에 대한 올바른 인식을 방해한다. 니체F. Nietzsche는 이러한 도덕이 갖고 있는 허구성을 비판한다. 생명을 단순히 도덕이라는 잣대로 본다는 것은 너무나도 위험천만한 일이라는 것을 간과해서는 안 된다. 도덕은 단지 무질서와 동물성을 극복하기 위한 규제 수단이나 의지라고 생각할 수 있으나, 도덕의 배후, 도덕의 저의를 파악해보면 오히려 무언가를 은폐하거나 억압하려는 의도가 숨어 있음을 알게 된다. 그렇기 때문에 니체는 도덕이 독이 되기도 하고 약이 되기도 한다는 아이러니에 대해 회의를 나타내는 것이다.[15]

그렇다고 무조건 도덕의 부정을 일컫는 것이 아니다. 도덕 무용론을 지칭하는 것도 아니다. 우리가 소박하게 도덕이라 말하는 언표와 이데올로기성을 지나쳐서는 안 된다는 점을 지적하는 것이다. "가만 있어라, 움직이지 말아라."에 순응하는 것이 사회적·교육적으로 습득되고 내면화된 도덕이라고 생각한 것은 바로 도덕이 가지고 있는 은폐성, 억

---

15 이창재, 『니체와 프로이트-계보학과 정신분석학-』, 철학과현실사, 2000, 88-89쪽.

압, 강제성을 인식하지 못한 데서 비롯된 것이다. 그러므로 항상 그 사회나 국가 혹은 일정한 공동체가 말하는 도덕이 비이기성과 자기희생만을 강요하는 폭력이 아닌가를 꿰뚫어보아야 한다.[16] 따라서 생명을 살리고 죽이는 것, 혹은 생명을 존중하라는 것을 도덕으로만 그치는 것은 그 도덕적 언표가 내포하고 있는 이데올로기, 은폐된 억압 등이 작동하고 있을지 모르는 어떤 의도를 반드시 간파해야 한다. 그런 의미에서 생명은 도덕적 차원의 의지로 존엄성과 지위, 나아가 존재론적 의미를 획득하는 것이 아니라 본질적 사유를 통한 철학 혹은 초월론적 종교성에서 논해져야 그 근본적 인간, 생명적인 것 일반의 고귀함과 본래성을 알게 될 것이다.

생명은 세계의 물질로부터 기원한 것이라면, 생명은 세계 물질의 본질이자 시원이다. 그런 의미에서 생명은 우주기원론적이다. 생명 현상은 인간의 내재성의 목소리이자 자신의 존재의 목소리이다.[17] 여기서 한스 요나스는 생명의 기원을 좀 더 근원적으로 근본 원인, 즉 신에게서 찾고 있다. 생명존재의 시작을 초월적 존재에게서 보고 있는 것이다. "… 창조적인 근본 원인은, 그가 만약 정신을 원했다면 생명 또한 원했음에 틀림없다. … 신은 '살아 있는 신'일 뿐만 아니라 '생명을 원하는 신'이기도 하다. 이 생명은 그 자체를 위해서 존재할 뿐만 아니라 영혼을 매개로 하여 정신의 요람 역할을 하기도 한다. 따라서 우리는 어느 정도까지는 생명이 신성한 것이라고 말해도 좋다."[18] 요나스의 주장에

---

16 이창재, 위의 책, 89쪽.
17 Hans Jonas, 『물질·정신·창조』, 69-70쪽.
18 Hans Jonas, 위의 책, 100쪽.

근거하여 우리는 존재의 목소리 곧 생명의 목소리에 귀를 기울여야 한다. 생명을 살리는 일, 그것은 선의 명령을 이행하는 수탁자요 의무의 주체인 바 위험에 처한 신적인 사태를 지켜내야만 하는 우주적인 의무가 있는 것이다. 인간은 "선의 부름, 즉 그 선에 내재하는 존재에의 요구Anspruch auf existenz"에 응답하는 존재가 되어야 한다.[19]

생명의 해석학적 이해와 생명인문학

요나스에 의하면 인간이라는 존재는 땅 위에 있는 존재, 즉 생존을 하기 위해서 반성적으로 자기 자신을 발견해야만 하는 존재임을 분명히 한다. 더 나아가서 해석학은 인간의 반성적 해석의 실천이다. 인간 존재의 해석학적 철학은 세계 내에서의 인간의 본성과 위치를 이해하는 것이다.[20] 그러므로 생명을 해석한다는 행위는 자신의 실존과 삶의 공동체적 실존의 연관성 속에서 그 근본적인 토대를 반성적으로 이해한다는 것을 뜻한다. 자신의 실존과 공동체의 실존이 맞닿아 있기 때문에 자신의 이해 곧 자신의 근본이 되는 독특성과 고유성에 대한 해명이 없이 공동체적 실존을 이해하기 어렵다는 것은 자명하다. 하나의 생명이 사라진다는 것은 인류 공동체의 생명이 사라진다는 측면에서 본다면 생명 일반은 상호 관계성 속에서 논해져야 마땅하다. 따라서 생명을 해석한다는 것, 생명이라는 텍스트를 이해한다는 것은 공동

---

[19] Hans Jonas, 위의 책, 102-103쪽.
[20] David J. Levy, Hans Jonas: *The Integrity of Thinking*, Columbia and Lodon: University of Missouri Press, 2002, 48쪽.

체의 텍스트이자 어쩌면 공동체의 콘텍스트를 매순간 직면하고 규명함으로써 가능한 것이다. 다만 사적 생명私的 生命이 공적 생명公的 生命인 것처럼 전체주의적·국가주의적으로 호도하면서 개별적 생명의 자율성이 전체주의 안에서 무시되는 인식은 경계를 해야 한다. 히틀러와 같은 전체주의적 정권의 경우처럼 "공익은 사익보다 앞선다.Gemeinnutz geht vor Eigennutz"라고 선언을 하게 되면 사적 개인의 생명은 공적 생명으로 귀속이 되면서 마치 사적 개인의 생명이 존속해야 하는 것은 국가 혹은 이념적 공동체의 공공성Öffentlichkeit에서나 가능한 것으로 치부될 수 있다.[21] 그렇기 때문에 생명이라는 것은 공공성의 영역 안에서조차도 진지한 의사소통을 통해서 다루어져야 한다. 생명은 사적인 것이지만 사회 구성원들 간의 인간의 이성적 토론과 대화가 이루어져야 한다. 각각의 인격적인 구성원들이 자신의 생명이 중요한 만큼 타자의 생명도 왜 중요한가를 담론을 통해서 진리를 생산하고 조정하고 합의해야만 전체주의와 국가주의에 의한 사적 개인의 생명이 경시되지 않는다.[22]

생명은 상호관계적이라는 주장은 생태적·우주적 차원에서는 분명히 일리가 있다. 그러나 상호관계적이라고 해서 상호 주관적인 생명을 배제하고서 말할 수 있는 것은 아니다. 개별 주체의 생명이 중요하기 때문에 콘텍스트에서 타자를 위한 윤리적 고민과 판단이 이루어지는 것이다. 개별 주체의 생명이 우선하는가 아니면 공적 생명, 즉 타자의 생명이 우선하는가라는 선택지에서 개인은 생명에 대한 해석학적 이기심이 전혀 작용하지 않는다고 볼 수 없다.

---

[21] 조한상, 『공공성이란 무엇인가』, 책세상, 2009, 25쪽.
[22] 조한상, 위의 책, 30-31쪽.

텍스트의 이해는 콘텍스트와의 상관 관계를 밝힘으로써 가능해지고, 특정한 콘텍스트와의 연관이 없이 성립하는 텍스트의 이해는 이미 풍진세상의 삶 속에서 학문하는 인간의 것이 아니라고 보아야 한다. 인간의 이해는 원칙적으로 시각적perspective이며 또한 콘텍스트적일 수밖에 없기 때문이다. 따라서 어떤 텍스트를 〈이해한다〉는 말은, 일차적으로 의미 원천지인 콘텍스트 속에서 그 텍스트의 자리를 매긴다는 뜻이다.[23]

문제는 생명을 위한 해석학적 선택지가 어떤 공동체의 이익과 국가 전체주의의 이익을 위해서 개별적 생명이 말살되는 경우는 없어야 한다. 콘텍스트가 생명이라는 텍스트를 결정할 수는 있지만 그것은 어디까지나 이성적 인간의 윤리적 숙고를 통해서 타자를 위한 선택으로 나아가야 한다. 그렇지 않고 집단적 이익과 선택에 따라서 개별적 생명이 사라지도록 만드는 것은 단순히 생명이 공적이라는 말로는 다 포괄할 수 없는 폭력이 자리 잡고 있음을 잘 간파해야 한다.

이해가 자동적으로 공감을 낳는 것은 아니지만, 공감은 기본적인 이해가 없이는 가능하지 않다. 넓게 본다면 공감이나 혐오조차도 일종의 해석 행위의 한 표현으로 볼 수 있을 것이고, 또 해석이란 결코 주어진 것을 전제 없이 파악하는 것이 아니므로(익히 알려진 바와 같이, 가령 하이데거는 이를 미리 가짐Vorhabe이나 미리 봄Vorsicht 등의 용어로서 그리고 가다머는 선입견Vorurteil이라는 개념으로서 설명하고 있다) 공감의 배경에는 해석을 위한 이해 행위가 전제되어 있다고 볼 수 있다.[24]

---

23 김영민, 앞의 책, 275쪽.
24 김영민, 위의 책, 296쪽.

생명을 이해하고 공감하기 위한, 어쩌면 해석학적 이해를 이행하기 위해서라도, 생명이 인문학의 관심이 될 수 있을까? 이 물음은 이제 인문학이 삶과 인간에 대한 좀 더 명료한 지식과 삶의 양식을 추구하는 것에서 본질적으로 인문학이 인문학으로서의 자리를 갖게 만드는 근원을 캐물어야 할 필요성에서 나온 것이다. 생명의 담론은 그간에도 무수히 많은 책과 논문, 그리고 강의를 통해서 이루어져 왔으나, 그 본래의 저변에 깔려 있는 생명은 단편적이고 사례 중심의 연구를 얘기해 왔다. 그러나 인문은 생명을 가진 존재가 어떻게 그 생명을 잘 누리고 관리하고 보존할 것인가를 단순히 윤리적 접근을 통해서만 논해서는 안 된다. 더군다나 생명담론은 '무엇 무엇을 하면 안 된다'는 부정적 결론을 도출하여서 마치 생명은 안 되는 것 즉 금기를 건드리는 것으로 일관해 왔던 것이 사실이다. 물론 그 저의에는 생명은 살아야 한다는 것을 전제로 하고 말하는 것이리라.

하지만 앞으로 생명은 가능성이 아니라 현실성, 더 나아가서 미래성이라는 것을 분명히 해야 한다. 인간 실존의 현재를 반성하고 미래를 내다보는 인문학은 여타의 학문과 교류하고 인간과 세계에 대해서 정신적으로 사유해야 한다는 것만을 강조하는 이른바 자기계발을 위한 학문이 아니다. 인문학은 인간의 정신적 꼴, 정신적 무늬를 어떻게 하면 새롭게 만들어갈 것인가를 고민하는 학문이다. 지금까지 인문학은 시대의 정신을 깨워서 인간의 문화를 비판·선도하고 미래를 기획하는 역할을 자임해왔다. 하지만 현재의 인문학은 그저 어떻게 하면 잘 먹고 잘 살 것인가를 위한 부차적인 정보 혹은 액세서리로 전락을 하고 있는 듯한 인상을 지우기가 어렵다. 인문학적 글쓰기와 말하기, 인문학적으로 사고하기는 어떻게 하면 내가 취직할 때 유리한 고지를 선점할 수 있는가를 가르치는 도구가 되어 버린 것이다. 거기에는 인문학 고유의 정신 혹은 생명이라는 것을 좀 더 깊이 있게 반성하고 성찰하도록 만드는 철학적 사고 훈련이 결핍되어 있을 수밖에 없는 구조적 한계와 모순을 안고 있는 게 사실이다.

그러므로 인문학은 정신으로 가야 한다. 아니 좀 더 심층적으로는 인간의 생명은 무엇인가라는 물음을 지향해야만 한다. 그것의 형이상학적 가치, 그것의 본질적 가치가 무엇이기에 인간을 특징짓는 중요한 요소가 될 수밖에 없는가를 토론하고 학습하는 방향으로 틀 지워져야 한다. 그것이 생명인문학으로 자리 매김할 수 있는 길이기도 하다. 생명이 우리 일상의 내러티브 혹은 스토리텔링으로 지속되고 삶의 현실이라는 사실을 인식시키는 화두가 될 때 인문학이 역동성과 생기를 잃지 않을 수가 있다. 이에 정진홍은 "인문학은 기반이 아니라 끝까지 함께 가는, 삶의 과정에서 수반되어야 하는 것"[25]이라고 말한다. 삶의 현실, 곧 생활세계적인 지반에 충실하지 못한 인문학은 존재할 수 없다는 이야기일 것이다. 마찬가지로 생명이라는 현상학적 토대 위에서 전개되지 않는 인문학은 과연 실용적 가치에서나 통용될 수 있는 것이지 생활세계, 삶, 생명이라는 좀 더 인간 삶의 근원적인 가치들을 되먹임 할 수가 없을 것이다. 그렇기 때문에 생명과 함께 하지 않는 인문학은 추상적 담론에 그치기 십상이다.

그런 의미에서 세월호 사건, 탈영병 사건, 학교 폭력 사건, 계모아동학대살인사건 등은 삶과 생명을 추상으로 보았기 때문이다. 다시 말해서 인문학적 상상력, 인문학적 고찰이 없는 인간은 삶과 생명에 대해

---

25 장동석, 『살아 있는 도서관』, 현암사, 2012, 316쪽.

서 무뎌질 것이고, 무반성적이고 무사유적인 인간으로 살아가게 된다. 그와 관련하여 우리는 인문학적 반성, 혹은 생명에 대해서 인문학적으로 숙고하기 위해서 "형이상학적 타자"에 대해서 고려해야 한다. 세계 제2차대전이 끝난 직후에 칼 야스퍼스K. Jaspers가 『죄의 문제Die Schuldfrage』를 저술하였다. 거기에서 그는 나치 독일의 죄가 무엇이었는가를 거론하면서 네 가지의 죄를 지적하였는데, '형법적인 죄Criminal guilt', '정치적인 죄Political guilt', '도덕적인 죄moral guilt', '형이상학적인 죄metaphysical guilt'가 그것이다. 그 중에서 우리는 형이상학적인 죄가 결국 종교적인 차원, 신학적인 차원에서 고려해야 하는 것임을 알게 된다. 인간에 대한 이해는 형이상학적 죄를 범하지 않기 위해서 타자를 어떻게 대우할 것인가와 타자에 대한 인문학적 실천과 책임을 생각하지 않을 수가 없다. 이러한 타자의 생명에 대한 관심을 형이상학적 차원까지 그 범주를 넓혀야만 인문학의 지위가 상실되는 이 시기에 인간에 대한 본질적 이해와 가치를 회복할 수 있을 것이다. 그것은 인간의 성찰하는 능력, 반성하는 능력, 곧 성찰성reflexibility에서 찾을 수 있을 것이다.[26]

▎생명미학적 정치의 가능성

생명은 심미적aesthetic 경험지평의 영역 속에 놓여 있어야 하는 인간의 보편적 형식이다. 심미성의 파괴는 인간의 인식론적 무관심, 그리고 사회의 인위적 장치와 배척하는 국가장치(하버마스는 자본주의 사

---

[26] 다카하시 데쓰야(髙橋哲哉), "타자에 대한 응답과 인문학의 책임", 연세대학교 국학연구원 HK사업단 편, 『사회인문학과의 대화』, 에코리브르, 2013, 281, 301-309쪽.

회 속에서 이러한 폭력을 독점하는 국가장치를 간과하지 않는다)[27]에 의해서 자행된다. 이러한 심미적 경험 지평인 생명을 국가가 강제할 수 있는가? 권력은 개별적 존재인 인간의 감각, 감성, 심미성을 강제할 수 없다. 생명의 심미성을 개발하고 생성시킬 수 있는 민중의 자발적 능력을 억압할 수 없다. 더 나아가서 "권력은 감각되는 것, 생각되는 것, 지각되는 것, 명명되는 것을 정하는 분할의 체계를 강제"할 수도 없다.[28] 자발적 생명의 운동, 자발적인 생명과 의지가 발현되려는 곳에서 정치미학적 비판이 제기되는 이유가 바로 여기에 있다.

개인은 대체할 수 없는 긍정과 부정Ja und Nein 발언의 주체이다. 이 주체는 의사소통행위의 공동체 속에서 개인의 자율과 생명을 향유할 권리를 갖는다. 반면에 국가는 위기에 놓인 생명을 조정하고 문제를 해결해야 하는 정치적 체제이다. 그럼에도 국가는 생명의 위험 경험들 앞에서 전혀 작동을 하지 못하는 상황에 직면해 있다. 이것은 국가기획이 오히려 권력을 앞세운 감시자 역할을 한다거나 법률적·행정적으로 규제, 통제, 사태를 개별화하려는 거대주체가 되려고 한다는 것이다. 그럼으로써 국가의 개별적 존재인 인간의 생명적 관심사와는 일정한 거리를 둔다. 이른바 직무유기인 셈이다.[29] 이러한 관계들이 마치 거대주체와 개별 주체 사이의 합의와 타협이 존재하는 것 같은 인상을 받을 수 있지만, 랑시에르J. Ranciere는 이를 단호하게 부정한다.

---

27 J. Habermas, 이진우 옮김, 『현대성의 철학적 담론』, 문예출판사, 1994, 412쪽.
28 J. Ranciere, 주형일 옮김, 『미학 안의 불편함』, 인간사랑, 2008, 18-19쪽.
29 J. Habermas, 앞의 책, 413-419쪽.

랑시에르가 보기에 합의의 정치는 정치가 아니다. 정치가 제대로 작동하게 하기 위해서는 합의를 거부해야 한다. 합의를 거부한다는 것은 분할의 경계선을 움직이고 분리된 구역들을 뒤섞고 각자에게 부여된 자리들을 부정하는 작업이다. 이 작업이 바로 랑시에르가 생각하는 미학의 작업이다. … 정치가 가능하려면 감각되는 것들이 서로 부딪치고 충돌하는 이견이 가능해야 한다. 이견을 만들어낼 수 있는 행위가 진정으로 미적인 행위이고 정치적인 행위이다.[30]

하버마스가 말하는 체제의 보존이나 체제의 고양 문제는 국가의 가장 중요한 관심사가 아닐 수 있다. 정치미학은 개별 주체들이 서로 가지고 있는 생각들과 감성의 분할을 어떻게 용인tolerance할 것인가 하는 것이다. 또한 생명적 주체들이 갖는 그 고유의 자리를 인정하고 관용적인 시각으로 바라볼 수 있는가 하는 것이다. 최근의 정치는 생명을 담보로 민중과 합의를 보려고 한다. 하지만 생명미학 혹은 정치미학은 합의의 정치를 말하지 않는다. 니클라스 루만N. Luhmann의 주장에 근거하면 말하자면, 개인과 정치 체계 사이의 언어적 상이성, 그리고 그로 인한 상호이해의 결여가 발생하는 상황에서 생명에 대한 사태적 합의는 언어를 통해서 이루어질 수 없다. 신체적, 생명적 감정을 놓고 의사소통을 한 나의 합의와 너의 합의는 절대로 같지 않다는 것이다. 여기에 타자의 생명에 대한 이성적 합의라고 하는 것이 과연 가능할 수 있을까.[31] '민주주의는 대의정치이기 때문에 생명의 잉여자들에게 참여

---

30 J. Ranciere, 앞의 책, 17쪽.
31 J. Habermas, 앞의 책, 435-439쪽.

의 자리를 내줄 수 없다. 그렇기 때문에 너희들의 자리로 돌아가 망자의 영혼이나 달래라'는 식의 일정한 자리의 강요된 부여는 그야말로 민중demos을 기반으로 하는 정치의 근본을 망각하고 있는 것이다. 그 자리를 부정하고 생명이 감각하고 생각하는 자리를 확보하겠다는 것이 생명의 잉여자들이 갖고 있는 심미적 행위라고 볼 수 있다. 랑시에르의 말을 좀 더 들어보자. "자리와 신분의 이러한 배분과 재배분은, 공간과 시간의, 보이는 것과 보이지 않는 것의, 소리와 말의 이러한 절단과 재절단은 내가 감성의 분할이라고 부르는 것을 구성한다. 정치는 공동체의 공동의 것을 규정하는 감성의 분할을 재구성하는 일을 하며, 새로운 주체와 대상들을 공동체에 끌어들이고 보이지 않던 것을 보이게 만들고 시끄러운 동물들로만 지각됐던 사람들의 말을 들리게 하는 일을 한다. 대립을 창조하는 이러한 작업은 정치의 미학을 구성한다."[32]

여기에서 칸트의 미학적 시각을 정치적으로 드러내야 할 당위성을 갖는다. 이른바 '놀이Spiel'의 정치학이다. 놀이의 감성은 오성을 통한 대상의 판단을 중지시키고 자유로운 미적 판단으로 유도한다. 자칫 형식은 질료에 대해서 권력을 행사하는 것처럼 비춰질 수 있을 것이다. 그에 따라 형식의 정치가 질료의 정치를 억압하는 것처럼 보일 수도 있다. 하지만 "놀이는 하나의 '사이', 하나의 '중간'을 열어준다. 놀이는 하나의 일상이 아닌 특수한 상황이 펼쳐진다."[33] 놀이가 주체와 객체 사이의 틈을 갖도록 해주는 것이다. 형식의 폭압 가능성, 형식의 전체주의 가능성을 저지하고 자유로운 비무장지대를 형성한다. 그러한 놀이

---

[32] J. Ranciere, 위의 책, 55쪽.
[33] Hans P. Balmer, 임지연 옮김, 『철학적 미학』, 미진사, 2014, 66쪽.

의 정치학은 생명이라는 보편적 형식이, 개별적인 질료서의 생명을 힘의 논리에 의해서, 도구적 이성에 의해서 지배하고 포섭하려고 하지 않는다. 생명의 자유로운 놀이를 향유하도록 만든다. 필자는 앞에서 인간이 가지고 있는 개별 주체의 생명은 보편적 형식이라고 했다. 개별적 주체가 가지고 있는 생명의 특수한 감각적인 것들, 이를테면 살고자 하는 욕구, 먹고자 하는 욕구, 자고자 하는 욕구 등의 특수한 질료들은 계급과 국가의 권력에 의해서 저지를 당한다. 그런데 자유로운 놀이는 형식적인 욕구와 질료적인 욕구를 넘어선다. 다시 말해서 오성의 작용과 감성능력이 중지가 되면서 무목적적 놀이로서 대상 앞에서 아무것도 하지 않고 있는 것이다. 주객을 넘어서고 있는 것이다.[34] 이와 같이 생명미학 혹은 생명정치는 주와 객을 완전히 초탈하여 사적 관심을 배거Ausschaltung함으로써 새로운 공동체를 만든다. 새로운 생명공동체는 보편적 형식으로서의 생명과 그 안에 있는 특수한 질료가 서로 화해하고 인정하는 것을 의미한다. 그러므로 향후 정치는 자유로운 놀이를 통해서 주와 객을 구분하지 않는 생명미학적 정치가 되어야 한다.

앞으로 우리는 생명에 대해서 간섭을 하는 국가, 체계, 체제, 이데올로기, 자본 등에 대해서 어떻게 하면 생명의 계몽(돌봄, Sorge)을 가능하게 할 수 있을까. 생명의 감각적 실존을 가진 인간이 심미성을 회복할 수 있으려면 어떻게 해야 할까. 사르트르는 "맞서 싸워야 할 이데올로기는 매 순간 사건에 의해서 현실화된다. 이데올로기는 우리에게 명확하게 정의된 명제의 집합으로 다가오는 것이 아니라 특수한 사건

---

[34] J. Ranciere, 위의 책, 62-63쪽.

을 표현하고 은폐하는 어떤 방식으로 다가온다는 사실에 주목[35]해야 한다고 역설한다. 그런 의미에서 국가의 비이성, 국가의 비중심성, 자본에 의해 축소된 이성 속에서는 생명의 언어를 발언하는 것은 낭비요 과잉에 지나지 않는다. 우리 사회 속 어느 곳에서도 생명의 식민화나 노예화가 발생하지 않은 곳이 없다는 현실만 보아도 생명을 논한다는 것은 이미 사치나 다름이 없다는 것을 알게 된다. 요즘처럼 생명이라는 것이 값싸고 하찮은 존재로 인식된 적이 없을 것이다. 생명의 상업화는 물론이거니와 생명을 지칭하는 언어 또한 그저 정치적·물질적·상품적 지위에 지나지 않는 것을 볼 수가 있다. 그러나 생명은 그 언어가 그 자체를 지시하고자 할 때 한계를 느낄 수밖에 없는 초월적, 인간 본질적 가치를 지니고 있는 것이 틀림없다.

　정치철학자 조지 카텝G. Cateb이 말한 것처럼, "인간 존엄성의 유일한 적은 인간"[36]일지도 모른다. 인간의 생명을 유린하고 그것에 폭력을 가하는 것은 자연이 아니라 같은 생명을 가진 인간이다. 살기 위한 경쟁관계에서, 생명에 대한 무지한 인종적 차별에서, 종교적 초월자에 대한 맹신에서, 국제 정치적 역학 관계에서, 맹목적 이성이 전체주의화된 민족주의적 감정에서 인간의 생명은 맥없이 사라져갔다. 좀 더 자세히 반성적으로 들여다보면 사적 개인의 생명은 거대한 공동체적 집단에 의해서 희생된 것이 많다는 사실이다. 집단적 생명성을 위해서 사적 개인이 역사의 자취를 남기지도 못한 채 사라지는 것을 국가, 체제, 자본, 이데올로기는 방기하였던 것이다. 이러한 상황이 계속 전개되는 한 과

35　Jean-Paul Sartre, 박정태 옮김, 『지식인을 위한 변명』, 이학사, 2007, 68쪽.
36　G. Cateb, 이태영 옮김, 『인간의 존엄』, 말글빛냄, 2012, 35쪽.

연 인간의 생명은 존엄성을 담보될 수 있을까 하는 의구심을 가질 수밖에 없다. 그럼에도 사르트르Jean-Paul Sartre는 퐁주F. Ponge의 말을 언급하면서 "인간은 인간의 미래"ㅌ[37]라고 긍정한다. 인간 실존이 사악한 부정을 저지를지라도 그래도 인간은 인간 자신에게서 희망을 발견해야 한다는 것이다.

나오는 말

한동안 우리 사회에서 생명에 대한 경외를 부르짖은 적이 있었다. 하지만 생명에 대한 무관심과 물질주의의 만연에 의해서 그 목소리는 점차 잦아들고 말았다. 그러면서 국가나 사회가 인간의 생명을 어떻게 '표백'하고 있는가를 직간접적으로 목격하고 있다.[38] 아무런 흔적조차도 남지 않고 지워버리려는 정치적 횡포, 자본의 욕망, 그리고 습관화되어 버린 관망의 아비투스는 개별 생명뿐만 아니라 잉여의 민중의 기억조차도 관리·지배·검열하면서 상실·망각·해리로 이끌어간다. 아니 처음의 사태인 것처럼 기억을 축조해버린다. 표백은 자신의 삶과 타자의 삶 전체를 무화시켜버린다. 과거의 구태를 새로운 정치 기계인 양 표백된 자리에 놓고 패러디하고 싶은 욕망은 민중으로부터 트라우마를 인식할 자유마저도 박탈하고 늘 새로운 시대와 삶의 패턴과 시스템으로 강

---

[37] G. Cateb, 이태영 옮김, 『인간의 존엄』, 말글빛냄, 2012, 35쪽.
[38] '표백'이라는 개념은 사회학자 수디르 벤카테시(S. Venkatesh)의 『플로팅 시티』라는 저서 81쪽에서 차용한 것임. 그는 도시개발로 동네가 사라지고 토지를 민간 개발 사업에 팔아치우는 것을 "사회를 표백하는 방식"이라고 적시했다. 마찬가지로 개인의 생명, 공동체의 생명이 국가·자본에 의해서 사라지는 방식 또한 표백이라고 밖에 달리 설명할 길이 있을까.

박적으로 받아들이게 하는 것이다. 그로인해 현존재의 실존적 삶은 완전히 표백된 상태, 저항할 수 없는 무기력한 존재가 되어버렸다.

이러한 상황 속에서 이제 생명의 문법이 단순히 하나의 허구에 지나지 않도록 하려면 어떻게 해야 할 것인가? 생명은 그저 거기에 있음으로 존재하는 현존재의 근원성을 나타내지만 그 행위는 그 생명이 살아가고 또 살아가고 있다는 데서 비로소 발견된다. 생명의 있음, 즉 생명이 있도록 하기 위해서는 생명 현상 자체가 하나의 끊임없는 운동성을 가지고 현재에서 계속해서 죽음이 아니라 삶 혹은 생명으로 넘어가야 한다. 넘어가 있다. 혹은 넘어갔다의 과거가 아니라 넘어가고 있음, 즉 현재이다. 생명은 현재로서 기어코 죽음의 문턱에서 기어서 기어서 생명으로 넘어가고 있는 것이다. "몸을 바닥에 붙이고, 바짝 대고, 넘어가기 … 결코 넘어가지 못할 듯하다가, 그래도 넘어가기. 기다 넘어가기. 박박기다, 어느새 넘어가기 … 땅에 바짝 붙어 기면서 앞으로 또는 위로 별로 나아가지 않은 것 같은데도, 그럼에도 불구하고 열심히 기었고 또 기고 있는데, 어느새 넘었고, 넘었었음을 알기, 포월匍越"[39]이다. 생명은 그렇게 끈질기게 넘어갈 수 없는 듯하면서도 넘어가려는 속성을 가진 것이다. 그래서 우리는 생명에 대해서 권력과 폭압, 방기에 의해서 외면당하려는 순간에도 그 끈을 놓을 수가 없는 것이다. 그것이 생명이 가지고 있는 속성이기 때문이다. 생명을 가지고 있는 현존재는 포기할 수가 없다. 오히려 "초월은 안하지만 포월을 하고, 해탈은 안 하지만 탈을 한다. 우리는, 우리는 세상을 구원하려고 하지 않고 할 필

---

[39] 김진석, 앞의 책, 212-213쪽.

요도 없지만, 거룩한 포월을 길을 간다."[40]

이진우는 하버마스의 "이성의 상황화Situierung der Vernunft"에 주목하는 동시에, "하버마스는 생활세계와 분리된 순수이성은 존재하지 않는다고 하면서, 이성을 항상 "역사, 사회, 신체와 언어를 통해 구현된 이성으로 파악해야 한다"고 주장한다."[41] 한스 요나스도 "우리 안의 정신은 우주 내에서 우리에게 알려진 가장 고차적인 정신이다"[42]고 말한 바 있다. 이처럼 우리는 인간의 이성에 대한 신뢰와 더불어 모든 물질성에 대립되는 생명형식Lebenform을 통한 존재론적 의무, 존재론적 명령을 실천해야 할 때가 아닌가 싶다. 생명형식은 그 무엇보다도 우선하는 선험성, 순수성, 불가침성을 가지고 있다. 그런데 그 생명형식, 어쩌면 앞에서 말한 생명 존재의 자기자신성이라는 것을 지키기 위해서는 모든 생명체는 존재해야 할 마땅한 의무가 있다는 것을 인정해야 할 것이고, 어떻게 존재해야 할 것인가를 진지하게 고민해야 할 것이다.[43] 더불어 보편적인 생명형식에서 더 나아가 의미로서의 생명으로의 전환, 관념으로서의 생명에서 더 나아가 현실(실재)로서의 생명으로의 전환을 꾀해야 할 것이다.

---

40 김진석, 위의 책, 223쪽.
41 J. Habermas, 앞의 책, 459쪽.
42 Hans Jonas, 『물질·정신·창조』, 78쪽.
43 Hans Jonas, "Responsibility Today: The Ethics of an Endangered Future", John-Stewart Gordon and Holger Burckhart, ed., *Global Ethics and Moral Responsibility. Hans Jonas and his Critics*, Ashgate, 2014, 20쪽.

제2부

1
환경목회, 세계와 교회의 또 하나의 거룩한 소통입니다!

> 우리는 한 나무에 달린 싹들이다. "나"와 "너"를 넘어서라! 우주적으로 느껴라!
>
> –프리드리히 니체

▌세계와 전체로서의 몸의 소통을 향하여

"행복한 사람은 자기 자신을 우주의 한 시민이라고 생각하여 우주의 아름다움과 기쁨을 마음껏 즐기며, 자기는 후대의 생명과 동떨어져 있지 않다고 느낀다. 그러므로 죽음에 대해서도 마음이 흔들리는 법이 없다. 이렇듯 생명의 줄기와 본능적으로 깊이 연결될 때, 우리는 가장 큰 기쁨을 찾아 볼 수 있다." 이 말은 영국의 위대한 철학자 러셀B. Russell의 행복찬가 중에 하나입니다. 그의 행복론은 단순히 물질을 기초로 하는 외적 조건으로서의 행복을 의미하지 않습니다. 우주와의 소통, 우주 시민이라는 자각이 인간 자신의 행복이 될 수 있다는 것이 그의 지론인 것 같습니다. 러셀의 글을 보면서 필자는 인간의 신앙생활도 우리 자신이 행복하기 위한 것은 아닐까 하는 생각을 해보았습니다. 그렇다면 우리는 지금 신앙 생활을 통해 행복감을 맛보고 있는 것일까요? 그것을 알아보기 위해 먼저 교회의 구원관을 비판적으로 살펴봐야 할 것 같습니다.

전통적으로 교회는 인간의 영혼 구원 문제에 관심을 기울여 왔습니다. 그러나 교회가 인간의 영혼 구원을 주된 사명으로 인식하면서 기이한 현상이 벌어졌습니다. 애초에 있지도 않았던 영과 육, 인간과 자연을 나누는 이분법적 사유가 등장한 것입니다. 구원을 받더라도 인간만, 그것도 영혼만 구원받으면 되는 것이지, 육체나 자연은 구원과는 하등에 관계가 없다고 보았습니다. 교회는 영혼을 위한 공간으로, 세계는 육을 위한 공간으로 규정하다보니 똑같은 하나님의 공간임에도 불구하고 왜곡된 신학적 사유로 인해 상호소통에 어려움이 생겼다고 할 수 있습니다.

러셀이 입이 마르도록 행복을 말했습니다만, 인간의 진정한 행복은 우주와의 소통, 자연과의 소통이지, 단절이 아닙니다. 따라서 그리스도인은 지금 온전히 행복할 수 없는 것입니다. 그 이유를 레이-메르메^{Th. Rey-Mermet}가 정확하게 짚어 주고 있습니다. "하나님은 우리의 몸을 통해서 우리를 받아들이신다. 인간 예수는 우리 가운데 계시는 구원자 하나님이시며, 그분의 현존은 인간적인 것, 즉 육체를 통해서 이루어진다. 왜냐하면 우리도 육체적 현존이며, 만남과 인간관계의 유일한 수단이란 바로 우리 몸이기 때문이다. 따라서 하나님은 우리를 온전히 만나기 위해서 육화하셨다."

이를 근거로 한다면, 인간이야말로 몸을 통해서 세계와 만날 때 진정으로 행복할 수 있다는 말로 해석할 수 있습니다. 인간이 몸을 통해서 자연과 소통하듯이, 교회라는 구원의 공간은 또 하나의 구원의 장으로서의 자연세계를 성스러운 공간으로 만나야 합니다. 다시 말해서 교회와 자연세계는 생명의 공간이라는 동일성을 가져야 한다는 말입니다. 이렇게 구원받을 영혼의 세계인 교회를 넘어 몸의 세계로 나아갈 때 완전한 구원에 이를 수 있습니다. 그것은 보다 적극적이고도 구체적인 의미에서 환경목회를 통해 세계와 교회가 소통할 때 가능하다고 생각합니다.

▍둘러 있음의 세계Umwelt와 소통을 향하여

환경목회의 실현을 위해서는 몸과 둘러 있음의 세계의 소통에 대한 인식의 전환을 가져와야 할 것입니다. 둘러 있음의 세계와 소통을 한다는 것은 주변, 곧 나를 둘러싸고 있는 세계를 돌아본다는 말입니다. 돌아봄, 바라봄은 나의 사적 이익과는 상관없이 무심코 바라봄입니다. 소통은 나와 너, 인간과 자연과의 관계를 상관적이고 유기적인 대상으로 인식·인정하고 애정을 갖는다는 말입니다. 그렇다고 해서 둘러 있음의 의미가 나를 중심으로 한 모든 존재를 변두리로 내몰아 탈중심의 대상으로 여긴다는 말이 아닙니다. 주변의 세계는 나의 생존을 위해(um) 필요한 존재이기도 하지만 스스로를 위한, 스스로를 위해서(um) 독립적이고 개체적인 생명으로 세계를 위한 상호상생적 존재임을 깨달을 때 참된 소통이 이루어질 수 있습니다. 이것은 독일어 '움벨트Umwelt'라는 단어가 '둘러 있음(Um)의 세계(Welt)'를 말함과 동시에 '세계를 위함'(um-welt)이라는 의미를 품고 있는 것을 보더라도 알 수 있습니다.

이렇듯 소통이라는 말은 나와 너의 상호인정과 상호가치를 전제로 할 때 이루어질 수 있는 표현입니다. '너'로서의 '타자'가 하찮은 돌이나, 식물, 동물이기 때문에 인간에게 종속된 한갓 인간 생존을 위한 도구나 수단으로 치부한다면 동등한 사랑의 소통이 아니라, 소통을 가장한 지배와 명령 관계일 뿐이라는 겁니다. 설령 성서에서 하나님께서 인간으로 하여금 번성하고 지배하고 다스려라(창세 1:28)는 명령을 하셨더라도, 이것은 생명을 하나님의 뜻에 맞갖게 유지·보전시키라는 청지기적 사명으로, 하나님과의 소통의 한 방식으로 알아들어야 할 것입니다.

그러므로 인간이 자연 혹은 세계와 올바른 소통을 하지 못하고 있는 것은 이미 우리 안에 하나님과 인간과의 관계적 소통방식이 잘못되었음을 의미합니다. 소통은 상대방의 마음과 언행을 제대로 이해하고 그것 자체로서 왜곡됨이 없이, 내 방식대로 해석하지 않고 상대방을 헤아릴 때 삶의 질서와 관계가 흐트러지지 않는 것을 알 수 있습니다. 자연을 우리의 편의에 따라 재단裁斷하고 심지어 착취할 때 소통의 왜곡된 결과는 고통과 보복으로 나타납니다. 말이 없다고 해서, 자신의 주장을 제대로 할 수 없다고 해서 정말 말이 없음이 아닙니다. 자연은 지금 우리 목을 옥죄면서 말을 하고 있습니다. 지수화풍地水火風(땅, 물, 불, 공기는 그리스 철학자들과 여타의 종교 사상가들이 하나 같이 우주의 아르케로 보고 있습니다)이 이제 도저히 인간과 함께, 인간을 위해서, 세계 자체를 위해서 살 수 없노라고 외치는 것이죠.

통교적 성사(sacrament of communion)-우주적 소통을 향하여

그러면 어떻게 신앙인식을 바꾸어야 할까요? 자연과 인간, 혹은 세계와 인간의 생명을 '사크라멘툼聖事, sacramentum'으로 이해해야 합니다. 자연을 하나님께서 인간에게 말씀하시는 거룩한 계시의 하나의 차원으로 보고 그 속에 하나님의 모습이 있음을 발견하고 애써 파악해보려는 것이죠. 7가지의 성사만이 하나님 자신을 드러내는 신비mysterion가 아닙니다. 하나님께서 당신의 뜻하신 바, 그 의지대로 창조하신 이 피조계도 장엄한 신비입니다. 우리가 그 속에서 하나님의 신비를 바라볼 때 비로소 우리 안에 새로운 생태적 감수성이 살아나는 것입니다. 생태적 감성은 이성을 가진 인간이 모든 것을 합리적 사유, 기계적 인식, 과학적 분석, 수학적 명료성만으로 밝힐 수 없는 이른바 자연의 신비, 하나님의 신비를 깨우치게 하는 우주적 감성이라고 생각되어 집니다. 이것은 스힐레벡스E. Schillebeeckx가 말한 성사적 구원의 의미와 일치합니다. "성사란, 선물을 구체화시키는, 외적으로 만져볼 수 있고 확인할 수 있는 형태를 통해서, 그 형태 안에서 주어진 하나님의 구원 선물을 뜻한다."

이제 성사는 땅, 물, 불, 바람까지 확장해야 합니다. 다시 말해서 성사는 우주적 소통 의식ritual이 되어야 합니다. 인간이 하나님과 자연이라는 차이의 심연에도 불구하고 어떤 근원적인 공통성을 발견할 수 있다면, 그것은 '성스러운 경험'일 것입니다. 자연을 통해서 우리는 하나님이라는 초월적 존재를 알게 되고 그 경험을 실재화하게 됩니다. 이러한 경험을 직관적으로 간파한 사람들이 예술가들입니다. 하나님은 위대한 예술가입니다. 세계를 통하여, 자연을 통하여 온갖 아름다운 색

채로 당신의 언어를 말씀하고 계시기 때문입니다. 예술가가 자신의 작품을 통해서 내면의 세계를 표현하듯이, 하나님은 세계라는 화폭을 통해 자신의 생각을 표현하고 계시는 겁니다. 그래서 일까요? 불세출의 예술가들과 사유의 깊이가 남달랐던 철학자들은, 천재적 예술가란 곧 자연을 모방하면서 그것을 예술로 승화시킨다고 주장합니다. 그렇기 때문에 천재는 하나님의 정신을 읽어내는 묘한 능력이 있다고도 볼 수 있을 것입니다. 천재적 예술가들은 자연을 마치 관상(관조, contemplation)하듯 바라보았다는 말입니다. 그런데 그러한 자연(땅, 물, 불, 공기 등)이라는 성사적 상징들이 인간의 욕망과 개발이라는 미명 아래 오염되고 있을 뿐 아니라 급기야는 사라지고 있는 것입니다. 따라서 교회의 성사가 세계를 끌어안는 교회, 세계를 거룩하게 하는 소통적 매개체라면, 모든 피조계가 성사의 빛 안에서 생명적인 것으로 조명되도록 해야 할 것입니다.

교회는 하나님께서 우주해방공동체로 부르셨습니다. 실제로 성 토마스 아퀴나스는 구원과 해방을 동일하게 보았습니다. 교회는 자연을 인간의 해방적 실천을 통해 자유롭게 해야 합니다. 그러기 위해서 교회는 자연을 위한 생명놀이를 전개해나가야 합니다. 거기에는 함께 어우러지는 놀이가 있습니다. 정직한 만남과 사심이 없는 한판 흥이 묻어납니다. 놀이는 영원한 승자도 영원한 패자도 없습니다. 놀이는 놀이 그 자체에 의미가 있는 것입니다. 놀이는 몸과 마음의 해방 그리고 삶을 구원하는 성격이 있습니다. 그런 의미에서 교회가 세계와 소통하면서 지향해야 하는 놀이는 생명놀이여야 합니다. 생명놀이는 지금 여기에서 생명적인 것에 몰입하고 관심을 두는 것입니다. 생명을 살리는 놀이, 생명을 위한 놀이, 그 놀이의 원천은 생명을 놓을-이(생명적인 것을 있는 그대로 놔둘 수 있는 용기가 있는 사람들, 생명놀이를 즐기는 사람들)로 살아가는 목회자 혹은 수도자의 영성에서 나와야 할 것입니다.

▍생태영성의 실천을 위한 제안

개신교 환경단체인 〈기독교환경운동연대〉가 주축이 되어 전개해 온 "생명밥상 빈 그릇" 운동 중 본당이나 수도원에서 실천할 만한 한 가지를 제안해볼까 합니다.

♻ 빈 그릇 식사 이렇게 해봐요!

하나, 식빵 조각으로 깨끗이-큰 접시에다가 먹을 만큼 덜어 뷔페식으로 식사를 한 후 남은 음식찌꺼기나 국물을 식빵 조각으로 닦아 먹는 방법입니다. 설거지도 쉬울뿐더러 물도 절약하는 생태적인 방법입니다.

둘, 물로 깨끗이-식사를 다한 다음 그릇을 따뜻한 물로 헹구어 먹는 방법입니다. 물 한 방울과 밥 한 톨에 담긴 의미를 생각하고, 수질오염도 줄일 수 있는 방법입니다.

셋, 상추로 깨끗이-큰 접시에 음식을 덜기 전에 접시만큼 상추(혹은 너른 잎사귀 채소)를 두세 잎 깔고 그 위에 음식을 담습니다. 식사를 다 한 후 상추를 먹습니다. 채소도 먹고 물도 절약하는 일석이조의 방법입니다.

2
자연을 '배려'하는 환경목회

한 송이 꽃을 의식하며 바로 보게 되면, 나는 그 안에서 하나님의 비밀을 발견하게 된다.
그 꽃은 잘 만들어졌을 뿐만 아니라, 그 안에는 하나님의 숨결이 담겨 있다.
-안셀름 그륀A. Grün

남을 배려하는 사람은 반드시 사랑을 받고, 남을 증오하는 자는 반드시 미움을 받는다.
愛人者必見愛也, 而惡人者必見惡也 -墨子

요즈음 시중에서는 "처세"에 관한 테마의 도서들이 인기가 있는 모양입니다. 그만큼 인간관계에 대한 고민, 인생의 성공, 취업 전략, 의사소통 등의 생각들이 많아졌다는 것을 반영하는 것이겠지요. 그 중에서도 유달리 눈에 띄는 것은 '배려'라는 키워드가 들어가 있는 책들입니다. 배려라는 말이 자칫 유약한 인간관계를 일컫는 표현이나 행위, 또는 단순히 종교적인 처신의 일부분으로 치부하고 말 수도 있습니다만,

필자는 그보다는 좀더 적극적이고 섬세한 관계적 용어 혹은 윤리적 용어로 보고 싶습니다.

이렇게 배려라는 언어가 공공연하게 이슈가 되고 사람들에게 감성적인 언어가 된 것은, 이제는 사람과 사람의 관계가 지배와 피지배의 관계나 상명하복식의 절대적 주종 관계를 넘어선 새로운 방식의 관계가 요청된다는 생각은 아닐까요? 그러니까 배려는 윗사람이든 아랫사람이든 상대방에게 부담을 경감시키고 타자적 존재에 대해 역지사지하는 태도변화이지요. 힘이 있어서 배려를 할 수 있는 여유가 있는 것이 아니고, 반대로 힘이 없다고 해서 배려를 아예 생각조차 할 수 없는 것도 아닙니다. 다만 '자기'를 넘어설 수 있다면(이른바 탈자적 존재脫自的 存在) 언제든 가능한 좋은 감정과 행위입니다.

이것은 비단 사회적 관계나 직장 관계에서만 요구되는 품성은 아닙니다. 교회가 이웃을 배려한다는 것은 바로 이러한 사회적 관계나 폭넓은 의미에서의 인간관계의 연장이 되어야 합니다. 이웃을 배려한다는 것은 이웃 안에서 하나님의 모상을 보고, 이웃 안에서 하나님의 일하심이 나타나는 것을 인정하는 것이요, 그들도-설령 그리스도인이 아닐지라도-하나님께서 사랑하는 백성으로 받아들이는 것입니다.

그런데 이와 같은 배려는 사람인 이웃에게만 해당되는 것이 아닙니다. 이제는 환경적 이웃, 생태적 이웃, 우주적 이웃, 자연인 이웃에게도 배려를 확장해야 합니다. 당장에 지금 내가 살고 있는 곳에서 환경문제가 발생하지 않고, 또 그렇게 드러나지 않다보니 자연환경이 생생하게 살아 있는 이웃으로 인식이 안 될 수도 있습니다. 그러다 보니 여기를 벗어나 지구 저편에서 벌어지는 생태적 재난이나 환경 파괴가 우주 이웃의 분노나 고통을 통한 나의 이웃의 아픔으로 여겨지지 않는 것이 당연합니다. 거기에다 생태적 배려를 기대한다는 것은 사치라 할 수밖에요.

교회는 생생한 이웃을 위한 공동체가 되어야 하며, 동시에 환경적 이웃을 위한 배려 공동체가 되어야 마땅합니다. '배려配慮, caring'라는 말이 한자어라 어감이 직접적으로 느껴지지 않을 수도 있습니다. 그러면 '돌봄'이라고 하면 어떨까요? 또는 '마음 씀'도 괜찮을 것 같습니다. 그런데 '돌봄'은 '돌아-봄'으로 풀이할 수 있습니다. 돌봄이 영성적으로 나타나려면 먼저 돌아-봄이 필요합니다. 배려란 나의 반성적 돌아-봄을 통하여 이웃을 돌아-보지 않고는 온전한 의미의 돌봄의 마음, 돌봄의 태도가 이루어질 수가 없기 때문입니다. 더 나아가서 이러한 돌봄은 타자에 대한 아픔이 나의 아픔으로 느껴지지 않고서는 진정한 마음 씀이 될 수가 없습니다. 그러한 함께 고통을 겪는 마음 씀의 태도가 자연을 돌아-보는 태도로 발전될 수가 있는 것입니다. 이와 같은 아픔의 신학(윤리)을 잘 설명해준 일본의 신학자 기다모리 가죠北森加藏의 논조를 잠시 음미해보겠습니다.

"아픔의 윤리는 하나님의 아픔에 의해서만이 실현 가능하게 된다. 아픔 중에 있는 이웃 사람에 대하여 우리가 나의 아픔과 같은 간절함을 가지고 사랑을 기울일 수 있는 때는 오직 그 이웃과 우리 자신을 함께 하나님의 아픔 속에 포함하여 생각할 수 있는 때이다. 즉, '그리스도에 있어서 한 몸'(엡 3:6 참조)이 될 때인 것이다. 이웃 사람에 대한 우리의 사랑은 하나님이 우리에게 보여 주신 그 이웃 사람을 향한 사랑에 우리가 따라 걸어갈 때에 비로소 진실한 것이 될 수 있다. 아파하는 이웃이 하나님의 아픔 속에 포함되어 있으며 우리들 또한 하나님의 아픔 속에 포함되어 있기 때문에, 하나님의 아픔에서 이웃 사람과 우리는 하나로 연결되어, 이웃 사람의 아픔이 우리들 자신의 아픔인 양 그런 간절함으로 느껴질 수밖에 없게 되는 것이다."

그렇다면 하나님 안에서 이러한 이웃의 아픔을 함께 겪고 돌볼 수 있는 교회의 목회적 배려는 무엇이 있을까요? 먼저 땅의 생명을 누르고 터 잡는 대형 교회를 지양해야 합니다. 대형 교회 혹은 대형 성당일수록 하나님께서 기뻐하신다는 생각, 그리고 사제로서, 가톨릭으로서의 위상이 높아지리라는 생각 또한 접어야 합니다. 오히려 성당 혹은 교회당이 크면 클수록 그만큼 환경적 부담이 클 수밖에 없습니다. 대형 성당 또는 대형 교회당을 짓기 위한 토지 매입과 성당(교회당) 건축 비용은 고스란히 신자들의 몫이 될 뿐만 아니라 차후에 그 성당(교회당)을 유지하기 위한 냉난방비, 물 사용량, 전기 사용량, 쓰레기량, 온실가스 배출량 등은 작은 교회에 비해서 자연에게 큰 아픔을 줄 수 있기 때문입니다. 이것은 결국 대량 생산, 대량 소비로 말미암은 '대량 폐기형 교회'로 갈 수밖에 없는 구조를 낳게 됩니다. 그러므로 언제든지 교회는 자연과 사람에게 부담을 덜 줄 수 있는 '순환형 교회'로 갈 수 있는 방법을 모색해야 할 것입니다. 다시 말해서 자연과 이웃을 위한 환경목회적 배려란 '재사용reuse'과 '재활용recycle'이 가능한 구조를 갖춘 교회, 지역과 함께 환경문제를 해결해나가는 교회가 되어야 할뿐만 아니라 삶을 공유하고, 공존과 공생의 길을 모색하면서 이른바 '순환적 목회 서비스'를 나누는 교회가 되는 것을 말합니다.

둘째, 타자에게 마음 쓰는 환경목회는 이웃과 소통하는 교회가 되는 것입니다. 전통적으로 성당 혹은 교회당은 하나님의 성전이라는 인식으로 미사 용도 이외에는 일반인에게 개방하는 경우가 드물었습니다. 그러다보니 그 큰 건물이 정기적인 미사 외에는 덩그러니 비워두기 일쑤였지요. 교회는 구약시대에 유목형 혹은 이동형의 야훼 하나님이 다윗왕조 이후에 예루살렘 성전에 갇혀 있었던 것처럼 하나님이 마치 성전에만 계신 것으로 믿는 오류를 범하지 말아야 합니다. 자칫하면 故 안병무 교수가 지적한 것처럼, 그리스도교가 성전종교로 전락할 수 있기 때문입니다. 하나님은 일정한 건물에만 계시는 것이 아니라 사람과 함께 계시기 때문이지요(God-with-human being, 좁은 땅덩어리에 꼭 성당이나 교회당이라는 일정한 양식의 건물을 고집할 필요 없이 사람을 중시하는 건물 없는 '에클레시아'도 생각해볼만 하지 않나요?). 그래서 필자는 이웃의 배려란 교회의 자유로운 개방에서 시작될 수 있다고 생각합니다. 이웃이 들락날락거리는 문턱 낮은 교회, 지역적 교육 장소가 될 수 있는 교회, 지역의 쉼터가 될 수 있는 교회가 세상과 소통하는 교회입니다. 교회의 앞마당이 우주를 만나는 터가 되어서 그 마음 씀이 성당 사용자인 이웃에게 전해져야 합니다. 바로 건물과 마음과 땅이 함께 호흡하는 교회가 되는 것이지요. 이것은 종래의 '교회가 필요로 하는 지역 사회'라는 의식(교회중심)에서 '지역이 필요로 하는 교회', '지역이 알아주는 교회', '지역과 밀착된 교회'로 가는 길(지역중심)이기도 합니다. 이른바 '개방형 교회'라고 말할 수 있겠습니다.

마지막으로 자연과 이웃에게 마음 쓰는 교회가 되려면 건물이 주변과 조화를 이루는 혹은 자연과의 조화를 고려한 생태적 디자인의 성당 설계를 하는 것이 낫습니다. 물론 성당 혹은 교회당이 건축 디자인에만 신경 쓸 수 없다는 것도 잘 압니다. 신학적으로 보면 가톨릭 성당이나 개신교 교회당의 외벽 벽돌색은 항상 붉은색이었습니다. 그것은 붉은색이 그리스도의 피를 상징하기 때문이지요. 그러나 시대와 사조가 변한 이 시대에 붉은색만 고집한다는 것도 고정관념이라는 생각을 갖게 합니다. 건축에 대한 신학적 의미도 중요하지만 디자인을 중시하는 포스트모던시대에 도시를 막론하고 작은 시골까지도 굳이 주변 (자연) 환경과 잘 어울리지도 않는 벽돌색과 디자인 설계를 한다는 것은 이웃에게 시각적 피로와 심적 부담, 부조화를 야기 시킬 수 있다는 점을 기억할 필요가 있습니다.

지난해 하버드대학의 댄 킨들런 교수가 '알파 걸'(공부, 운동, 리더십 등 다방면에서 남자를 능가하는 엘리트 소녀)이란 신조를 만들어 냈습니다. 알파alpha란 '첫째가는'이란 뜻인데, 이에 착안하여 교회는 '알파 네이쳐alpha nature'가 될 수는 없을까요? 지금 우리는 공동의 삶에 있어서 자연을 우선 사랑하고 자연을 우선 보전하면서 자연이 우리에게 자신의 처지에 대해 늘 퉁겨주는 몸짓을 우선으로 생각하는 사고와 행동의 변화가 필요합니다. 자연이 행동의 주체가 될 수가 없으니 자연을 우선 마음 쓰는 교회 공동체가 해야 할 일이 바로 알파 네이쳐라는 자연우선적 사고인데, 그것은 다름 아니라 '배려의 윤리'를 일컫는 것입니다. 이 배려의 윤리가 특징으로 하는 것은 바로 자아와 타자가 상호의존적이라는 것, 타자에 대한 책임성과 보살핌을 중시하는 것입니다.

지금 태안반도의 갯벌과 바다에서 기름피해로 고통스럽게 죽어가는 생명들에게 필요한 것은 자연을 황폐시킨 것에 대한 인간의 군색한 변명이 아닙니다. 자연에 대한 마음 씀입니다. "배려, 마음을 움직이는 힘"이라 했던가요? 필자는 이렇게 말하고 싶습니다. "배려, 함께 살아가는 힘"이라고 말입니다. 이것은 자연과 사회 그리고 우주라는 관계망에서 교회와 인간을 바라-보는 것으로서 타자의 안녕을 고려하고,

타자의 아픔을 내 것으로 느끼며 모두가 함께 살아가는 세계를 만드는 정신입니다. 이것이야말로 대형 폐기물로 변해가는 교회가 살아남는 길이고 자연과 인간이 더불어 사는 삶의 전제조건이라고 생각합니다.

▎생태영성의 실천을 위한 제안-함께 생각해보고 자연을 배려합시다!

도시 밤거리를 거닐 때 네온사인들이 눈에 많은 피로감을 주기도 합니다. 그 중에 칠흑같이 어두운 밤을 경계하듯 인상적인 붉은색의 십자가 네온사인이 눈에 들어옵니다. 유심히 쳐다보면 단박에 그것이 개신교 교회당임을 알 수가 있습니다. 어떤 외국인은 공항에 내릴 때 한국에 왜 이렇게 나이트클럽이 많은가 하고 착각을 했을 정도였습니다. 그러나 지금은 흰색의 밝은 빛 이미지로 바뀌고 있는 추세입니다. 사실 밤은 깜깜해야 다른 생물도 잠을 청할 수 있는 법이지요. 안셀름 그륀 신부의 말을 인용해서 말한다면, "우리는 이웃을 놓아주어야 합니다." 밤은 어둡도록 내버려 두어야 합니다. 알고 보면 네온사인으로 밤을 밝게 빛나게 하는 것도 이웃인 자연환경을 배려하지 못하는 일입니다. 별거 아닌 것 같지만 네온을 통해 하루 종일 빛을 발할 경우-이것은 비단 교회 십자가의 네온만이 아니라 도시 상가의 모든 네온사인도 마찬가지일 것입니다-한 달에 200Kw의 전력을 소비해 탄산가스를 무려 28kg이나 배출한다고 합니다. 저녁에만 켜놓을 경우에는 대략 109Kw의 전력을 소비해 18,000원 정도의 전기 요금이 나온답니다. 이것을 전국 규모로 따져보니까 한 달에 10억 원, 1년이면 120억 원이 넘는 돈이 종탑 십자가의 불을 밝히는 데 소요됩니다(전국 개신교 6만여 교회). 개신교의 사례만 제시했습니다만, 성당도 여러 면에서 필요이상의 에너지를 소비하고 있지 않은지 점검을 해봐야 할 것이다. 그래서 교회는 에너지 사용량과 온실가스 배출량을 줄이는 생태적 교회가 되어야 할 것입니다. 그것이 피조계를 배려하는 또 하나의 환경목회가 아닐까 싶습니다.

3
환경목회, 생태적 문화영성의 실현

모든 피조물은 하나님의 말씀입니다. 나의 입만이 하나님을 말하고 드러내는 게 아닙니다.
돌멩이도 똑같이 합니다. 종종 사람들은 말보다 행위로 더 많은 것을 알아냅니다.
모든 피조물은 행위로 하나님을 드러냅니다.
-마이스터 에크하르트, 1260-1329

■ 영성의 되물음과 새로운 삶의 디자인을 위한 생태영성

조던 오먼J. Aumann은 영성을 이렇게 풀이하고 있습니다. "영성이란 개념은 '영spiritus'이나 '정신pneuma'이란 말마디로서 신령한 능력, 즉 초자연적인 능력을 지칭하는 성서적 용어와 일치하는 것 같다. 진정한 영성은 예수 그리스도를 중심으로 하고, 그분을 통하여 성삼위에 이르는 영성일 뿐이다." 그러니까 영성이라 함은 그 고유의 정신대로 살아감을 말합니다. 그리스도인에게 있어서 영성은 그리스도의 정신을 가

지고 살아가는 것입니다. 또는 그리스도의 얼을 가지고 그 힘과 기억을 오늘을 살아가는 삶의 실천적 토대로 삼는 것입니다. 그것을 두고 그리스도의 영이 내 안에 있다 또는 성령께서 동행하신다고 고백하는 것입니다. 그러므로 그리스도교 영성은 예수의 언행의 닮음과 행위적 삶이어야 진실된 것이라고 볼 수 있습니다(imitatio Christi).

그리스도인은 예수의 언어와 행위로 삶을 디자인합니다. 예수(하나님)의 말씀은 삶에 대한 하나의 해석이자, 새로운 삶과 새로운 관계를 낳는 매체입니다(요한 1:1-4 참조). 하지만 그리스도인들 중 많은 이들의 말과 인격에서 정직함과 진실함이 묻어나지 않고 되레 영성은 고사하고 책임성도 없는 허언虛言에 지나지 않는 것을 보게 됩니다. 이것은 그리스도교 신자가 영성적으로 삶이 디자인되어 있지 못하기 때문입니다.

오늘날 우리에게 삶의 위협이 되고 있는 환경문제에 대한 말도 그저 겉치레 말이나 잔소리로 끝나는 경우가 허다합니다. 그러나 환경문제는 말이나 이론의 문제가 아니라 삶의 문제요, 실천의 문제라는 것을 깨닫게 됩니다. 어떤 이론이 환경문제를 가장 비판적으로 인식하고 또한 효과적인 대안이 될 수 있는가 하는 것도 중요합니다. 하지만 이론만 무성하고 그에 적합한 실천이 수반되지 않는다면 아무리 좋은 생태철학과 생태신학을 정립한다 해도 소용이 없는 것입니다. 마찬가지로 그리스도교 환경윤리, 그리스도교 환경신학은 환경문제에 대한 좋은 이론과 대안을 많이 모색해왔습니다. 그럼에도 불구하고 교회와 신자들의 생태적 삶은 답보 상태에 있습니다. 이것은 이론적 깊이에서 건져 올린 삶의 키워드, 환경친화적 핵심어의 부재와 인간의 실존적 삶의 한계에 있다고 봅니다. 이렇게 볼 때 생태 영성적 삶의 디자인을 위한 원천을 어디서 찾아야 할 것인가 하는 데에 우리의 고민이 있는 것입니다. 필자는 이것을 교회의 영성, 즉 예수의 삶을 닮으려고 부단히 자신을 채찍질했던 성인들의 영성에서 찾아야 한다고 생각합니다.

우리는 교회의 전통과 영성을 한갓 과거지사이며 시대에 뒤떨어진 진부한 시대정신으로 치부하지 말아야 합니다. 과거의 시대적 산물은 오늘의 삶을 풍요롭게 하며, 삶을 변혁하는 새로운 시대적 정신, 시대적 개념, 시대적 요청으로 거듭나도록 해야 합니다. 그러기 위해서는 새로운 삶의 디자인을 위한 새로운 해석학, 새로운 반성적 의식으로 과거의 문헌들을 해석해내야 합니다. 교회는 삶의 문제 앞에 자신의 사유를 혼란스럽게 하지 않으며 잘못된 시대 사조와 시대 풍조에 설복을 당하지 않도록 현대인들이 동감하는 새로운 언어, 새로운 시각, 새로운 마음을 내놓아야 합니다.

▌교회의 영성적 문법을 통한 생태문화영성

필자는 교회가 전통으로 삼아 온 현실감이 있는 이상적인 삶의 언어들이 많이 있다고 봅니다. 가난/무소유, 순명, 정결, 노동, 기도, 나눔, 놀이, 사랑, 믿음, 바람, 평화, 절제, 공동체(함께 있음) 등. 달리 표현하면 이러한 언어들은 그리스도인의 영성적 문법이라고 말할 수 있겠습니다. 그런데 이러한 개념들, 혹은 삶의 이념들은 이 땅의 삶을 올바르게 경작하기 위한 것입니다. 사회생태철학자 머레이 북친M. Bookchin (1921-2006)의 논조를 빌린다면, 삶의 경작 그것은 곧 자연이라는 1차적 근간을 인위적으로 인간 환경으로 만든 것인데, 그것이 곧 2차적 자연인 문화-원래 문화를 뜻하는 'cultura'라는 말은 '보살피다', '가꾸다', '경작하다', '재배하다' 라는 뜻을 지닌 라틴어 'colere'라는 말에서 유래

되었습니다-가 되는 것입니다. 문화의 태생이 자연이라는 것입니다. 그러므로 오늘날 우리가 살고 있는 삶의 터전에서 뿌리내려야 할 문화는 자연을 닮아야 합니다. 자연이 생명세계적 지평으로 인식되듯이 오늘날 문화는 생명문화, 생태문화가 되어야 합니다. 이 생명문화, 생태문화의 이론적이고 실천적 배경이 바로 그리스도교의 영성, 교회의 영성입니다. 교회의 영성, 교회의 영성적 언어가 새로운 삶의 체험과 변화를 잉태한다는 점에서 볼 때, 교회의 정신적 자원, 그리스도교의 영성적 사유가 그 핵심이 되어야 오늘날 처해 있는 환경문제의 실마리가 풀립니다. 문화를 영성화 하는 것, 문화를 정신화 하는 것이야말로 죽음과 파괴를 향해 치닫고 있는 삶의 문화, 지구 문화를 변화시킬 뿐만 아니라 가벼워진 생명담론과 생태담론을 진지하고 무게 있게 만들 수 있습니다. 이른바 생태문화영성, 영성적 문화를 구현하자는 말입니다.

 이것은 임마누엘 칸트I. Kant(1724-1804)가 문화의 지향점을 인간의 도덕적 본성의 실현, 혹은 도덕화로 본 것과 맥을 같이한다고 여겨집니다. 모름지기 문화文化란 인간의 역사적 산물로서 어떠한 정신적이고 도덕적인 무늬[文]가 형성된 것[化]입니다. 신칸트학파의 에른스트 카시러E. Cassirer(1874-1945)도 문화란 "인간의 행위와 정신을 통하여 야기되고 작용된 것"이라고 말한 바 있습니다. 그러므로 인간의 역사에서 배태된 삶의 무늬가 비생태적이며 반생태적이라 한다면 우리의 문화와 문화적 소산물은 덕의 실현이라 보기 어려울 것입니다.

▎생태영성의 길, 알아차림과 깨어남의 영성

우리는 이 시점에서 우주의 역사 속에서 끊임없이 신앙의 덕을 실현하고자 애써온 성인들을 떠올리게 됩니다. 그들의 신앙과 삶의 무늬는 하나님과 소통하면서 이루어져 왔을 뿐만 아니라 모든 하나님의 생명적인 것과 소통하면서 하나님, 자연, 인간이 함께 살아 있도록 유기적인 생태문화를 형성해왔습니다. 그들은 모든 사소한 것도 생명적이며, 살아 있어야만 한다고 느꼈습니다. 생명적인 것에 대해 민감한 '알아차림'이 있었다는 것입니다. 신앙의 선조들은 인간의 삶의 무늬, 생명의 무늬조차도 감동이었으며 고마움의 대상이었습니다. 그들의 알아차림은 하나님의 목소리를 신앙의 삶으로 구현하기 위한 그 터가 바로 자연이라는 사실을 '깨달아' 모든 인간의 삶도 자연과 함께 '하나님의 질서에 따라 사는 것'이 참된 영성이라고 믿는 것이었습니다. 다시 말해서 생태영성적 삶을 견지해 온 것입니다.

그러므로 오늘날 교회가 성인들의 '알아차림의 영성'을 통하여 사회 공동체의 문화 위기, 문화 소외를 극복해야 할 것입니다. 뿐만 아니라 교회의 영성적 문법들이 자기 성찰이 되어 교회 공동체와 사회 공동체의 보편적인 이념, 문화적 힘으로서 작용해야 할 것입니다. 앞으로 교회의 영성이 어떠한 문화적 의미를 부여하고 방향을 제시해 줄 것이냐에 따라 미래의 지탱 가능한 삶을 바랄 수 있을 것입니다. 이 지탱 가능한 삶은 교회의 녹색화, 더 나아가서 세계의 녹색화의 실현 여부가 보증해 것이라고 생각합니다. 녹색화된 문화가 삶을 생태적으로 재조직하고 이질적이었던 자연과 인간이 상호 연결되리라고 믿기 때문입니다.

교회의 영성을 통해 교회를 녹색화하고 세계를 녹색화하는 첩경은 우리의 의지와 삶을 깨어나게 하는 것입니다. 그런데 그것은 미래를 위해서 현재의 비생태적인 삶의 모습을 '깨닫고' 새로운 삶을 '낳는 것'입니다(깨어남). 이를 두고 매튜 폭스M. Fox도 "영성을 깸의 예술, 깨움의 예술, 깨달음의 예술, 알아챔의 예술이다"라고 말합니다. 그런 의미에서 다석 유영모가 '영靈'을 '얼'로, 성균관대 박승희 교수가 '영성spirituality'을 '얼spirit 알egg', 즉 얼알로 번역하여 생명력, 지혜, 동정, 정의감을 낳는 알로 정의 내린 것은 탁월한 식견입니다. 이러한 알아차림과 깨어남의 영성을 위해서 우리가 시장을 보러 가거나, 심지어 등본을 떼기 위해 동사무소에 가거나, 혹은 급식 당번을 위해 아이의 학교에 가거나, 그리고 주일미사를 위해 성당에 갈 때 무의식적으로 들게 되는 자동차 열쇠를 자제하는 것은 어떨까요? 사실 지구 온난화의 주범은 온실가스입니다. 조사에 의하면 전세계 도시 면적은 2%에 불과하지만 그 도시가 지구 온실가스의 80%를 배출한다고 합니다. 그 중 서울의 경우에 40%는 자동차, 그것도 자가용에서 70%나 발생합니다. 따라서 1주일에 한 번 아니면 한 달에 한 번이라도 주일미사 때 가족끼리 자전거를 이용(미사를 위한 걷기 얼알이나 대중교통을 이용한 미사참석도 좋습니다)하며 생태적 문화를 향유하고 선도한다면 그것이 곧 자연과 한울지게 살아가며 영성을 문화화 하는 길일 것입니다.

4
소비세계를 향한 외침,
성 아우구스티누스의 '애덕'은 죽었는가!

모든 것은 거룩한 교회 안에서,

사랑으로, 사랑 안에서, 사랑을 위하여, 사랑으로부터 존재합니다.

-성 프란치스코 살레시오 Saint Francis de Sales(1567-1622)

▌성 아우구스티누스의 애덕 영성

사랑이라는 말만 들어도 왠지 숭고함이 느껴지는 것은 사랑 그 자체가 품고 있는 묘한 매력과 마력이 공존하고 있기 때문일 것입니다. 사실 아우구스티누스 Aurelius Augustinus(354-430)가 말하고 있는 사랑의 진정한 주체이자 대상은 하나님입니다. 그에 의하면 오직 신을 사랑하는 것만이 진실한 사랑입니다. 그래서 그는 "신을 무조건 사랑하시오. 신으로 채워지고 신에 의해 배부르도록 서두르시오. 그는 당신을 충족시켜 주실 것이기 때문입니다. 그 외에는 어떤 것도 당신을 충족시켜 줄 수 없습니다"라고 확언하고 있습니다.

그러나 이 말은 비단 그리스도인에게만 해당되는 것은 아닙니다. 인간이 욕망을 위해서 탐욕의 지도를 펴들고 유목하는 동물적 본능과 자신의 결핍된 심리를 보상받으려고 애를 쓰는 모습은 순수한 '신의 사랑amor Dei, caritas'을 향해 나아가고 있는 것이 아니라, 여전히 '세상의 사랑amor mundi, cupiditas'을 향해 나아가고 있기 때문입니다.

여기서 성 아우구스티누스가 중요하게 언급하고 있는 애덕 영성의 핵심을 현대적인 의미에서 좀더 길어 올려 봅시다. 성 아우구스티누스는 사랑을 '향유frui, to enjoy'하는 사랑과 '이용'(혹은 사용: uti, to use)하는 사랑으로 구분하면서, 참다운 사랑은 향유되어야 할 것이지 이용되어서는 안 된다고 주장합니다. 다시 말해서 그의 논리에 의하면, 세계-내-존재인 인간과 사물에 대한 사랑은 그것 자체가 아니라 신을 위해서 사랑하는 경우에만 참된 것입니다. 아우구스티누스는 향유해야 할 대상을 향유하고, 사용해야 할 대상을 사용하는 것은 질서 잡힌 사랑이요 참된 사랑이지만, 반대로 가변적인 그 무엇에 집착함으로써 행복해지려는 의지는 왜곡된 사랑이라고 봅니다. 사용이라는 말은 어떤 것이 다른 목적을 위한 수단이 되는 경우를 말하는데, 이렇게 목적 그 자체와 수단이 전도顚倒되고 인간이 오히려 저급한 것을 사랑하게 될 때 급기야 '악'이 되고 맙니다. 이런 의미에서 삶을 영위하기 위해서 필요한 물질(시장의 상품)이라는 것은 향유될 것이 아니라 이용되어야 할 것입니다. 그러므로 인간은 삶에 있어서 목적 그 자체와 삶의 수단일 뿐인 것을 잘 분별해야 합니다. 그렇지 않으면 상품의 세계 혹은 탐욕의 세계에 우리 자신이 매몰되고 말 것입니다.

소비세계를 넘어 애덕의 보편화를 위한 해석학적 의미

　생태적 의미에서 볼 때 우리는 아우구스티누스의 애덕 영성을 통하여, 카리타스적 사랑이 아닌 쿠피디타스적 사랑을 대변해주고 있는 것이 자기사랑(자기애)임을 발견하게 된다. 이에 토머스 머튼Thomas Merton(1915-1968)은 자기표현을 넘어 자기과시나 자기탐욕적 소비, 더 나아가 소비를 놀이로 즐기는 아이들에 대한 자기애적 표현 양식을 이렇게 꼬집고 있습니다. "요즘 아이들은 의식 생활 초기에 영성의 자연적·자발적 징후들을 보이기 시작할 수 있다. 그들의 상상력, 독창성, 현실에 대한 반응은 단순하며 참신한 개성을 가지고 있고, 게다가 한순간의 신중한 침묵과 몰두 성향까지 있을 수 있다. 그러나 이 모든 자질은 사방에서 몰려오는 두려움, 불안, 순응 압박으로 신속히 무너져버리고 만다. 건방지고 어색한 작은 괴물이 되어 그들은 텔레비전 속 등장인물처럼 차려입고 장난감 총을 과시하며 고함을 지른다. 머리는 정신 나간 구호, 노래, 소음, 폭발음, 통계 수치, 브랜드 이름, 협박, 상말, 상투어로 가득하다. 학교에 들어가면 그들은 말재주, 합리화, 겉치레, 광고 모델 같은 표정, 자동차의 필요성 따위를 배운다. 한마디로 자기 같은 사람들에게 동조하며 빈 머리로 더불어 살아가는 법을 익히는 것이다. … 현대인의 비극은, 의심도 타협도 없이 기술 문명의 마귀에게 자신을 팔아버린 초자아가 자신의 창의력과 영성과 묵상적 독립성을 가차 없이 짓밟은 것이다." 사회심리학자이며 철학자인 에리히 프롬E. Fromm(1900-1980)도 현대인의 이러한 소비 지향성과 소비적 습득성에 대해 "상점의 진열장을 들여다보며 느끼는 스릴과 살 수 있는 것이라면 무엇이든지 현금 또는 할부로 사는 맛, 이것이 현대인의 행복이다"

라고 말합니다. 아우구스티누스의 다음과 같은 언급도 우리의 동감을 얻습니다. "사치는 아름답고 매력 있는 육체의 허물이 아니라 잘못되어 육체적 쾌락을 사랑하고 정신적 아름다움과 비교될 수 없는 매력의 높은 가치와 일치하는 절제를 가볍게 여기는 마음의 죄이다."

어원적으로 '사치Luxuria'라는 말은 풍성한 열매와 천국을 연상시키는 긍정적인 의미를 품고 있습니다. 그러나 이제 우리는 온갖 허영과 탐욕스런 사치로 이 땅을 지옥으로 만들고 있습니다. 그러므로 현대인은 소비와 사치를 신앙화하고 있는 자신의 의식을 개혁하고 가변적, 물질적, 소비적 삶의 양식들을 극복해야 합니다. 달리 말하면 목적적 사랑과 수단적 사랑을 구분할 줄 아는 지혜가 필요합니다. '사랑'이라는 진부한 언어가 오늘날 다시 거론되어야 할 필요성을 느끼는 것은 바로 이 때문입니다. 필자는 이것을 인간의 '형이상학적 정서', '형이상학적 의식'으로 풀어보고 싶습니다. 또는 '도덕적 삶의 원형', '존재의 감정'이라고 그 말의 내포적 의미를 드러내고자 합니다.

사랑이 그리스도인뿐만 아니라 모든 사람들에게까지도 보편적인 삶의 문법이 된다면 그 때 그때의 삶의 수단과 목적을 명석판명하게 인식할 수 있을 것입니다. 물질이라는 것에다 감각적이라는 수식어를 붙일 수 있다면, 그것이 암시하는 것처럼 욕망을 불러일으키는 물질에 대한 덧없음의 인식, 즉 심층적인 어떤 초월적인 감정을 통해 소비적인 삶을 통제해나갈 수 있을 것입니다. 물질은 단지 우리가 살아가는 데에 불편하지 않게만 있으면 되는 삶의 수단이나 방편에 불과합니다. 그런데 그것을 지나치게 소유하고 소비하려고 한다는 것은 다른 사람들에게조차도 소비할 기회를 주지 않겠다는 이기적인 욕심이며, 자연이 지닌 생명적인 것에 대한 유한성을 인식하지 못하는 것입니다.

아우구스티누스는 이러한 우리의 관념을 극복해야 한다고 말하고 있습니다. 다시 말해서 물질은 상대적인 가치로서 사용되어질 것이지 절대적인 가치 내지는 그 자체가 목적이 되어 향유되어서는 안 된다는 것입니다. 이러한 생태적 사고가 전복될 때 바로 죄악이 될 수 있고, 또한 불행할 수 있다고 본 것입니다. 따라서 현대인들에게 필요한 것은 지금 절대적인 가치로 여기고 있는 것을 상대적인 가치로 인식할 수 있는 '초월적인 의식', 삶의 욕망적 의지를 제어할 수 있는 근원적인 감정, 즉 진실한 '애덕'(사랑)이라고 생각합니다.

미래세대를 위한 환경목회:
애덕 영성교육과 자연을 '우리'의 '이웃'으로 인식함

현대 사회에 만연되어 있는 소모적 소비 혹은 중독성 소비를 생산적 소비로 바꾸기 위해서는 아우구스티누스의 사랑(초월적인 근원적 삶의 법칙)을 구체화시키고 형이상학적 삶의 태도로 전환해야 합니다. 앞서 언급했듯이 우리가 소비하고 있는 대부분의 것들은 자연으로부터 얻어지는 생명적인 것들의 소산입니다. 그러므로 엄밀한 의미에서 과잉소비가 아니라 기본적인 욕구를 채우기 위한 소비라도 이미 생명을 소비하고 있는 셈입니다. 자칫 지나치면 그것이 생명소비에서 생명낭비가 되는 게 지금을 사는 현대인들의 소비행태라고 볼 수 있습니다. 오늘날 근본적으로 왜곡된 소비행위를 극복하기 위해서는 인간이 삶의 초월성과 삶을 이끄는 초월적인 법칙에 대해서 관심을 기울일 필요가 있습니다. 삶을 초월적으로 바라보게 하며 삶을 진지하게 성찰하도록 하는 모든 형이상학적 의식을 거부하고 가볍게 여기는 태도가 현대인들의 습성이라면, 교회는 더더욱 아우구스티누스의 애덕 영성을 새롭게 해석해서 보편화시켜야 합니다.

또한 앞에서 토머스 머튼이 올바르게 지적한 것처럼 우리 어린이들이 보편적인 의미에서 미래 세대의 도덕적 존재로서, 종교적인 의미에서 영성적 존재로서 살아가게 하려면, 자본의 소비 지향적 구조-어린이는 하루 최소 55개, 한 해 최대 4만 개의 강요된 광고에 노출되어 있고, 2살이면 브랜드를 외우고, 7세에는 300개의 로고를 식별한다고 합니다-를 극복하도록 '애덕'이라는 형이상학적 의식, 초월적 감정을 길러 주어야 합니다. 그러한 느낌을 통해서 생명의 본질을 바라보도록 해야 합니다. 그러기 위해서 교회는 어린이들이 기성세대의 소비풍조로부터 자신을 지킬 수 있도록 반드시 애덕영성교육을 강화해야 할 책임이 있습니다.

더 나아가서 성 아우구스티누스는 신앙 안에서 하나인 '이웃'을 사랑할 것을 권고하고 있습니다. 왜냐하면 이웃으로서의 인간은 똑같이 하나님의 사랑을 받고 있는 공동존재이기 때문입니다. 이것을 필자는 '우리' 사랑이라고 말하고자 합니다. 우리 사랑은 자신의 배타적인 울-타리를 넘는 공동체적 사랑을 말합니다. 우리말에 '우리'라는 말의 사용법은 예사롭지 않습니다. '우리' 회사, '우리' 교회, '우리' 아내, '우리' 엄마, '우리' 딸(아들) 등등. 예로부터 우리나라 민족성은 타민족에게는 생소한 '우리'라는 공동체 의식을 강조해왔던 것 같습니다. 그러니 이웃은 그냥 이웃이 아니라 '우리' 이웃이 되는 셈입니다.

사랑은 하나님의 속성입니다(요한1서 4:8, 16). 그의 사랑하심은 하나님의 모상인 인간에게만 미치는 것이 아니라 모든 만물에게까지 미친다는 의미에서 그의 사랑은 보편성을 띱니다. '우리'라는 생태적 의식, 생태적 사랑은 자연을 어떤 수단, 예컨대 시장의 상품처럼 취급하는 것이 아니라 나와 마주하는 가까운 이웃으로서 자연을 대하도록 강제합니다. 그것은 이웃이라는 지평을 자연에게까지 확장시켜 우리의 몸처럼 사랑하는 대상으로 관계를 변화시키는 것입니다. 이러한 관계의 형성과 변화는 긍정적인 의미에서 사랑의 감정이 만들어 내는 것인데, 하나님이 우리를 사랑하시듯 우리도 그와 같이 우리의 이웃인 자연을 사랑해야만 합니다(요한1서 4:11). 이것은 궁극적으로 자연을 위해, 미래세대를 위해 '더 많이', '더 크게'에서 '더 적게', '더 작게'로 지향하는 삶의 태도이며, 자연과 인간이 함께 어우러져 '우리'라는 연대성과 형이상학적·도덕적 의식, 초월적 삶의 법칙을 실현하는 것을 의미합니다.

사랑은 행복과 연결되어 있습니다. 성 아우구스티누스는 이것을 꿰뚫어보았습니다. 그런데 그가 말하는 사랑은 우리가 행복해지기 위한 하나의 처세술에 불과한 것이 아닙니다. 그것은 생명의 울림이고, 우주의 본래적 생명의 소리를 듣는 감성입니다. 내 안에서 작용하고 있는 어떤 초월적인 이성, 혹은 영원한 삶의 법칙 같은 것입니다. 그러므로 '우리' 모두가 나의 사랑이 카리타스인지 아니면 쿠피디타스인지를 분별하면서 동시에 "사랑하면 행복할 수 있다"는 평범한 진리를 구현해야 합니다. "사랑하라. 하지만 당신이 하는 사랑을 주의하라." "사랑할 만한 것을 사랑하라." 성 아우구스티누스가 소비세계에 살고 있는 우리들을 향해 던져주고 있는 메시지입니다.

5
성 베네딕도의 '겸손의 영성'과 생태적 리더십

순수한 것과 저속한 것은 다같이 말로 나타난 것이다. 우리-인간-는 하나의 대화이다. 우리가 하나의 대화라고 하는 것은, 우리는 서로 서로 들을 수 있다는 것을 말하려는 것이다. 말할 수 있다는 것과
들을 수 있다는 것은 등근원적等根源的이다. 성스러운 것은 언어를 내보내고 그리하여 스스로 언어로 나타난다. 언어는 성스러운 것의 일어남[生起]이다.
-마르틴 하이데거M. Heidegger(1889-1976)

▎땅을 발로 차지 마십시오!

'유럽의 아버지', '유럽의 주보성인'이라 불리는 성 베네딕도sanctus Benedictus de Nursia(480-547)는 『규칙서Regula Benedicti』를 통하여 순명, 침묵, 겸손을 강조하고 있습니다. 이 세 가지의 영성적 지침은 '겸손'을 지향하고, 겸손 안에 녹아들어가 있다 해도 과언이 아닐 것입니다. 그만큼 성 베네딕도는 수도자의 겸손을 매우 강조하고 있습니다. 특히 성

베네딕도는 겸손의 12단계를 제시함으로써 궁극적으로 우리가 수도자와 같은 영적 여정을 어떻게 걸어가야 하며, 그리고 하나님 사랑과 그리스도의 닮음을 어떻게 구체화 시켜야 하는가를 말해줍니다.

성 베네딕도에 의하면, "겸손은 눈에 띄지 않게 서로를 연결시키는 가운데 다른 이에게 봉사하는 것입니다. 겸손은 사람들의 주의를 끌지 않은 채 그냥 거기 있는 것입니다." 여기에서 "눈에 띄지 않게"라든가 "주의를 끌지 않은 채"라는 말의 표현을 보면 그가 얼마나 겸손이라는 의미를 잘 풀이하려고 했는가를 엿볼 수 있습니다. 잘 아는 대로 우리 인간은 흙에서 나서 흙으로 돌아가는 하나님의 피조물입니다. 흙은 만물이 자라게 하는 생명자리이자, 인간이 발을 딛고 사는 삶의 터전입니다. 그러니 무심코 땅을 발로 차는 행동은 삼가주십시오. 왜냐하면 우리 자신이 '겸손'이기 때문입니다. 겸손을 뜻하는 '후밀리타스humilitas'가 흙, 땅을 의미하는 '후무스humus'에서 왔다는 것은, 우리가 피조된 존재라는 사실을 알게 해줍니다. 성 베네딕도가 적절하게 표현한 것처럼, 흙은 세심하게 눈여겨보지 않는 이상 '눈에 띄지도', '주의를 끌지도 못하는' 존재입니다. 그러나 우리는 그렇게 하찮게 생각하는 흙에서 하나님과의 만남을 이루어 갑니다. 따라서 겸손이란 곧 흙과의 만남이자 나와의 만남이요, 하나님과의 만남이라고 볼 때, 겸손과 만남은 서로 맞닿아 있다고도 볼 수 있습니다.

안셀름 그륀A. Grün 신부는 "오만은 우리로 하여금 무언가 배우려는 자세를 버리게 한다. 겸손한 사람은 자신을 높이는 대신 옥좌에서 내려와 흙에서 있음을 인정한다"고 말합니다. 그의 말을 주저 없이 받아들인다면 우리는 흙에서 겸손의 영성을 깨우쳐야 하며, 인간도 흙에서 왔다는 '공동 피조성'을 인정해야 할 것입니다. 또한 인간의 '공동 피조성', 즉 인간은 모두 흙에서 와서 다시 흙으로 돌아갈 것이라는 인간의 유한성에 대한 인식이 오늘날 현대 사회의 보편적 정신, 영성적 문법, 혹은 삶의 문법으로 작용함으로서 무절제한 욕망을 통제하도록 해야 합니다(겸손의 길: 여섯째, 언제나 그리고 어디서나 만족하십시오).

▌침묵의 해석학, 말을 줄이고 마음으로 들으십시오!

헨리 나우웬H. Nouwen(1932-1996) 신부는 현대는 우리로 하여금 너무 많은 소리[필자주: 소음]를 듣도록 강요하고 있다고 말합니다. 우리는 "나를 사용해보시오", "나를 사시오", "나를 마시오" 등 자신이 원하지 않는 외부적 소리에 압도되어 내면의 사람이 되지 못하고 있습니다. 다시 말하면 너무 많은 소리들이 우리로 하여금 하나님의 생각을 지키지 못하게 하고 있다는 것입니다. 어쩌면 우리는 '말하는 법을 상실한 세계'에 살면서 정작 말을 해야 할 때와 하지 말아야 할 때를 분별하지 못한 시대에 살고 있는지 모릅니다. 그저 말을 해야 한다는 강박관념에 사로 잡혀서 내면에서 익지도 않은 말을 내뱉기가 일쑤입니다. 나우웬 신부가 말한 것처럼, "침묵은 말의 고향"입니다. 그러므로 말 자체의 생명을 지키기 위해서 뿐만 아니라 이웃의 생명을 지킬 수 있기 위해서는 '침묵의 영성'을 수련해야만 합니다. 말에 생명이 있는 것이 아니라 침묵 안에 생명과 풍요가 있다는 것을 세상이 알도록 해주어야만 합니다. 성 베네딕도의 말에 대한 겸손도 곧 침묵에 대한 수도규칙과 밀접한 상관관계가 있음을 알 수가 있습니다. 이것은 겸손에 이르기 위한 아홉째 단계와 열한째 단계에서 수도자들의 삶을 다음과 같이 방향지어주고 있는 것을 보아도 알 수 있습니다. "심사숙고하여 말하십시오", "온화하고 진지하며, 간결하고도 이치에 맞는 말을 하십시오."

현대문명에서 침묵을 체득한다는 것은 참으로 어려운 일입니다. 이미 오래 전에도 로마의 황제 율리우스는 교통의 혼잡을 피하기 위해서 밤 시간에 수레나 마차를 운행하도록 지시했습니다만, 급기야 소음 때문에 고요한 밤의 침묵을 지키지 못했다는 것입니다. 일상생활에서 발생하는 소음은 20-90데시벨dB까지가 일반적인 범위라고 합니다. 매우 조용한 방이 20데시벨인데 반해, 승용차가 달릴 때와 화물차가 달릴 때는 각각 80데시벨과 90데시벨이 됩니다. 그 소음을 반복해서 들을 때는 청각을 상실할 뿐만 아니라 증오와 복수심 심지어는 살인충동을 일으키는 심리적 변화까지 초래합니다. 이와 같이 우리는 불필요할 정도의 소음을 밤낮 없이 듣고 있는 것입니다. 핸드폰 소리, 오락 소리, 자동차 경적 소리, MP3에서 흘러나오는 소리(100데시벨), TV 소리(60데시벨) 등등.

말(소리, 일상적인 대화는 50데시벨)은 자연을 쉬지도 못하게 합니다(re-create). 뿐만 아니라 말은 우리 인간도 오염시킵니다. 사실 자연 환경에 대한 너무 많은 과학적 정보(언어)가 자연의 침묵, 생명의 침묵, 풍요를 앗아가고 있습니다. 말은 생명을 가진 모든 것들을 위한 신비한 매체라는 것을 잊은 채 살고 있는 것 같습니다. 그런 의미에서 말은 하나님과 사람, 사람과 사람, 자연과 사람의 신성한 교제의 수단임을 기억할 필요가 있습니다. 따라서 말을 하고, 소리를 내는 것만이 살아-있음을 나타내는 표시가 아닙니다. 침묵이 불안과 주저가 아니라 오히려 상호신뢰임을 알아야 합니다. 그래서 자연이나 인간과의 관계에서 침묵은 진정으로 그와 '함께-있음'과 그의 '곁에-있음'이라는 것을 깨달아야 할 것입니다.

▎성 베네딕도의 생태적 리더십과 환경목회적 의미

요즈음 우리 사회에서는 리더십에 대한 새로운 열풍이 불고 있습니다. 정치와 경제 그리고 기업에서 새로운 지도자상이 요구되고 있는 것입니다. 그러면서 일각에서는 여성적 리더십이 하나의 새로운 대안이 되어야 한다고 외치는 것을 볼 수 있습니다. 그간의 리더십은 권력형, 군림형, 지배형 중심의 남성적 리더십이었기 때문에 여성이 갖고 있는 독특한 모성적 배려 리더십이 필요하다는 것입니다. 역사적으로 볼 때 가부장적 사회를 통한 권력과 지배중심의 남성적 리더십이 존속해 왔다는 것에 대해서는 수긍할 수 있습니다. 하지만 그 대안으로서 또 다른 성性의 한 축인 여성적 리더십이 대안이 되어야 한다는 데에는 이견이 있습니다. 그것 또한 이분법적 발상에 다름이 아니기 때문입니다. 필자는 21세기에 걸맞은 리더십은 '생태적 리더십'이어야 한다고 생각합니다. 그것은 남성이니 여성이니 하는 성대결 구도처럼 보이는 리더십이 아니라 그것을 뛰어넘는 유기적, 생명적 리더십이 되어야 하기 때문입니다. 그러한 생태적 리더십은 남성에게나 여성에게나 똑같이 요구되는 숙제이자 훈련입니다. 사제에게나 (남/여)수도자 모두에게 필요한 리더십입니다. 그것을 성 베네딕도는 『규칙서』에서 일목요연하게 잘 일러 주고 있다고 생각합니다.

겸손이나 침묵(혹은 경청)의 영성(정신)은 환경문제에 직면하여 전체를 볼 수 있는 지혜임이 틀림없습니다. 인간은 흙에서 왔으니 흙을 모태로 하고 있는 모든 자연의 소리와 벗하라는 겸손은 온갖 부자연스러운 소리를 떠나기 위한 경청으로 인도합니다. 수도자가 서로의 마음을 헤아리고 이해하기 위해서는 먼저 진심으로 마음 깊이 듣는 자세가 필요합니다. 어떤 의미에서 자연세계와 인간은 서로-들음이 있어야 하고, 또 전체로서의 세계는 하나님의 소리를 들어야 하는(=순종해야 하는) '수도자적 피조물'이 아닐까요?

마찬가지로 성 베네딕도가 현대인들에게 요구하는 생태적 리더십은 먼저 '들어라Obsculta'입니다. 이제 신음하고 고통스러워하는 자연의 소리를 들으십시오. 하나님께서 자연을 통해서 말씀하시는 소리를 들으십시오. 미사를 드릴 때는 핸드폰을 끄고 하나님의 소리를 들으십시오. 자동차를 운전하다가 앞차가 조금 늦게 간다고 경적을 울리지 말고 먼저 그 사람의 난처한 마음의 소리를 들으십시오. 가족, 친구, 지인과 대화를 나눌 때는 수시로 핸드폰을 확인하느라 그들의 눈빛도 깨닫지 못하는 우를 범하지 말고 그들의 소리에 귀를 기울이십시오. 세상의 온갖 소음들을 멀리하고 때에 따라 하나님께서 자연을 통해 베풀어주시는 바람 소리, 물소리, 풀벌레 소리, 우주의 소리를 들으십시오. 이 모든 것들이 "조용한 부름에 마음으로부터 귀 기울여라. 그분이 너를 향해 계시다"라고 말한 성 베네딕도의 겸손의 영성을 실천하며 하나님의 현존 속에서 사는 생태적 삶입니다. 아울러 이를 통해 전체로서의 세계와 생명, 그리고 미래 세대의 생존에 초점을 맞추는 그리스도인이 생태적 리더십을 갖춘 사람일 것입니다.

6
빙엔의 힐데가르트의 '바라봄'의 영성과 생태미학

우리가 이 세계의 모든 아름다움들을 생각할 때,
그 아름다운 질서 자체가 마치 한 목소리처럼 이렇게 말하지 않는가?:
'내 자신이 만든 것이 아니라, 하나님이 만드셨다.'
-성 아우구스티누스Aurelius Augustinus(354-430)

빙엔의 힐데가르트의 '바라봄'의 영성

화성에서 생명체가 발견됐다고 가정해봅시다. 작은 벌레들, 다리 하나 달린 개미든 말입니다. 전 세계가 열광할 것입니다. 신문 일면에는 다음과 같은 제목으로 대서특필될 것입니다. "그곳에 생명체가 있다!" 과학자들은 무아지경에 빠질 것입니다. "또 다른 곳이 나타났다!" 이 대목에서 뭔가 이상한 생각이 듭니다. 이미 7,000여 종에 달하는 지구의 새와 곤충과 동식물이 멸종되었습니다. 그러나 그런 이야기는 한 번도 대서특필된 적이 없습니다. 지구상의 호랑이와 판다와 개구리도 멸종 위기에 처해 있습니다. 그러는 동안 우리는 지구 밖으로 나가 생명체의 흔적을 찾아다니고 있습니다. 우리는 자주 지금 가지고 있는 대단한 것을 간과하고 새로운 것만 찾아다닙니다(앤드류 매튜스, 『지금 행복하라』 중에서).

우리는 '지금 여기'에서의 삶, 관계, 그리고 이어짐의 모든 세계에 대해서 새롭게 바라봐야 하는 시점에 서 있습니다. 인간은 자신이 좋아하며 보고 싶은 것만을 보려고 하는 속성을 지녔습니다. 그래서 당장의 이익이 되는 것만 혹은 이성과 지각을 통해서 총체적으로 사고하기보다는 자기 본위적인 사유와 행동을 하는 경향이 있습니다. 이른바 포스트모던시대에 접어들면서 이러한 사유와 행동에 대한 반성이 일기 시작했습니다만, 그럼에도 근대의 도구적 이성이 남겨 놓은 결과들은 끔찍하기 이를 데 없다는 것을 느끼게 됩니다. 그 중에서도 자연환경에 대한 파괴와 착취는 극에 달했습니다. 이것은 앞서 말씀드린 대로 인간의 '바라봄'에 대한 왜곡된 현상으로 나타난 결과들입니다.

인간의 '바라봄'은 대상에 대한 소유와 사물에 대한 완전한 인식을 추구하는 과학적 시각을 대변하는 행위이기도 합니다(임철규는 '나는 안다'라는 뜻을 가진 그리스어 'oida'라는 동사에 주목한다. 그에 의하면, '오이다'는 원래 'eidon'의 과거형이다. 그런데 '나는 보았다'는 의미의 과거형은 '나는 안다'는 의미의 현재형의 의미로도 쓰인다. '본다'와 '안다'를 같은 맥락에서 이해할 수 있다). 마치 최근에 회자되고 있는 "시선은 권력이다"라는 말처럼 말입니다. 그럼으로써 인간의 바라봄이 자연에 대해 권력과 폭력을 행사하는 수단이 되어 버렸습니다. 따라서 이에 대한 반성과 전회가 이루어져야 할 필요성을 절감하게 됩니다.

12세기를 살았던 성녀 빙엔의 힐데가르트Hildegard von Bingen (1098-1179)는 바로 이러한 인간적 사유와 행위를 교정하고 자연에 대한 일정한 거리를 두며 그 대상을 있는 그대로 관조하도록 인도합니다. 그녀에 따르면, '바라봄Schau'은 은총입니다. 하나님으로부터 바라보는 은총을 받았다는 것은 하나님과 세상을 회화적으로 바라볼 수 있다는 것을 의미합니다. 다시 말해서 바라봄은 미적 인식 혹은 예술적 감각을 통한 바라봄이라고도 말할 수 있습니다. 그러므로 모든 것을 바라본다는 것은 창조주의 하나님의 빛으로, 그분의 시선으로 바라본다는 것을 말합니다. 이와 같은 미에 대한 인식은 성서적 사고와도 밀접한 관계가 있습니다. 로마서 1:19-20절은 피조물을 통해 하나님이 알려지고 있음을 말하고 있고, 솔로몬의 지혜서 13:3-5절은 하나님의 지식과 피조물의 아름다움을 노래하고 있습니다. 그러므로 자연을 하나님의 빛으로 바라보는 인간의 바라봄은 자연을 통하여 인간과 우주를 사랑하시는 하나님의 마음을 읽을 수 있습니다. "하나님은 직접 뵈올 수 있는 분이 아니라 창조물을 통해 인식될 수 있는 분이다." 힐데가르트의 고백적 표현에 따른다면, 자연은 하나님의 마음을 담고 있는 텍스트요, 우주 만물은 하나님을 표현하는 거대한 예술작품 그 자체라고 말해도 과언은 아닐 것입니다.

▎바라봄의 새로움, 생태적 미학(生態的 美學, Ecological Aesthetics)

철학에서 미학美學, Aesthetics이라는 학문적 분과는 그 독특한 성격에 비해 짧은 역사를 가지고 있습니다. 그럼에도 불구하고 미美 자체에 대한 추구는 인간의 원시사회부터 있어왔던 행위입니다. 다만 미에 대한 학문적 연구는 비교적 최근의 일이라는 말입니다. 특히 미 자체를 신의 속성으로 본 것은 중세신학에서 두드러진 진보 중에 하나였습니다.

중세신학에서 미美라는 것은 물리적 세계의 아름다움으로부터 시작해서 마음의 하나님에게로의 올라감(ascent)으로 보는 시각이 지배적이었습니다. 위-디오니시우스pseudo-Dionysius(5-6세기)는 '우주를 하나님의 아름다움의 발광發光'으로 보았습니다. 보나벤투라Bonaventura(1221?-1274)도 하나님과 미의 관계를 이렇게 기술합니다.

"이 감각적 세계 내의 모든 피조물들은 지혜와 성찰의 인간 영혼을 영원한 하나님에게로 나아가게 만든다. 왜냐하면 그들은 가장 전능하고, 가장 지혜롭고, 최초의 원칙이고, 영원한 기원이고, 빛이고, 충만함이고, 창조적이고, 모범적이며 질서를 부여하는 예술이 가시적으로 이 세계에서 드러나는 그림자, 메아리, 그림, 흔적, 이미지이기 때문이다."

이렇게 하나님의 미메시스mimesis이자 미적 대상으로서의 자연(혹은 우주 만물)은 우리의 '눈앞에 있음Vorhandensein'입니다. 우리의 눈앞에 있는 존재로서의 자연은 인간의 소유 대상으로서 있는 것이 아니라 그 자체의 목적으로서 있습니다. 자연은 생생하게 살아-있음이면서 하나님의 아름다움을 드러내는 "그림"입니다. 자연은 인간의 세계이자, 인간의 전체로서 어떠한 '정신'을 품고 있는 우주의 유일한 생명체입니다. 그래서 예술철학자 콜링우드R. G. Collingwood(1889-1943)는 이렇게 말합니다. "자연에는 추한 것이 없다. 자연물이 아름답다는 사실을 부정하는 것은, 우리가 생각하는 것이 자연이 아니라 우리 자신임을 말하는 것이다. 모든 자연물은 본시 다같이 아름답다. …… (자연이) 신의 손으로 만들어졌다는 사실만으로도 그 완전성은 충분히 보증된다. 이 완전성이 보이지 않는 것은 우리의 허물이다." 콜링우드는 자연에서 아름다움을 보지 못한다는 것은 신을 보지 못하는 것일 뿐만 아니라 인간의 본래성이 상실된 것으로 보고 있음을 주장하고 있습니다. 계속해서 콜링우드는 "우리의 주변 도처에 미가 무한히 존재"하고 있다고 말함으로서 자연 자체를 미의 대상으로 볼 것을 요청하고 있습니다.

▎'계산 중지'의 신학적 미학과 칼로카가티아

피조물을 긍정한다는 것은 미적 인식에서 비롯됩니다. 성 아우구스티누스Aurelius Augustinus(354-430)가 말한 것처럼, 최고의 아름다움이 하나님이라면, 피조물은 그 최고의 아름다움인 신의 모습에 따라 창조되었다는 것을 알게 됩니다. 그러므로 피조물을 찬미한다는 것은 피조물을 통하여 아름다우신 하나님을 찬미하게 되는 것입니다. 우리가 하나님을 찬미할 때에 어떠한 이익과 사적 관심, 또는 계산에 따라 그에게 영광을 돌리는 것은 아닙니다. 마찬가지로 피조물에 대해서 아름다움을 인식한다는 것은 어떠한 계산적 사고를 접어두어야 한다는 것을 의미합니다. 그것을 직관적으로 바라보고 '아, 아름답다!', 혹은 '만물을 통하여 드러나는 하나님이시여!' 하는 탄성을 자아내는 감성은 셈을 헤아리는 숫자적 사유가 아닙니다. 그래서 철학자 하이데거M. Heidegger(1889-1976)는 "계산은 셀 수 있는 것 이외에는 아무것도 용인하지 않는다"고 말한 바 있습니다. 왜냐하면 계산적 사고는 전체를 사유(파악)하지 못하기 때문이라는 것입니다. 그는 휠덜린Johann C. F. Hölderlin(1770-1843)을 극찬하면서 이렇게 말합니다. "편재하는 자연은 매혹하고 또 황홀하게 한다. 매혹과 황홀의 동시성이 미의 본질이다." 매혹과 황홀의 심미성은 수학적 인식과는 별개로 자연이 품고 있는 '경이'의 씨앗입니다. 피조물을 바라보는 것은 대상 자체를 사심 없이 바라볼 때에 거기에서 '놀라움'을 발견할 수 있습니다. 그 놀라움이야말로 자연의 아름다움을 단적으로 느끼는 감성적 표현이자 신인식의 시작은 아닐까요?

그렇다면 자연을 하나님께서 창조하신 아름다운 존재로 인식하고 자연을 미적 대상으로 대하기 위해서는 어떻게 해야 할까요? 인간 자체를 느껴야 합니다. 달리 말하면 자기를 잊어야 합니다[忘我/坐忘]. 인간 자신의 본래성은 자연 안에 있을 때 자연과도 같은 존재임을 알게 됩니다. 더 나아가서 자연은 인간의 본성을 알게 해줍니다. 즉, 인간은 자연이라는 사실입니다. 그 본성physis: nature은 자연을 닮아야 하는 것입니다.

이제 휴가철이 다가옵니다. 사람들은 회색 도시를 떠나 녹색 자연을 찾아 떠날 것입니다. 전원의 미, 자연의 미를 즐기러 산과 바다, 계곡을 만나려고 말입니다. 그 때 사람들은 아름다움, 즉 미를 취하려 할 것입니다. 그러나 미를 경험한다는 것은 미적 대상인 자연을 한갓 오락의 대상으로 삼는 것이 아니라 그 자체로 하나님의 아름다움에 대한 기쁨fruitio Dei이기 때문에 즐거워야 할 하나님의 선물입니다. 우리는 그 자연과 함께 한 폭의 아름다운 그림이 됩니다. 바로 미의 속성으로 조화, 질서, 절제, 균형, 통일성으로 완전한 자연을 꾀하게 될 것입니다. 진정한 만남은 나와 그것이라는 대상적 관계가 아니라, 사물성이라 할지라도 정신성으로 대할 수 있어야 가능합니다. 자연을 정신성으로 대할 때 쓰레기, 자동차의 매연 등으로 찌들어버리고 마는 자연에 대한 도덕적 실천이 가능해질 것입니다. 그것은 "사물을 위해 사물과 함께"를 주창한 레오나르도 보프L. Boff의 생각과 일맥상통하는 태도라고 봅니다. 또한 자연이 나에게 말-걸어옴, 즉 미적 경험에 대한 감성적 반응일 것입니다.

고대 철학과 중세철학에서 미와 선(미美와 선善을 합쳐서 '칼로카가티아kalokagathia'라고 하였음)은 미분화되어 있는 것으로 보았습니다. 심지어 근대철학자인 칸트I. Kant(1724-1804)도 '미는 도덕의 상징'이라고 주장했습니다. 미적 인식은 인간의 도덕적 행위나 인간성의 어떤 부분과 밀접한 연관이 있다는 것입니다. 신은 최고의 아름다움이자 최고선입니다. 그러므로 인간이 자연에 대해 미적 태도를 갖고 또 그렇게 바라본다는 것은 선을 추구하는 존재, 즉 자연을 위한 선을 인식하는 존재가 될 수 있다는 것은 아닐까요? 그런 의미에서 앞으로 목회와 수도생활은 진리[眞]와 도덕[善]을 몸소 실천해야 할 뿐만 아니라 예술적 감각과 미적 감수성[美]까지도 갖추어야 되는 건 아닌지 모르겠습니다.

7
생태인류학의 선구자 마이스터 에크하르트, 우주적 지성(직관)으로 땅과 하늘을 잇다!

생명은 느낌이요, 경험이며 고통이다. 모든 것들 속에 여러분들 자신을 보게 된다.
길가에 죽어있는 작은 딱정벌레-그것은 하나의 생물로서 당신처럼 살기 위해 애썼으며, 당신처럼 태양빛을 즐기고, 당신처럼 두려움과 고통을 알고 있었다. ……
생명의 경외만이 지극히 깊고도 높은 사랑의 윤리를 포괄한다.
-알버트 슈바이쩌A. Schweitzer(1875-1965)

마이스터 에크하르트의 영성과 인류생태학

환경론자들은 인류의 환경 재앙이 인간 자신의 문제에서 비롯되었다고 봅니다. 인간을 인식하는 태도가 곧 자연환경에 대한 문제를 야기했다는 것입니다. 인간과 자연의 관계가 미분화되었던 때가 있었습니다. 그러나 그 관계가 지배와 종속 관계로 발전하면서 가깝게 느껴졌던 땅과 하늘이 인간의 곁에서 멀리 달아나버렸습니다. 그 이면에는 인간중심주의적인 사고방식과 그에 따른 행위가 있었음을 부인하기 어려울 것입니다. 그래서 그에 대한 반성으로 탈중심주의적 환경론이 대두되었음은 주지의 사실입니다. 그 중에서도 현대 인류학은 생태적인 관점에서 인간의 노동, 식량, 인구, 자원, 전쟁 등을 꾸준히 연구하면서 자연과 인간, 문화와 환경을 유기적인 관계로 보려는 생태인류학 혹은 인류생태학이라는 학문 분과가 있습니다. 이 생태인류학에 대해 인류학자 전경수 교수는 이렇게 말합니다. "사람이라는 유기체와 그 유기체를 둘러싸고 있는 환경의 관계에 대해서 관심을 갖고 있는 분야가 인류생태학이고 생태인류학이다." 이러한 중심의 유연성에 입각한 관계중심적인 자연관 혹은 생태철학을 중세시대에 일찌감치 설파했던 인물이 있었으니 그가 바로 마이스터 에크하르트Meister Eckhart(1260?-1327?)입니다.

▌어디 우주 안에 인간만 있더이까!

마이스터 에크하르트는 자신의 강론에서 이렇게 말한 적이 있습니다. "하나님은 만물 안에 계십니다." 하나님이 만물 안에 머무심은 인간을 포함한 여타의 존재들 전체에게도 해당한다고 봅니다. 하나님의 머물러 있음은 우주 안에서 어느 한쪽으로 치우쳐 있지 않습니다. 누구라도, 어느 존재와도 하나님은 동일하게 관계를 맺고 계십니다. 다시 말하면 그의 머무심의 사랑은 모든 피조물에게 편만해 있다는 말입니다. 그러므로 우리도 그와 함께 있기 위해서는 우리 자신을 넘어서 있어야 합니다. 인간이 '만물 안에서 하나님을 붙잡기' 위해서는 인간 자신도 만물에게 열려진 존재여야 합니다. 인간을 비롯한 만물은 공동 피조성을 통해서 하나님께 나아갑니다. 이 공동 피조성은 인간의 한계가 아니라 만물과 공유된 하나님의 머무심의 중요한 징표입니다.

하나님의 머무심에는 어느 피조물도 예외가 없다 했습니다. 하나님의 머무심을 감지하는 존재가 인간만이라는 시각을 버려야 합니다. 하나님의 머무심은 하나님께서 인간과 함께 그리고 만물과 '동시에' 관계를 맺기를 원하시는 하나님의 의지입니다. 여기에서 '동시에' 라는 말은 인간을 만나기 위해서 위로부터 오시는 하나님이 여타의 피조물들을 통하여, 피조물 안에서, 피조물과 함께 드러난다는 의미에서 그렇습니다. 따라서 "하나님은 만물 안에 계십니다"라는 말은 우리가 하나님을 알현하는 곳이 마음에만 있지 않고, 마음 밖에도 있을 수 있다는 마이스터 에크하르트의 놀라운 통찰력이요, 그래서 그는 만물을 통해서 초월자를 인식한 탁월한 영성가라는 점을 알게 해줍니다.

▎우리 앞에 내던져진 것(문제, problem)은 환경이 아니라 인간입니다!

"모든 피조물로부터 벗어난 자리, 곧 쓸쓸한 광야에서만 안식처를 찾을 수 있습니다. 하나님을 찾지 않고, 모든 것 속에서 하나님을 보지 못한다면, 여러분은 이 탄생을 놓치고 말 것입니다." 우리가 만물을 있는 그대로 느끼고 소통하기 위해서는 아마도 피조물을 벗어나야 진정한 만남이 이루어질 것입니다. 피조물은 너무 멀리 그렇다고 너무 가까이 대하기에는 민감하기 그지없는 소중한 생명이기 때문입니다. 그것은 에크하르트가 역설적으로 말하고 있는 것처럼, "만물을 곁에 있게 하기" 위해서입니다. 왜냐하면 자연은 나를 비추는 거울이기 때문입니다. 또한 자연을 통해서 나를 인식하기 위해서입니다. 이것은 곧 마이스터 에크하르트의 논조대로라면, 자연 속에 계시는 하나님을 통해 나를 인식하는 것입니다. 그래서 인류학자 전경수 교수는 "인간이 스스로를 알기 위해서는 무엇인가 스스로를 비추어볼 수 있는 대상이 있어야 하는데, 그 대상이 풀, 동물, 곤충, 바람 등의 자연생태계이다. 그래서 옛 사람들이나 원시인들이 곤충을 귀히 여기고, 바람을 섬기고, 풀을 존경했던 것"이라고 말할 수 있었는지 모릅니다.

자연환경의 황폐화는 인간 자신의 문제입니다. 자신의 존재를 잘 모르기 때문입니다. 마이스터 에크하르트는 인간의 존재 인식의 시작이 단지 하나님이 아니라 자연이라고 꼬집고 있습니다. 자연이 안식처이며 그곳에서 하나님을 인식하지 못한다면 하나님 아들로서의 탄생을 놓칠 수 있다는 것입니다. 그러므로 신인식론은 자연에서 비롯합니다. 신인식이 자연에서부터 시작된다는 것은 사람의 '있음'이 자연의 '있음'을 통해 가능하다는 것을 말해줍니다. 사람이 어떠한 존재이며, 사람이 하나님의 자녀라는 것을 인식하기 위해서는 만물을 곁에 있게 해야 합니다. 만물을 떠나게 한다는 것은 '나'라는 존재 인식을 망각하게 만드는 위험한 결과를 초래할 수 있습니다. '나'를 알기 위해서는 '자연'을 읽을 수 있어야 하며, '자연'을 읽을 수 있다면 그제야 하나님을 인식할 수 있다는 논리는 초월적 실재인 하나님을 여기서도 맛볼 수 있다는 긍정의 다름이 아니라고 봅니다.

▍환경목회, 하나님의 정원을 돌보는 일입니다!

"존재는 하나님의 활동 무대입니다. …… 가장 하찮은 미물도 하나님 안에 있고, 한 송이의 꽃도 하나님 안에서 존재를 얻습니다. 이것을 얻기만 한다면, 우리는 이 하찮은 미물이 온 세계보다 고귀하다는 것을 깨닫게 될 것입니다. 하찮은 미물이 하나님 안에 있음을 아는 것이야말로 천사를 아는 것보다 더 나은 일입니다." 에크하르트의 영성적 깊이는 이 강론에서도 두드러지게 잘 나타나고 있습니다. 하찮은 미물 속에서 우주를 보고 하나님을 인식하라는 것은 인간의 시각이 부분과 조각에 매달려서 전체를 보지 못하는 우를 범하지 말라는 일침입니다. 생태학이 지구가 유기적이며, 관계적이고, 전체적 생명이라는 것을 알게 하듯이, 인간이 생태학적으로 산다는 것(인류생태학)은 모든 피조물이 하나님의 품 안에 있음을 깨닫는 것입니다. 하나님의 일하심이 미물 안에도 있음을 인정하는 것입니다. 하나님 안에서 존재를 얻는다는 것은 하나님 안에 있는 모든 것들은 나름대로 그 고유의 의미-있음을 내포한다고 생각합니다. 우주 안에 있는 모든 것들은 하나님의 시선에서 아름답지 않은 것이 없으며, 무의미한 존재가 아무것도 없습니다. 생태인류학이 인간의 삶과 생명, 그리고 자연이 하나의 관계적 의미, 생명적 의미를 가지고 있다고 여기듯이, 생명적인 것이 우주 안에 편만해 있음을 아는 것은 매우 중요하다고 봅니다. 그 생명적인 것을 가볍게 여길 때 인간의 생사가 불투명해진다는 것은 인류의 문명사만 보아도 잘 알 수가 있습니다. 로마나 마야의 역사는 급속한 인구 팽창, 성장일변도의 경제·산업의 발달, 끊임없는 전쟁 등으로 인한 생태계의 붕괴 때문에 그 찬란했던 문명이 붕괴되었다고 볼 수 있습니다.

 인류학적으로 보면 이미 지구가 감당할 수 있는 인구는 포화상태입니다. 게다가 최근 들어 문제가 불거지기 시작하는 식량의 문제는 지구촌 전체가 간과하지 말아야 할 심각한 재난의 실상입니다. 뿐만 아니라 지구 곳곳에서 물부족으로 힘겹게 살아가고 있는 나라들 간의 크고 작은 전쟁 역시 기이한 생태학적 고통의 현상입니다. 생태인류학은 이 모든 것들을 전체적인 시각에서 바라보도록 요청합니다. 앞서 말씀드린 바와 같이 중세를 살았던 마이스터 에크하르트는 땅에서 하늘을 보았던 위대한 영성가였습니다. 그는 하나님과 만물의 관계를 통합적이면서 매우 치밀한 신앙적 사유(논리)와 우주적·감성적 직관을 통해 바라보았던 전체론자요, 중세의 인류생태학자라고 볼 수 있습니다.

그렇다면 오늘을 살아가는 교회도 어떻게 해야 생태인류학적 삶을 이어갈 수 있을까요? 우선 깨끗함과 더러움이라는 정결에 대한 강박적 삶이 문제입니다. 인류학적으로 보면 인간의 깨끗함은 원래 하나의 '의례ritual'였다고 합니다. 우리의 선조들은 목욕재계를 통해 자연을 만나고 소통하기도 했습니다. 그런데 우리는 행여 흙이라도 묻을세라 날마다 물로 씻어 내기가 바쁩니다. 프랑스 역사학자 조르주 비가렐로Georges Vigarello의 주장에 의하면, 유럽에서는 17세기까지만 해도 물로 목욕을 하는 경우는 거의 드물었으며, 게다가 물은 감염을 상징하는 공포라고 했습니다. 그래서 목욕에 해당하는 위생은 내의內衣가 담당했다는 것입니다. 우리가 잘 아는 대로 화장품과 향수는 그 연유에서 만들어진 상품이기도 합니다. 그에 의하면, "목욕은 광고의 대상이자 광고에 등장하는 유행과 이미지로부터 영향을 받는다"고 말합니다. 오늘날 화장실과 청결을 위한 상품이 자기 자신에 대한 사랑과 관심 때문에 필요이상으로 많이 소비되고 있는 것이 사실입니다. 우리는 청결한 화장실을 위해 하루에 13리터나 되는 물을 변기를 통해 흘려보냅니다. 지구는 우리가 불결하다고 여기는 배설물을 원하고 있는데도 말입니다. 깨끗함의 양식이 오히려 자연을 죽일 수도 있습니다. 그러니 이현주 목사처럼 화장지 두 칸에 일을 해결하고 손을 씻는다면 그 또한 자연을 위한 정결례淨潔禮로 적합하지 않을까요? 조금 더럽게 살아가는 것, 그것이 신의 정원에서 한 몸으로 살아가며 만물 안에 계시는 하나님을 조금 더 생생하게 느끼고 우주의 정원사인 그분을 맞이하는 몸짓은 아닐까요? 마치 교회의 관상가들과 수도자들이 공동의 땅과 공동의 하늘을 그들의 우주로 여기면서 아무런 사심 없이 예수의 정신에 맞갖게 생태영성적 삶을 구현했던 것처럼 말입니다.

8

성 프란치스코의 '가난'의 영성과 생태심리학

> 참된 포기는 어떤 물건을 포기하는 것이 아니라 그 물건에 대한 욕구를 버리는 것이고, 욕구에 절대적으로 굴복하지 않는 것이다.
> –폴 투르니에Paul Tournier(1899-1986)

▎마음마저도 포기하십시오!

현대는 물질을 기반으로 하는 '욕망사회'라고 해도 과언은 아닐 것입니다. 물질과 소유가 자신의 존재 가치를 나타내주는 '목적적 가치'로 전도된 기이한 현상입니다. 물질은 그저 삶을 살아가기 위한 방편에 지나지 않음에도 불구하고, 그 자체가 목적이 되어 버린 현실이 안타깝기 그지없습니다. 그런데 생태 성인으로 추앙받고 있는 성 프란치스코San Francesco d'Assisi(1182-1226)는 현대인들에게 물질뿐만 아니라 마음마저도 포기할 것을 명령합니다. "완전한 가난을 실천하고자 하는 사람은 누구나 모든 세속적인 지혜와 심지어 세상의 지식마저도 어느 정도까지는 포기해야 합니다. 이러한 소유물을 다 벗어버리면 비로소 그는 하나님께서 이루신 크신 일들을 이야기할 수 있게 되어 십자가에 못 박히신 이의 품속으로 자신을 완전히 발가벗은 채로 봉헌할 수 있게 되는 것입니다. 자신의 마음 깊숙이 있는 자신의 의견에 집착하는 사람은 누구나 세상을 완전히 포기하지 않은 것입니다." 이 명령의 근거는 "우리 주 예수 그리스도의 가난"에 있습니다. 예수께서 가난하셨던 것처럼, 우리도 가난해야 함은 물론이거니와 우리 안에 꿈틀거리는 욕망도 내려놓으라는 것입니다.

마음이 가벼워야 삶에 부담이 없습니다. 마음이 비워지면 타자가 들어 설 자리가 생깁니다. 더 나아가서 마음이 가난해지면 행복할 수 있습니다(마태 5:3 참조). 사람이 삶의 무게를 줄여야만 인생이 버겁지 않을 수 있고 더불어 이 땅의 신음 소리가 잦아들 수 있습니다. 그래서 성 프란치스코는 어울리지 않을 법한 '가난과 귀부인'이라는 두 단어를 나란히 놓았는지 모릅니다. 가난은 배척하고 거부하고 부정적으로 생각해야 할 삶의 태도가 아니라 청하고 환대해야 할 복음적 실천입니다. 다시 말해서 가난과 포기라는 말은 인간이 지향해야 할 가장 원초적인 태초의 소리, 가장 생생한 예수 어록이라는 말이 되겠습니다. 가난과 포기, 그것은 그리스도의 거룩한 삶의 노래로서 그리스도인은 거기에 장단을 맞추는 삶, 즉 나의 가난이 우주의 풍요를 가져오는 삶으로 승화되어야 합니다. 그렇게 될 때에 비로소 가난한 삶 안에 빛이 일어날 수 있습니다. 그 가난의 빛은 프란치스코가 강력하게 경고한 "나의 형제여, 하나님을 섬기는 자들에게는 돈이란 악마요, 독뱀입니다"라는 말을 과제로 삼아 어떻게 오늘의 실천적 능력으로 발휘하느냐에 달려 있다고 생각합니다.

가난은 '머물지 않음'입니다!

성 프란치스코는 수도자들이 한 곳에 너무 오래 머무를 경우에 발생할 수 있는 소유와 집착에 대해 몹시 우려했습니다. 그것은 인간의 심리를 잘 꿰뚫어 본 올바른 판단이었습니다. 인간이란 모름지기 안정, 나태, 소유, 무변화/무심, 방심 등과 같은 정주 습성들을 가지고 있습니다. 더군다나 공간적, 거주적 안정을 꾀하려는 인간의 욕망은 급기야 대죄를 낳기도 합니다. 그래서 성 프란치스코는 '머물지 않음'을 주창합니다. 머물지 않음은 마음 둘 곳도, 몸 둘 곳도 없는 인간의 실존적 처참함의 모습으로 보일 수 있습니다. 그러나 머물지 않음은 오히려 세계를 주의 현존과 주의 처소로 인식하는 대범함입니다. 그 의식으로 공간을 실재적 건물 속성인 몸 둘 곳을 일컫는 장소성보다는 '의미의 세계'로 전환해야 합니다. 더 나아가서 대형 주택과 대형 성당에 마음과 몸을 의탁하려는 욕망보다는 '머물지 않음'이라는 신앙인의 본래적인 존재 인식이 더 중요하다고 봅니다. 장소성과 공간성은 우리의 가난의 영성과 의미의 심리적 태도에 따라 하나님을 무한히 열려진 존재로, 반대로 닫힌 존재로 만들 수가 있습니다. 그러므로 머물지 않고 나의 발길이 닿는 곳마다 우주와 소통하며 자연과 대화하는 나그네적 소박함을 통해 온 우주 곳곳에 편만해 계신 그분을 바라보며 찬미할 수 있어야 합니다.

하이데거 M. Heidegger(1889-1976)의 표현을 빌린다면, '머무른다는 것'은 '내가 있다', '당신이 있다'라는 의미와 맥을 같이 합니다. '머물러 있음'은 '당신 있는 곳'에 '머묾이 있다'는 표현으로 바꿔 쓸 수가 있습니다. 그러니 그곳을 세계의 중심 혹은 우주의 심장으로 취하신 그분이

한 곳에 머묾이 없이 가난한 삶이 있는 곳이면 어디든지 '머묾이 없이 머물면서' 그들의 삶을 풍요롭게 하십니다. 우리가 머물지 말아야 할 명백한 이유가 거기에 있습니다. 우리는 가난한 이들을 편들고 그들과 연대하기 위해서 자발적 가난을 선택해야 합니다. 가난한 이들을 돌보고 나누기 위해서는 우리의 마음과 몸이 항상 그들을 향해 있어야 합니다. 그러기 위해서는 '머물지 않음'의 삶의 모습이 필연적일 수밖에 없습니다. 따라서 '머물지 않음'은 '공동체로 있음'입니다. 공동체적 삶을 실현시키기 위해서는 인간의 구원과 사랑을 위해서 예수가 가난과 케노시스라는 모험을 감행하신 것처럼 '당신 안에 영원한 장소가 있다'라는 고백 아래 우주가 하나의 공동체임을 깨달아야 합니다.

가난한 자연에 대한 노블레스 오블리주와 생태심리학

성 프란치스코의 영성에서 탁월한 점은 피조세계를 형제자매라는 가족의 구성원, 즉 인격적 실재로 대했다는 점입니다. 이러한 우주적 형제애를 품을 수 있었던 배경에는 마음 비움과 포기라는 절대적 가난을 통한 심리적·생태적 직관력이 있었기 때문이라 여겨집니다. 돈 보스코 Don Giovanni Bosco(1815-1888)가 적절하게 말한 것처럼, "가난을 실천하기 위해서는 마음속에 가난을 지니고 있어야 하며, 가난을 실천하기 위해서는 우리 눈으로 가난을 늘 지켜보아야 합니다." 그런데 성 프란치스코야 말로 절대적 가난을 통해 '자연의 가난함'을 읽는 심안心眼과 영안靈眼이 있었음에 틀림없습니다. 또한 그는 하나님, 자연, 그리고 인간을 조화로운 존재, 우주 공동체적 존재로 보면서 섬세한 마음으로 자연을 돌보는 목회적 배려가 있었습니다. 그렇게 볼 때 성 프란치스코는 현대 심리학의 흐름 가운데 하나로 볼 수 있는 이른바 '생태심리학 ecological psychology'적 인식을 오롯이 가지고 있었음에 틀림이 없습니다.

생태심리학은 지구의 건강과 개별적 인간의 건강이 불가분의 관계라고 주장합니다(Th. Roszak). 게다가 인간은 자연의 심리적 맥박에 반하였을 때에 사람들과 사회는 병들며, 자연은 착취를 당하고, 온생명체는 위협을 받게 됩니다. 따라서 우리 자신의 내면을 정화하고, 거룩한 삶을 살고자 한다면 먼저 세상의 신경증과 고통으로 신음하고 있는 생명체를 돌봐야 한다고 말합니다. 이것은 마이클 코헨Michael J. Cohen이 통찰했듯이, 심리학이 영(성)과 밀접한 관계의 고리가 있다는 것을 알면 보다 분명해집니다. "정신psyche이라는 단어는 바람, 영, 영혼 등을 의미합니다. 생태심리학은 인간의 영혼을 확장시켜 주위 환경과의 연결 끈을 포함합니다." 이러한 연결 끈은 항상 의식이 깨어 있을 때 가능한 일일 것입니다. 그러한 의식이 깨어 있는 삶에 대해 매우 적확한 시각을 제시해주고 있는 게슈탈트 심리학의 창설자 프리츠 펄스F. Perls (1893-1970)는 이렇게 보고 있습니다. "우리는 하나의 유기체로 존재하며, 다른 모든 자연의 유기체들과 같이 외부 세계에 연결되어 있습니다. 우리는 항상 세상의 한 조각임을 알아야 합니다."

프로이트 후기학파가 창시한 대상관계이론Object Relations Theory은 인간이 외부세계를 통하여 영향을 받는 긍정적/부정적인 내면세계를 연구합니다. 그들이 내세우는 생태심리학적 함의는 인간이 태어나서 자연과 건전한 관계를 맺게 될 때에 인간이 심리적 파편화를 피할 수 있다는 것입니다. 그보다 앞서 프로이트S. Freud(1856-1939)는 인간의 환경파괴가 인간 행동을 충동질하는 본능적 욕구에 의해서 발생한다는 심층적인 연구결과를 내놓았습니다. 프로이트에 의하면, 인간의 심리적 구조는 본능의 원리로서 성적충동과 파괴충동을 담고 있는 저장소인 id, 이드 위에 형성된 의식인 정신적 자아(나)의 ego, 금기 메시지의 발송자인 superego로 이루어져 있습니다. 이러한 프로이트의 인격구조를 가지고 식욕에 대해 생태심리학적으로 적용, 설명한다면, id는 단순한 식욕이며 쾌락 추구적입니다. ego는 지성과 합리성에 입각한 현실 지향적 메커니즘입니다. superego는 부모나 사회에 의해 내재화된 도덕 원리입니다. 만일 누군가가 패스트푸드점에서 햄버거를 사먹고 싶어 한다면 id는 배고픔만을, ego는 가격, 편의성, 영양분을 고려할 것이고, superego는 밀림지역의 파괴로 인한 원주민의 주거상실과 홍수 피해-종종 햄버거는 제3세계 국가의 밀림을 베어 낸 땅에서 방목한 소로부터 생산됩니다-를 걱정하기 때문에 갈등이 일어난다는 것입니다. 이러한 논리는 환경문제를 야기하는 자동차 이용에 대한 욕구에 대해서도 동일하게 적용할 수 있습니다. 인간의 생태적 행동은 자동차를 이용하면서 과시욕이나 속도만을 지향할 것이냐 혹은 연료의 가격 때문에 자동차 이용 횟수를 줄일 것이냐(본능적 욕망/현실적, 이성적 판단) 아니면 자동차 이용 횟수가 많아짐으로서 발생되는 지구 온난화와 공기 오염 때문에 자동차 이용을 자제할 것이냐(초자아적 사유에 의한 생태 양심적 결단) 하는 갈등의 기로에서 어떠한 인격적 에너지를 희생시킬 것인가에 의해 좌우됩니다.

프로이트에 따르면, 건전한 인격은 한정된 정신적 에너지가 어떻게 분배되느냐에 따라 결정됩니다. 그런 의미에서 성숙한 인간은 초자아적 에너지를 분출하여 가난한 우주와 자연을 치유하기 위한 노력뿐만 아니라 그 자연에 대해서는 '연민의 능력'(G. Allport, 1899-1976)을 갖추어야 할 것입니다. 그와 같은 인격은 성 프란치스코의 임종 시에 "맨 땅에 눕게 하옵소서"라고 했던 유언처럼, 절대적 가난의 영성이 내면화될 때 나올 수 있는 에너지이기도 합니다. 그러므로 성 프란치스코가 그랬듯이 생태심리학적 사유를 통해서 인간이 가난한 지구와 함께 호흡하고 협력하면서(conspire) 만물로 하여금 숨 쉬도록 생기를 불어 넣어 준다면(inspire), 우주는 외롭게 숨을 거두지 않을 것입니다(expire).

9
성 이냐시오 로욜라와 생태영성

인간은 어떤 한 분위기의 주위 환경 속에서 생활하고 있다. 또 항상 남과 관계를 맺고 있다. - 인간은 남과 연합하고, 남을 받아들이고, 남에게 의존하는 것이다. 지금까지 인간을 둘러싸고 있고, 또 감각할 수 있게 인간을 지원하고 있는 이러한 현실성을, "대자연"이라고 불러왔다. …… (그런데) 인간은 거의 자기가 자신의 창조자처럼 혹은 하나님과도 같이 되는 것이다.

-칼 라너K. Rahner(1904-84)

▎삶이 영성이 되게 하십시오!

가톨릭 예수회의 창설자 이냐시오 로욜라St. Ignatio de Loyola (1491-1556)는 여느 수도원의 방침처럼 회원들이 은수자나 독수도승이 되기를 원하지 않았습니다. 회원들로 하여금 세상을 떠나라고 가르친 것이 아니라 오히려 삶의 구체적인 현장 속에 녹아 있어야 한다고 생각했습니다. 그래서 교실, 병원, 고아원, 정부의 건물 안에 함께 하시는 하나님의 현존을 강조하였습니다. 다시 말해서 이는 인간을 통해서 당신을 드러내시는 그리스도를 적극적으로 알리고자 하였다는 것입니다. 이냐시오 성인은 하나님께서 인간들의 삶의 현실을 외면하지 않으신다는 것을 보여주고 싶어 했습니다. 본당 사제들과 똑같은 그들의 검은 수도복이 말해주듯, 이른바 '삶의 영성', '참여 영성'을 통해서 말입니다.

가다머Hans-Georg Gadamer(1900-2002)는 체험Erleben/Erlebnis을 어떤 현실적인 것이 포착되는 직접성, 자신의 직접적 체험, 아직 살아 있음으로 풀이합니다. 삶은 인간의 가장 원초적인 체험이자 살아 있음의 체험입니다. 사람의 체험이 삶인 것입니다. 사람의 줄임말이 삶이라면, 사람의 직접적인 체험에 살림과 생명, 즉 하나님의 살림, 하나님의 생명이 있다는 것을 알 수 있습니다. 교회의 영성은 생명 그 자체의 체험입니다. 우리는 세계 안에 살면서 세계를 체험하되 세계를 관여하시고 참여하시는 그분의 생명을 체험하기 때문입니다. 그러므로 몰트만J. Moltmann이 "참된 영성은 충만하고 나누어지지 않은 생명 사랑의 회복"이라고 말한 것은 우리에게 시사해주는 바가 있습니다.

삶은 인간이 먼 곳에다 두어 그것을 보존하려는 열망이 아닙니다 (desiderium). 삶은 손으로 만지고 눈으로 볼 수 있는 '가까이에 있음'입니다. 그것은 단순히 그리움 혹은 동경(desiderium)의 대상이 아니라 하나님에 의해 무한히 열려 있는 세계입니다. 그러므로 성 이냐시오의 삶의 영성은 하나님의 사랑을 머금고 있는 피조세계에 대한 무한한 긍정을 의미할 뿐만 아니라 그 피조세계가 인간의 생생한 삶의 체험임을 긍정하는 것을 의미합니다.

모든 것 안에서 하나님을 찾으십시오!(Finding God in all things!)

성 이냐시오의 피조세계에 대한 무한한 긍정은 모든 것 안에서 하나님을 찾으려는 깊은 신심에서 무르익습니다. 모든 것은 하나님 안에서 참다운 아름다움을 지니고 있습니다. 우리는 그 아름다운 것, 보이는 사물을 통해 보이지 않는 것을 인식합니다. 보이는 것을 통해 보이지 않는 신적인 것(누미노제numinous)을 발견한다는 말입니다. 그래서 떼이야르 드 샤르댕Pierre Teilhard de Chardin(1881-1955)이 "하나님은 물질로 육화하셨다" 혹은 "하나님이 이 세계에 육화하셨다"고 말하면서 모든 존재의 신성함을 뚱겨주었는지 모르겠습니다. 만물은 그분을 통해 흘러나옵니다. 그러므로 만물은 그분의 영역 안에 있으며 우리는 그 만물을 통해 보이지 않는 신적 존재와 대화를 합니다. 다시 말해서 '자연은 신과 교통하는 생태적 미디어입니다.' "이 지상의 모든 것들은 우리들을 위하여 창조된 하나님의 선물들인데 이것을 통하여 하나님을 보다 잘 알게 되고 보다 확실히 사랑하게 되고 보다 충실히 봉사하게 되는 수단들이다." 성 이냐시오의 이 말의 의미는, '만물은 하나님께서 빚어낸 언어'라는 것입니다. 하나님은 언어의 연금술사입니다. 그는 언어를 통해 피조세계를 아름답게 빚어내고 형상화합니다. 그렇게 함으로써 그는 온갖 피조세계를 시화詩化하고 신성화神聖化합니다. 그런 의미에서 하나님은 시인(poet)입니다. 왜냐하면 우리는 피조세계를 통해 시인이신 창조주 하나님의 마음을 읽을 수 있기 때문입니다(poesis). 이를 뒷받침해주고 있는 몰트만의 다음과 같은 지적은 시의적절하다 할 것입니다. "자연을 하나님의 기호 언어로 읽는 법을 배우는 새로운 신학적 자연 이해가 계발되어야 한다. 그래야만 우리가 만물 안에 있는 하나님과 하나님 안에 있는 만물을 듣고, 보고, 맛보고, 느끼는 법을 배울 수 있는 것이다."

모든 피조물은 하나님의 시선 안에 있습니다. 그의 눈은 시인의 눈으로서 섬세한 감정을 가지고 피조세계를 구상합니다. 신은 인간의 오감각적 필치로 이 세계를 아름답게 지어냅니다. 그의 가슴에서 뿜어져 나오는 시상詩想은 사랑입니다. 그래서 파울 틸리히P. Tillich(1886-1965)는 이렇게 말합니다. "하나님과 사랑은 서로 다른 두 실재들이 아닙니다. 하나님과 사랑은 하나입니다. 하나님의 존재는 사랑의 존재이고, 하나님이 가지신 무한한 존재의 힘은 사랑이 가진 무한한 힘입니다. …… 사랑은 하나님 자신의 현존입니다. 하나님은 사랑이시기 때문입니다. 참사랑의 순간마다 우리는 하나님 안에 있고, 하나님은 우리 안에 계십니다." 이렇듯 하나님의 사랑이 담긴 언어가 자연이 됩니다. 언어 하나하나에 사랑이 담깁니다. 피조세계 구석구석 신의 언어가 미치지 않은 곳이 없습니다.

성 이냐시오는 모든 것이 '하나님의 영역' 안에 있음을 알았습니다. 모든 것이 하나님의 사랑의 현현임을 간파했습니다. 그러므로 우리가 어느 곳에 시선을 두어도 그 안에는 하나님이 계십니다. 자연은 우리에게 폭력을 행사할 때도 있지만 그것은 자연이 우리에게 베풀어주는 사랑에 비하면 투정에 지나지 않습니다. 투정만 생각하면 그가 가진 사랑의 깊이를 헤아리지 못할 때도 있습니다. 그러니 하나님의 뜻을 알기 위해서는 먼저 피조세계의 소리를 진심으로 경청하고 감탄해 주어야 합니다. 이것이야 말로 심종혁 신부가 "죄란 모든 창조물을 당신의 품 안으로 이끄시는 사랑의 하나님을 거스르는 행위"라고 말한 생태학적 대죄를 피할 길이자, 피조세계를 당신의 품에 안으시는 하나님의 깊이를 헤아리는 지름길일 것입니다.

▎오관五官을 통해서 자연을 만나십시오!

예수회의 모토는 "하나님의 더 큰 영광을 위하여 Ad majorem Dei gloriam" 입니다. 성 이냐시오의 관상기도觀想祈禱도 이 모토에 부합하여 하나님을 섬기고 찬미하기 위한 것으로서 많은 사람들에게 참으로 깊이 있는 기도를 할 수 있도록 해줍니다. 무엇보다도 인간이 가진 오관(미각, 청각, 후각, 촉각, 시각)을 통해 하나님을 체험하도록 해준다는 것은, 칼 라너가 말한 것처럼 '하나님이라는 불가해한 신비가 우리 가까이, 우리의 기도가 미치는 거리에 있다는 것을 발견'하게 해준다는 것을 의미합니다. 그런데 이 신비한 기도는 자연의 오관을 사용한다는 것입니다. 오관은 자연입니다. 자연이 자연을 만나는 것입니다. 우리와 대화하시기를 원하시는 하나님께서는 자연 안에서, 자연을 통해 말씀하신다는 겁니다.

관상기도는 하나님과 인간의 의사소통매체이자 수단입니다. 우리의 내면성찰을 통해 하나님과 더 가까워지고 그분께 온전히 헌신·봉사하기 위한 섬김의 예禮입니다. 그런데 이 관상기도는 인간의 오관을 적극적으로 활용하는 기도 방법입니다. 오관은 인간의 감각기관이자 감성이 촉발되는 곳입니다. 감각과 감성이 직접적으로 체험하는 것은 자연 체험, 신의 체험, 세계 체험 일반의 영역입니다. 그러므로 우리가 오관을 통해 기도한다는 것은 자연과 신을 체험하고 만난다는 것입니다. "기도한다는 것은 침묵하는 현세계로부터 깨어난다는 것과 모든 피조물들의 우주적인 결속 안으로 되돌아간다는 것을 뜻한다." "기도한다는 것은 깨어 있다는 것을 뜻한다. 그래서 기도한다는 것은 감성을 깨운다는 것을 뜻하기도 한다." 기도가 감성을 깨운다고 본 몰트만의 견해처럼 기도가 오관을 통해 신과 대화할 뿐만 아니라 자연 그 자체와 만나는 것이라면 '관상기도'는 '생태영성의 깨움'입니다. 오관은 감성이고 자연이기 때문입니다. 오관을 깨운다는 것은 침묵하는 나의 본성(nature)과 고통스럽게 울부짖는 자연(nature)과 만나는 최초의 느낌일 것입니다. 이것은 공교롭게도 '자연(nature)이 내면에 있다'는 불란서 화가 세잔 Paul Cezanne(1839-1906)의 미적 시지각視知覺과도 맥을 같이 합니다.

기도는 깨어남을 통해 '우주와 함께 있음'입니다. 기도는 오관의 깨움을 통해 자연을 깨어나게 합니다. 관상기도는 보다 직관적으로 자연에게 새롭게 다가서고, 보다 새로운 의미로 태어나게 합니다. 인식되지 않았던 것들이 오관을 통한 기도로 자연을 품 안에, 자연과 함께, 자연으로 말미암아 있게 된다는 것을 깨닫게 됩니다. 그래서 관상기도를 통해 희미했던 자연이라는 실체가 빛 속에서 밝게 드러납니다. 마치 정오의 햇빛이 피조세계 위에 찬란하게 쏟아지며 비추듯이 말입니다. 따라서 필자는 관상기도의 영성을 '정오의 영성', '정오의 신학'이라 달리 말하고 싶습니다.

이렇게 한낮의 정오의 햇살 아래 피조세계가 하나님께 자신을 열어두고, 또 인간과 만나기 위해서는 어떻게 해야 할까요? 환경위기의 시대에 성당의 지붕을 태양광 발전 설비로 설치하고, 성당 둘레에 작은 숲을 조성해서 탄소흡수원 Carbon Sink으로 기능하도록 한다면 영성이 이제 삶이 되는 것이며, 동시에 하나님과 자연을 온몸으로 체험하는 관상기도의 입체적 행위라 보아도 좋을 듯합니다. 또한 그러한 즉각적인 위기 대응 행동들을 썰레놓아서 오늘 우리의 환경세계가 처한 위험과 불안으로부터 벗어나기 위한 '데시데라툼desideratum'(희망의 조건/절대적 필수조건)이 되어야 하며, 우리의 '삶-터' 속에서 인간의 오관이 느끼는 수용적·감성적 고통에 대한 긴박한 이성적 대답(반응)이 되도록 해야 할 것입니다.

10
에디트 슈타인의 영성과 현상학적 환경철학

"기술문명" 사회는 점점 더 한 번 사용하면 더 이상 사용할 수 없는 일회용 물품으로 넘쳐나는 사회가 되어 가고 있는 반면 농촌에서는 여러 문화적 욕구를 충족시키기 위해 거의 모든 산이 민둥산이 되며 물과 공기와 땅이 오염되어 동물의 모든 종이 멸종되는 상황이 벌어진다.
-움베르토 에코Uberto Eco

▎전세계(피조물)를 껴안으십시오!

에디트 슈타인E. Stein(1891-1942)의 이력은 지금까지의 가톨릭 영성가들의 삶과는 사뭇 다른 것 같습니다. 종교적으로 보면 태생이 유대인이다 보니 처음에는 유대교적 전통을 잘 지켰지만, 나중에는 가르멜 수도회의 수녀로서 살아가게 됩니다. 철학적인 배경도 훌륭합니다. 당시 독일철학계의 현상학자 에드문트 후설E. Husserl(1859-1938)의 제자로서 탁월한 철학적 소양들을 드러내면서 발전하지만, 결국 토미즘으로 전향을 하게 됩니다. 이렇게 다양한 종교적 경험과 철학적 식견을 가진 그녀가 만일 나치의 형장의 이슬로 사라지지만 않았다면 현상학뿐만 아니라 철학적 영성에도 매우 큰 기여를 했을 것이라는 것은 짐작하고도 남습니다.

여하튼 그녀가 현상학을 통해 "모든 것을 제거해 버리고도 의심할 수 없는 것을 탐구하고 있었다" 또는 "현상학적인 방법은 계시의 방법이다"라고 말한 것처럼, 그녀는 현상학이라는 학문을 통하여 인간의 경험을 통한 편견과 소박한 자연적 태도를 지양하고(排去, ausschalten), 오직 "사태 그 자체zu den Sachen selbst"만을 천착하려는 의식철학에 매달리고 있었습니다. 여기에서 우리는 현상학적 방법이 피조세계를 대하는 인간의 태도에 좋은 시각을 제시해주고 있다는 것을 알게 됩니다. 우리는 사물을 대할 때나 어떠한 경험을 할 때도 우리가 지금까지 알고 있었던 정보와 경험적 지식으로 그것을 판단합니다. 일종의 위험한 편견과 억견이 될 수 있는데도 말입니다. 피조세계에 대해서도 마찬가지입니다. 인간은 지금까지 자연에 대해서 인간만의 삶을 위한 수단이나 정복의 대상으로 여겨 왔습니다. 그러나 오늘날 현상학적 태도는 그것에 대해 '판단중지'(epoche, 에포케)하라고 합니다. 자연에 대한 소박한 태도나 의식을 괄호치고 순수하게 자연 그 자체를 편견 없이 바라보고 대하자는 것입니다. 그럴 때에 비로소 다음과 같은 에디트 슈타인의 철학적 영성이 나올 수 있습니다. "기도라는 것이 참된 사랑으로 일관되는 것이라면 그것은 바로 자기로부터 나와 하나님이 사랑하시는 세계로 뛰어들어 자기의 마음속에 전세계를 껴안는 것이 됩니다."

기실 피조세계는 하나님께서 창조하신 것입니다. 그 피조세계에는 하나님의 마음이 담겨 있습니다. 그러므로 우리가 진정으로 하나님의 마음을 읽으려면 피조세계의 마음과 편견 없이 맞닿아 있어야 합니다.

마음과 마음이 만나서 세계를 껴안을 수 있으려면 자연이 한갓 인간의 생존을 위한 도구라는 편견에서 공동의 생명을 부여 받은 하나님의 생명이라는 '태도변경'을 필요로 합니다. 그렇게 되면 에디트 슈타인이 말한 것처럼, "편견의 틀이 벗겨져서 신앙의 세계가 내 앞에 나타나"게 됩니다.

▍피조물 곁에-머무십시오!

에디트 슈타인에 의하면, "하나님은 인간만이 아니라 우리와 함께 머물고 싶어 하십니다." 이 말의 의미는 하나님께서는 홀로 머무시는 분이 아니라 우리를 포함하여 피조세계와 "함께 머무신다"는 것입니다. 그분께서는 피조세계와 함께 머물고 계시되 바로 '곁에-머물고-싶어'하신다는 것을 우리에게 깨우쳐 주고 있습니다. 그래서 그녀는 "인간 존재의 의미는 바로 이것입니다. 즉, 그분에게서 하늘과 땅이 하나님과 창조물이 결합해야 한다는 것입니다"라고 말합니다. 하나님 안에서 하늘과 땅의 모든 피조세계가 결합해야 한다는 것은 앞서 말한 것처럼, 하나님께서 인간과 피조세계 곁에 머무신다는 것과 일맥상통하는 이야기입니다.

마찬가지로 우리 자신도 하나님과 함께 그리고 자연세계 바로 곁에 머물러야 합니다. 현상학적 태도로서 편견을 배거하고 오직 하나님의 순수한 의식, 그분의 시선으로 자연을 바라본다면, 자연이 우리를 위해, 우리 곁에 머무는 것이 아니라, 하나님을 위해 하나님과 함께 자연세계 바로 곁에 머무를 수 있습니다. 이것은 에디트 슈타인의 영성적 무게를 따라 '하나님에 의해 창조된 모든 존재는 자기에게 각기 고유한 어떤 의미를 지니고 있다'고 할 때, 그 존재 의미는 바로 '곁에-머물러-있음'이라는 하나님과 자연, 그리고 인간의 독특한 관계 방식을 의미하는 것을 말하는 것입니다.

▎피조물도 하나님의 자녀입니다!

에디트 슈타인은 자신의 스승인 후설의 만류에도 불구하고 철학에서 신앙(토미즘)으로 전환합니다. 이것은 말년에 죽음 직전의 후설이 어떠한 고백을 했든 간에 "신앙의 귀의는 불행한 일입니다"라고 말한 것에서도 엿볼 수 있습니다. 그러나 그렇다고 해서 그녀가 완전히 철학을 벗어난 것은 아닙니다. 왜냐하면 언젠가 "무엇보다도 철학이란 우리에게 하나님을 부여해 주는 신앙의 길"이라고 말한 적이 있기 때문입니다. 다만 그녀가 현상학과 결별하고 토마스 아퀴나스Thomas Aquinas (1225-1274)의 철학으로 전향을 한 것은, "현상학은 자기중심적이고, 가톨릭 철학은 하나님 중심적"이라는 철학적 신앙의 귀결이 있었기 때문이라고 생각합니다.

그래서 그녀는 지성을 통해서 피조물들과 이 세계에 대한 깊은 인식을 통하여 창조주이신 하나님의 필요성에 이르게 된다는 토마스 아퀴나스의 주장에 따라 세계 존재의 배후에 또 하나의 무한한 지성을 발견하게 됩니다. 그녀는 이 무한한 지성이신 하나님 안에서 우리 자신을 발견하고 존재의 의미를 발견하게 된다고 생각했습니다. 그러한 토미즘의 철학에 힘입어 그녀는 우리에게 다음과 같은 환경철학적인 아름다운 시야를 열어 줍니다. "무엇이 동물의 영혼을 사람을 위해 열리게 할까요? 사람은 천성적으로 동물이며, 자연의 조화 속에서 모든 창조된 생명과 결합되어 있습니다. 사람은 동물의 영혼 안에 있는 살아 있는 것을 감지할 수 있고, 또 마찬가지 방식으로, 동물은 인간의 영혼 안에 존재하는 것을 느낍니다. 그러나 동물이 도움을 주는 것은 자연의 한 부분으로서가 아니라 **하나님의 자녀**입니다. … 인간은 자연 속에서 당연히 그래야 하지만 그렇지 못한 모든 것에 대한 책임이 있습니다. 창조의 차원과 거리가 멀어지는 것은 인간의 고통입니다". 이런 표현을 보면 에디트 슈트인은 피조세계를 이쪽저쪽 가까운 이웃을 뜻하는 인간의 '삼이웃'으로 인식한 것은 아닐까요?

이러한 에디트 슈타인의 철학적 고백과 같은 말은 후에 가르멜 수도회에 입회하여서도 더욱 깊은 영성적 가르침으로 이어집니다. "그리스도교 신자에게 있어서 **이방인은 존재하지 않습니다**. 누구든지 우리들 주위에 있고 우리를 필요로 하고 있는 사람들이라면 모두 '우리의 이웃'이 되어야 합니다. 다시 말해서 그러한 사람이 우리하고 관계가 있든지 없든지, 또는 우리가 그를 사랑하든 안 하든, 그밖에 그가 도덕적으로 우리의 도움을 받을 만한 자격이 있는지 없는지 하는 등의 사항은 전혀 문제가 되지 않는 것입니다. 그리스도의 사랑에는 끝이 없습니다". 하나님에게는 어느 누구도, 어느 피조물도 이방인이 아니라 그분의 자녀입니다. 그녀의 철학적 훈련과 그리고 가톨릭의 스콜라 철학이 빚어낸 놀라운 통찰력입니다. 인간뿐만 아니라 피조세계 전체는 하나님 안에서 어떤 존재도 소외되어서는 안 됩니다. 그분의 자비 안에 머무는 모든 존재는 인간의 순수 의식, 무한한 지성이신 하나님의 순수한 시선으로 보면 이방인이 아니라 사랑스런 자녀이기 때문입니다.

부모가 자신의 자녀에게 아낌없는 사랑을 부어 주듯 순수 존재이신 하나님은 모든 우주를 자녀로 여기십니다. 그래서 에디트 슈타인은 덧붙여서 "순수 존재는 삼라만상 안에 자신을 나누어 주신다"는 고백을 할 수 있었던 것입니다. 뿐만 아니라 "사랑의 가장 내적인 본질은 자기 자신을 준다는 그 속에 있습니다. **사랑이신 하나님께서는 사랑 때문에 창조된 피조물에게 자신을 나누어 주시는 것**"이라고 말하면서 세계의 소리에 우리 자신을 열어야 할 것을 강조했습니다.

지금까지 우리는 에디트 슈타인의 현상학적 철학, 스콜라 철학, 그리고 그 바탕 위에 깊이 있게 드러난 자유로운 영성적 사유들을 보았습니다. 이러한 학문적 여정을 뒷받침해주기라도 하듯 "철학은 하나님께로 열리고 신학에 의해서 완성되는 것"이라고 그녀는 말했습니다. 에디트 슈타인에게 있어서 진실로 산다는 것과 철학한다는 것은 하나였습니다. 그녀가 말한 것처럼 "사람은 살기 위해서 이 세상에 놓여 있는 것입니다. 그러기에 이 세상의 아름다운 것은 모두 기쁘게 받아들여야 합니다." 사람이 사는 거처는 다만 살기 위해 있는 것입니다. 산다는 것은 치열함보다도 약간의 철학적 사유 혹은 철학적 영성만 있어도 세상이 아름답다는 것을 알게 될 것입니다. 물론 환경문제에 대해서 그리 이상론만을 펼쳐서는 안 된다는 것은 당연합니다.

그럼에도 오늘날 인류의 환경문제를 극복하기 위해서는 인간이 좀 더 이성적 숙고 내지는 철학적 반성, 더 나아가서 에디트 슈타인과 같은 '영성적 철학'이 더욱 더 절실하게 요청된다고 생각합니다. 우리 모두는 이 시대적 상황에서 "진리를 탐구하고 있는 사람은 누구든지 의식하지 않고 있어도 하나님을 찾아 구하고 있는 것입니다"라는 에디트 슈타인의 말에 귀를 기울일 때가 되었습니다. 피조세계를 위한 철학적·영성적 진리를 추구하는 것이 곧 우리의 삶의 세계에 대한 현상학적 태도요, 관상적인 길로서 하나님의 세계를 위한 일이라고 여겨지기 때문입니다.

(굵은 글씨는 필자의 강조)

11
토마스 머튼의 하나님 맛봄의 영성과 범지구적 활동 관상

신에게 감사하라. 모든 피조물에게 동정심을 가져라. 신을 찬양하고 만물에게 연민을 지녀라. 피조물을 동정심 말고는 어떤 사랑의 대상이 될 수 없다. …… 우리에게 연민이 결여될 때 피조물과 신 사이의 극단적 분리가 일어난다. 연민을 통해 우리는 피조물을 신과 소통하는 하나의 피조물로 현세 안에 둘 수 있다. 연민은 창조의 경이로운 유사체다.
 -시몬느 베이유Simone Weil(1909-43)

▎세계를 생태적 은수처로 만드십시오!

금세기 토마스 머튼Thomas Merton(1915-1968, 트라피스트 수도회 수사 사제)만큼 침묵과 관상을 통한 포괄적 영성을 역동적인 행동으로 이끌어낸 인물도 드물 것입니다. 머튼은 모름지기 영성이란 추상적인 신앙의 표현과 행위가 아니라 지구와 사람 살림을 위한 인간과의 관계에 대한 적극적 태도임을 알고 몸소 실천했습니다. 그것은 영성 생활에서 개인의 홀로-있음이 공동체로-있음과 다르지 않다는 것임을 잘 알았기 때문입니다. 그래서 수도자는 "다른 사람들 속에 계시는 그리스도를 발견"하며, "다른 이들에게 사랑으로 살아가는 법을 가르치는 것"이라고 말한 적이 있습니다. 또한 "수도 생활은 인간 마음의 본성을 나타내고 하나님께서 인간에게 주신 사랑을 표현한다"고 했으니, 이 말 역시 수도 생활의 정신을 통해 오늘날 공동체로 살아간다는 것이 무엇인지를 잘 가르쳐주고 있습니다.

"내가 홀로 있는 것이 그들 덕분인 것은 바로 내가 그들과 하나이고, 내가 홀로 있을 때 그들은 "그들"이 아닌 바로 나 자신이기 때문입니다. 누구도 낯선 사람이 아닙니다." 이 말의 속뜻을 헤아려보면, 무엇보다도 현재의 환경문제를 해결해나가는 지름길 중에 하나는 '우리'가 '하나의 공동체', '지구 공동체', '우주 공동체'라는 자각을 하게 합니다. 우리는 개별적으로 홀로-있음의 존재로 각자 전 세계에 흩어져 살고 있지만 서로 예수를 품고, 서로-사랑으로 살아가야 할 사람들입니다. 그는 또한 관상 경험이 홀로 있기의 경험이지 숨음이 아니라고 말하면서 "가장 참된 홀로 있기는 당신 외부에 있는 것이 아닙니다. 당신 주변에 사람이나 소리가 부재한 상태가 아닙니다. 오히려 참된 홀로 있기는 당신의 영혼 한가운데 있는 열려진 심연"이라고 말합니다." 물론 수전 손택Susan Sontag(1933-2004)은 "당면의 문제가 타인의 고통에 눈을 돌리는 것이라면, 더 이상 '우리'라는 말을 당연시해서는 안 된다"고 비판한 적이 있습니다. 하지만 머튼의 말 속에는 이미 '우리'가 직면한 환경과 생명 문제 때문에 어느 존재도 예외 없이 고통을 받으면 안 되겠기에, 지금 여기에서 수도자적 공동체의 삶을 토대로 보편적인 새로운 생명 공동체, 서로 공동체, 공동체적 생태 가족을 꾸려 나가야 할 것을 드러내 준다고 봅니다. 그것이 '우리'가 홀로-있음이라는 수도자적 삶을 수도원 담장 너머-세계와 단절하지 않고 인종, 민족, 국가, 언어 등을 뛰어 넘은 범지구적 생태 공동체를 실현하는 길일 것입니다. 그러므로 '우리'는 모두 이 세계를 생태적 은수처로 만드는 수도자적 삶을 사는 것이나 다름이 없습니다.

▎그리스도교가 불교와 장자를 만나 영성의 향연을 맛보다!

머튼의 영적 여정을 살펴보면, 그가 동양 사상에 많이 심취해 있었다는 것을 알게 됩니다. 일본의 선불교, 중국 장자莊子(BCE 369-289?)의 무위無爲사상, 간디 Mohandas Karamchand Gandhi(1869-1948)의 비폭력주의 등이 그의 영성을 풍요롭게 했으며, 언젠가 베트남의 틱낫한 Thich Nhat Hanh(1926-), 티벳의 영적 지도자 달라이 라마 14세 Dalai-Lama(1935-)와도 대화를 나눈 것을 보면 그의 타종교에 대한 관심과 이해, 그리고 지구적 관계의 폭이 얼마나 넓은 지를 가늠하게 해줍니다. 또한 그러한 행보가 곧 그리스도교가 타종교와 연대해서 우리의 삶의 문제를 풀어가야 함을 시사해준다고 생각합니다. 현재의 지구적 문제는 그리스도교 홀로 해결할 수 있는 문제가 아닙니다. 반드시 유행어처럼 떠도는 '종교간 대화'라는 말을 사용하지 않아도 지구의 평화, 지구의 생명 지킴, 지구의 미래를 희망으로 만들어 가기 위해서는 타종교의 사상과 교류하면서 서로 배우고, 대화를 통해 정책을 마련해 나가는 지혜를 모아야 합니다. 그 지혜는 프로이트 S. Freud(1856-1939)의 표현을 빌려 말한다면, 사랑의 능력(리비도)이 발현하는 것입니다. 모든 사람들이 그 대상, 즉 생명세계 일반에 대하여 온갖 정성을 기울이는 일치된 마음이 모아지는 것입니다. 그래서 철학자 볼노브O. F. Bollnow (1903-1991)는 "대화는 삶을 위한 참신한 힘을 가져온다"고 했는지 모르겠습니다. 대화가 '우리'라는 공동체적 삶을 존재하게 힘이 된다는 것을 말입니다.

일찌감치 이러한 대화의 종요로움을 깨달은 머튼은 "그리스도교의 정신은 모든 종교 전통과 모든 세계관에 내재된 풍요로운 영성-그러한 풍요로운 영성을 '그리스도적이라고 자연스럽게' 이해할 수 있다면-을 암암리에 포함하고 있다고 해석할 수 있다"고 단언했습니다. 어쩌면 머튼이 "창조의 정원"이요, 창조 안에 계신 하나님의 현존을 "우주의 춤"이라고 말할 수 있었던 것도, 알고 보면 선불교에서 얻은 즉각적인 깨달음의 발상이 아닌가 싶습니다. 그래서인지는 모르겠습니다만, 머튼은 일본 선종 불교학자 스즈키D. T. Suzuki, 鈴木大拙(1870-1966)로부터 많은 빚을 지고 있다고 말했습니다.

▍자연(세계)을 깊이 관상하십시오! 그리고 행동하십시오!

"하나님은 어디서나 또 모든 것 안에서 당신 자신을 나타내 보이십니다. 사람들 속에서, 사물들 속에서 그리고 자연과 사건 속에서 나타내 보이십니다." 토마스 머튼의 이 말은, "우리는 주님이 맛스러우심을 보고 맛들여야 한다." "보고 맛들여라. 무릇, 주님의 맛스러움을"(Videte et gustate quoniam suavis est Dominus)이라는 의미를 이해할 때에 가능한 통찰력입니다. 이 맛깔스런 속말은 헨리 나우웬H. Nouwen (1932-1996)의 머튼에 관한 전기에서도 잘 나타납니다. "기도에 맛들인 사람들에게 자연은 완전히 새로운 모습으로 나타납니다. 그것은 장애물이 아니라 길이 됩니다. 뚫을 수 없는 방패가 아니라 알려지지 않은 지평을 넌지시 보여 주는 베일이 됩니다."

그런데 이러한 관상contemplatio을 '그리스도인의 삶을 성화하려는 목적으로 하나님이 주신 선물'로 본 머튼은 우리를 '참여의 영성'으로 인도합니다. "그리스도의 정신은 연민과 책임과 헌신의 정신"이기 때문에 "전 문명의 파괴 또 전 인류의 자살에 대한 우리의 도덕적 책임"을 묻습니다. 그러면서 "평화는 진리에 충실하고 양심에 대해 더욱 완벽하게 순수할 것을 요구한다"고 말하고 사랑이 온 우주와 역사의 열쇠임을 강조합니다. 왜냐하면 "그리스도인은 예수 강생 교리를 통해 하나님과 인간에 대해 동시에 책임을 질 의무가 있습니다. 하나님이 인간이 되셨다면 그리스도인으로서 다른 인간의 운명에 무관심할 수가 없는 것입니다. …… 그러므로 그리스도인은 다른 모든 인간을 예수 그리스도처럼 대할 의무가 있고, 자기 이웃의 생명을 예수 그리스도의 생명처럼, 이웃의 권리를 예수 그리스도의 권리처럼 존중할 의무가 있기 때문"입니다. 이러한 논지에 비추어 본다면 우리는 이 지구의 안전을 위해서 핵의 위험에 대한 둔감성을 일깨우고, 온 우주의 생명을 그리스도처럼 대함으로써 생태적 평화에 기여하는 '행동하는 영성'을 지향해야 합니다. 이와 같은 참여적, 관상적 태도는 '관상이 실재하는 모든 것들에 대해 깨어 있게 하기 때문'입니다.

이렇게 관상적 깨어남, 관상적 행동을 위해서 오늘날 두 가지의 삶을 곰파야합니다. 하나는 참된 '노동'을 통한 먹거리에 대한 의식을 바꾸는 일입니다. 수도자들은 먹거리를 스스로 생산하며 자립적인 생활을 했습니다. 굳이 자신들의 먹거리를 위해서 수도원 밖에서 먹거리를 구해 오지 않아도 충분히 먹고 살 수 있었다는 말입니다. 그런데 오늘날은 지역을 초월한 먹거리의 장거리 이동 혹은 국제적 이동으로 인해 소비자들이 오염된 먹거리를 먹게 되는 비생태적인 문제를 낳고 말았습니다. 더욱이 먹거리의 외부 의존도가 높으면 높을수록 지역의 자체 먹거리 생산능력과 소비능력은 무너지게 마련입니다. 먹거리를 그 지역에서 생산해서 소비하는 것은 지역의 먹거리 경제의 활성화와 국민의 안전하고 신뢰할 수 있는 먹거리를 확보할 수 있다는 이점이 있다는 것을 알아야 합니다.

또 다른 하나는 '침묵'입니다. "침묵은 하나님에 대한 의식(memoria Dei)을 계속 보존하는 것입니다." 그런데 "많은 양의 소음이 인간의 신경의 균형을 파괴하고 그를 환자로 만들 뿐 아니라, 언어와 개념의 과잉이 인간의 정신건강을 해치고 있습니다." 따라서 자신을 '침묵의 사람'으로 만드는 수도자적 삶, 더 나아가서 이 세계가 하나의 '침묵의 공간'이 될 수 있는 여백과 여유가 있는 침묵이 필요합니다. 말로 자신을 과대포장하고 거짓이 마치 진실인 양 속이는 이 세계는 오히려 침묵을 통해 더욱더 관계를 친밀하고 진지하게 만들어야 합니다. 소리와 소리가 어우러진 아름다운 우주의 교향곡을 듣기 위해서 말입니다. 그러기 위해서는 침묵을 '참'으로, '선'으로, '아름다움'으로 인식하도록 해야 합니다. 말은 지구의 개별적인 존재들이 홀로-있음을 서로 이어주는 관계의 끈이자, 생명의 고리입니다. 그 말이 침묵과 관상으로서 진실한 세계를 형성해내는 힘이 되어야 함은 물론이거니와 전 지구를 치유하는 생명의 호흡이 되어야 합니다. 그것이 바로 머튼이 의도하는 '행동하는 침묵' 혹은 '행동하는 언어' 일 것입니다.

이제 '우리'가 인간의 공동의 집(가족, oikos)인 자연과 구순한 관계를 맺기 위해서는 관상을 통해 온전히 깨어 있으면서, 우리 삶의 실재적인 것들과의 관계, 생명체와의 직접적인 접촉을 통하여 하나님의 현존과 은총, 그리고 사랑에 대해 깨닫는 것이 중요합니다. 범지구적 차원에서 그러한 '관상'을 자연(세계)에 대한 '갈쌍한 마음의 눈'이라 해도 나쁘지는 않을 듯합니다.

12

21세기 지구를 위한 영성과 환경목회의 방향

우주는 원초적으로 종교적 실재이다. … 우리는 이 우주의 독특한 구성원들로서 존재한다. … 우리는 우리의 인간적 자아, 공동체적 자아, 지구적 자아, 우주적 자아로서 존재하는 것이다. 이런 점에서 우리는 단순히 유전인자 상으로만 다른 만물과 친척관계에 있는 것이 아니라, 다른 만물과 일정한 동일성마저 지니고 있다.

-토마스 베리Thomas Berry

▌샤르댕처럼 생물학과 신학의 통섭으로 인간과 우주를 보십시오!

사회생물학자 에드워드 윌슨E. O. Wilson이 '통섭統攝, consilience'('큰 줄기' 또는 '실마리'라는 뜻의 통統과 '잡다' 또는 '쥐다'라는 뜻의 섭攝을 합쳐 만든 말로서 '큰 줄기를 잡다'라는 의미)라는 말-이 용어는 19세기 자연철학자 윌리엄 휴얼W. Whewell이 처음 사용한 것으로서 '함께 넘나듦', '뛰어오르다'를 뜻하는 라틴어 'consiliere'에서 유래-을 주창하면서 일반화되다시피 하였습니다. 요는 사회과학의 모든 분야를 생물학이라는 큰 나무줄기에 근거하여 뻗어나간 나무줄기에다 비유하면서 자연과학, 특히 생물학의 비약적인 발전을 통하여 사회과학의 내용들이 생물학의 영역으로 환원될 수 있다는 것입니다. 다시 말해서 생물학이 자연과학과 사회과학이나 인문학을 연결해주는 중요한 가교 역할을 할 수 있다는 논리입니다. 일종의 학문적 통합의 가능성을 내다 볼 수 있는 시류라고 생각을 합니다.

그런데 신학이 일찌감치 이와 같은 통섭적 학문을 지향했었음을 샤르댕Pierre Teilhard de Chardin(1881-1955)을 통해서도 엿볼 수 있습니다. 예수회 사제였던 샤르댕의 학문적 연구 범위는 신학뿐만 아니라 지질학, 지리학, 동식물학, 고생물학, 인류학에 이르기까지 실로 방대하였습니다. 그러니 샤르댕이야말로 신학계의 통섭적 학문의 대가라 해도 과언은 아닐 것입니다. 학문의 경계를 넘어 우주의 드넓은 영역에 시야를 두고, 폭넓은 사유를 발전시킨 그는, 하나님께서 물질이 물질로부터 차차 진보적으로 일어나기를 허락하셨다고 보는 소위 창조론적 진화론을 내놓기도 하였습니다. 물론 궁극적으로 이 진화는 오메가 포인트omega point이신 그리스도에서 완성된다고 봅니다. 그러나 무엇보다도 중요한 것은 그가 물질과 정신을 이분화 시키지 않고 끊임없이 종교와 과학의 대화를 시도했다는 점입니다. 그럼으로써 오히려 인간은 우주 안에서 자신의 위치를 알면 알수록 창조주를 흠숭하지 않을 수 없다는 것입니다. 만일 그리스도가 우주만물의 주인이라면 우리는 만물 속에서, 만물을 통하여 그리스도를 찾을 수 있을 것이며 동시에 우리는 지금도 여전히 계속되는 그의 창조 행위creatio continua에 적극적으로 참여하게 될 것입니다.

그러므로 '통섭적 신학', (그렇게 말할 수 있다면) '통섭적 영성'은 우리 교회가 지향해야 할 용기 있는 학문적 자세라고 생각이 됩니다. 타 학문의 현재적 영향력과 그 흐름을 무시하면서 신학 스스로 게토가 되는 것이 아니라 과감하게 경계를 허물고 교류한다면 더 넓은 세계, 하나님의 피조세계 전체를 새롭게 바라보고 해석해 낼 수 있는 여지가 충분히 있다고 생각합니다. 조각조각 학문의 분과를 쪼개가면서 자신의 학문적 영역 다툼을 하기보다는 함께 머리를 맞대고 이 지구와 우주 전체의 조화롭고 신비한 움직임 속에 있는 신을 만나게 하고, 환경을 바라보는 새로운 안목을 통합적으로 길러 준다고 한다면 통섭을 두려워할 것이 아니라 적극적으로 대면해야 할 것입니다. 그것이 온 우주의 주인이신 그리스도에 대해 집중하는 보다 새로운 해석의 가능성이 열릴 수 있기 때문입니다.

▌과르디니처럼 세계를 전체적으로 읽어야 인간의 미래가 보입니다!

이제 가톨릭의 환경에 대한 인식은 환경신학이나 환경사회학을 넘어 환경경영학과 환경경제학의 흐름까지도 함께 읽어 낼 수 있어야 합니다. 그러기 위해서는 과르디니R. Guardini(1885-1968)처럼 세계 전체의 흐름을 파악하는 혜안이 우리 안에 있어야 한다고 생각합니다. 환경목회가 마케팅 자체가 되어서는 안 되겠지만, 이미 경영 일선에 서 있는 사람들은 자연환경에 대한 변화가 미래의 산업과 상품 개발, 경제 일반에 크나 큰 변수로 작용할 수 있다는 것을 간파했습니다. 그러나 이상하게도 교회는 돈이 되는 것과는 상관없다는 듯이 환경 변화에 대한 대처가 매우 미온적입니다.

기업가들에게는 환경 변화조차도 돈을 벌 수 있는 호기로 생각할 정도로 환경문제에 각별한 관심을 기울이고 있는 현시점에서 교회는 오히려 환경문제에 대해 새로운 시선으로 바라 볼 준비가 되어 있지 않은 것 같습니다. 어쩌면 교회는 이러한 전체적인 시각을 견지하고 환경의 문제에 지대한 관심을 기울이는 21세기의 '호모 에콜로기쿠스Homo Ecologicus'(생태적 인간)가 더욱 더 절실히 요청되는데도 말입니다. 그래서 당대의 탁월한 철학자요, 신학자였던 로마노 과르디니는 우리에게 읍소泣訴하듯이 이렇게 말합니다. "인간은 이제 스스로 건설해 나갈 수도 있고 동시에 파괴해 나갈 수도 있는 상태에 있기 때문에 하나의 새로운 덕목을 필요로 하고 있습니다. 많은 경험들을 축적하여 개별적인 현상들에서 벗어나 전체를 조망하면서 다스릴 능력이 생겨나야 하며, 이러한 능력을 갖춘 사람이 등장해야 하겠습니다. 우리의 존재 전체를 관망하여 올바른 판단을 내릴 수 있는 사람을 현대는 필요로 하고 있습니다." 그것은 다름이 아니라 "전체를 읽어 낼 수 있는 능력, 올바른 판단력과 정돈력, 지혜와 일정한 양을 지켜나갈 수 있는 자제력 등 내적인 훈련에 의해 획득될 수 있는 것, 즉 '자기 훈련'(자기 수련, Askese)이라 할 수 있을 것입니다."

▎ 나웬과 같은 눈을 가지면 본래의 자기 자리를 찾을 수 있습니다!

목회는 자기가 서 있는 자리를 잘 인식하는 데서 출발합니다. 달리 말하면, 내가 서 있는 자리에서 사람들과 환경을 위해서 정작 목회자로서 내가 해야 할 일이 무엇인지를 적확하게 인식하고 판단해야 한다는 말입니다. 현대는 사람의 영혼 구원과 더불어 그 사람이 살고 있는 생태적 환경을 종합적으로 바라 볼 수 있는 눈을 가진 목회자가 필요합니다. 그런데 우리는 그러한 목회자의 표상을 헨리 나웬H. Nouwen (1932-1996)을 통해서 발견하게 됩니다. 그에 따르면, "목회는 자기 삶의 체험을 이웃 사람들에게 보여 주는 것"이라고 간단명료하게 정의하면서, "우리가 살고 있는 것은 하나님의 입김, 하나님의 생명, 하나님의 영광을 함께 나누고 있기 때문"이라고 말합니다. 이러한 밑바탕에는 나웬이 인간을 우선으로 생각하는 목회자상을 염두에 둔 것이라 생각합니다. 또한 "목회란 고통과 기쁨 그리고 절망과 희망의 모든 순간에 하나님을 찾고 싶지만 방법을 모르는 사람과 함께, 계속해서 하나님을 찾으려고 노력하는 것을 말한다"라는 말 속에서도 인간에 대한 돌봄을 떠올리게 합니다.

헨리 나웬은 인간을 불쌍히 여길 줄 아는 인간이 진정한 이웃이라는 사실을 깨우쳐줄 뿐만 아니라 우리의 시선이 우주에까지 이르러야 함도 잊지 않고 말해줍니다. 그는 아이콘icon을 통해 거룩한 진리가 말해지고 있고 그 거룩한 공간 가운데로 우리를 초대하는 하나님의 손길을 느끼는 심미적 영성을 피력한 바가 있습니다. 물론 이러한 그의 영성적 깊이는 풍부한 미적 감수성에서 기인한 것이기도 합니다. 그러나 필자는 한 걸음 더 나아가서 우주만물을 하나님께서 그려 놓으신(혹은 쓰신) 아이콘으로 보고자 합니다. 우주만물은 하나의 훌륭한 하나님의 예술작품이기에 말입니다. 우리는 하나님께서 손수 만드신 아름다운 예술작품을 우러러 기도하도록 만드는 그 놀라운 붓놀림과 조각에 찬탄讚嘆을 보내게 됩니다. 이와 같은 나웬의 눈은 성체성사에 대한 생태적 해석으로 이어집니다. "빵과 포도주의 성사적 표징이 갖는 의미를 깨달으려면, 모든 자연이 그 자체를 훨씬 초월하는 하나님의 성사라는 사실을 알아야 합니다. … 빵은 빵 이상이고, 포도주는 포도주 이상의 것입니다. 그것은 '우리와 함께 계시는 하나님'입니다. 일주일에 한번 일어나는 동떨어진 사건이 아니라 대자연이 우리 귀에 주야로 이야기하고 있는 신비의 집약입니다." 이러한 성체성사는 하나님과 신자뿐만 아니라 온 우주를 하나로 묶는 신비의 연합 행위입니다. 그래서 성체성사가 이루어지는 자리는 목회자와 신자, 그리고 하나님이 만나는 자리이기도 합니다. 본당은 그런 의미에서 목회자의 생태적 몸짓, 영성적 행위가 이루어지는 근본 자리입니다.

뿐만 아니라 헨리 나웬은, "예수님을 따른다는 것은, 먼저 매일의 삶에서 하나님이 우리에게 주시는 사명을 발견한다는 뜻"이라고 말했습니다. 필자는 그것을 21세기적 의미에서 자연이 우리의 '씨밀레'(영원한 친구)가 되도록 하는 것이라고 믿고 싶습니다. 그렇게 되기 위해서는 나웬의 표현대로 '아버지 앞에 무릎을 꿇고 그분의 가슴에 나의 귀를 기울이고 어떤 방해 없이 하나님의 심장박동소리를 들어야만 할 것'입니다. 자연에 대한 동정심, 자연과 친밀하신 그분의 사랑의 심장박동소리를 들을 수 있는 목회자, 그리고 수도자와 평신도가 된다면, 우리 그리스도인 모두가 '셈들게'(사물을 분별하는 슬기가 생김) 될 것입니다.

필자는 지금까지 샤르댕, 과르디니, 나웬의 영성을 통해 현재와 미래의 환경목회의 방향을 개괄적으로 살펴보았습니다. 이들의 공통점은 자신과 자신을 둘러 싼 세계를 정확하게 바라보는 '통찰력'을 가졌다는 점입니다. 또한 그 통찰력을 통해 자신의 시대에서 '해야 할 몫'이 무엇인지를 명료하게 파악했다는 것입니다. 그러므로 21세기 지구의 문제, 특히 환경문제를 해결해나가기 위해서는 전체를 조망할 수 있는 눈과 윤리적, 실천적 행위가 더불어 요구됩니다. "빵이 없으면 식탁의 친교도 없고, 공동체도 없고, 우정도 없고, 평화도 없고, 사랑도 없고, 희망도 없습니다. 그런데 빵이 있으면 모든 것이 새로워질 수 있습니다!"
이제 이러한 교회의 성체성사에 대한 나웬의 영성적 울림이 우주적 성체성사가 되기 위하여 생명의 공유(연대)와 나눔의 영성적 디자인을 어떻게 구체적으로 표현할 것인지 교회는 고민을 해야 할 것입니다.

보론
수도원의 탈시공간의 의미와 수도자의 식탁, 그리고 대안적 먹거리 공동체의 가능성

▎들어가는 말

'먹음'은 인간이 살아 있는 한 생존의 문제와 직결되어 있는 매우 중요한 행위입니다. 그에 따라 우리나라에서 먹거리에 대한 강한 반란 혹은 약한 변화들이 시작된 것은 포스트모던사회로 접어들면서 일어난 현상 가운데 하나입니다. 그와 더불어 먹음에 대한 문제는 단순히 생존의 수단이 아니라 또 하나의 계급의 상징이나 취향을 불러일으킨 것도 몸에 대한 감성적 변화의 인식 때문일 것입니다. 먹음에 대한 문제가 이성이 아니라 감성, 즉 무엇을 맛있게 먹을 것인가(taste/Geschmack)의 기호가 된 것에 지나지 않는다는 말입니다. 그렇다고 해서 맛이 반드시 몸에 좋은 음식으로 이어지는 것은 아닙니다. 음식을 먹는다는 것은 단순히 생존 이상의 의미를 지니고 있는 것이 확실합니다. 생존은 기본이고 이제는 어떻게 하면 미각에 쾌감을 가져다주는 음식을 먹을 것인가, 더 나아가서 먹을 만한 음식, 건강하게 해주는 음식을 먹을 것인가가 관건이 되는 것입니다. 자본주의 사회에서 맛이 좋다라는 것은 팔기 좋은 음식을 일컫는 것이 대부분이기 때문입니다.

　이러한 현상들을 놓고 볼 때 우리는 음식, 즉 먹거리가 독이 될 수 있다는 것과 먹거리가 나의 의지와는 상관없이 선택을 강요당하는 상황이 되어버렸다는 데에 있습니다. 과거의 농경사회 혹은 유목사회에서처럼 내가 먹을 음식을 스스로 생산, 선택하여 조리하는 것이 아니라 이미 보이지 않는 곳에서 내가 먹을 음식 재료들이 생산, 양육되고 있다는 것입니다. 먹거리가 우리의 시야를 떠나 있다는 것은 그 음식 혹은 생산 재료들이 신뢰감을 갖기가 어렵다는 것을 뜻합니다. 생산자가 무엇을 만들고 어떤 과정을 거쳐 생산품을 가공하는지 전혀 알 수가 없는 것입니다. 화폐가치를 앞세우는 자본주의 사회에서는 소비자의 생명은 아랑곳하지 않고 먹거리를 생산하기 때문입니다. 더욱이 자본주의 사회는 시간과 공간이 초국가적·초시간적 혹은 탈영토적·탈지역적 성격을 띠고 있기 때문에 먹거리를 만들어 내는 시간과 공간은 가급적 잉여가치를 빨리, 그리고 많이 획득할 수 있는 시스템이어야 합니다. 하지만 그러한 사유와 경영 방식은 결국 먹거리와 그것을 소비하는 주체들에게 큰 지장을 가져다 줄 수가 있습니다.

　글쓴이는 이러한 문제의식을 가지고 서구 유럽사회의 수도원 먹거리 영성과 수도자의 시공간 의식을 살펴보면서, 그것이 갖는 먹거리 생산·소비의 연관성을 고찰하고자 합니다. 큰 이야기에서 보면, 그 당시 세속사회와는 다른 수도자들의 시공간적 삶의 방식은 지금의 먹거리 문제를 해결하는 어떤 단초를 제공해준다고 볼 수 있습니다. 그러므로 그들의 음식에 대한 의례와 규칙들에서 오늘날 환경과 생명을 대하는 자세들을 새롭게 조명해 봄으로써 현대 도시 사회에서 먹거리를 대하는 삶의 자세와 대안을 찾아보고자 합니다.

▎수도자 식탁의 의미와 현대 탈시공간적 먹거리의 문제

잘 알다시피 성 프란치스코는 가톨릭의 생태주보성인입니다. 그만큼 자연과 매우 밀접한 삶을 살았을 뿐만 아니라 자연 그 자체를 인격적으로 대했던 성인이라는 것입니다. 성 프란치스코는 동식물에 대한 애정과 사랑이 남달랐으며, 그의 청빈에 대한 실천은 가난 자체를 '가난 부인'이라고 하면서까지 자신의 신앙과 삶에서 떼려야 뗄 수 없는 관계로 놓고 있음을 알 수 있습니다. 청빈의 가치는 자신만이 아니라 이웃과 자연을 위해서 철저하고 자발적인 무소유의 삶을 지향하는 것을 말합니다.[44] 게다가 성 프란치스코는 화폐 의존적인 삶을 거부하고 탁발을 하며 화폐투쟁적인 가난을 신앙과 삶의 모토로 해서 살아간 성인입니다. 오늘날 많은 사람들과 종교단체에서는 화폐 의존도가 너무 큰 것을 볼 수 있습니다.[45] 화폐 의존도, 즉 자본에 의존하고 종속된다면 그 다음으로 자본에 의해서 만들어진 수동적이고 국적 불명의 음식을 먹게 되는 것은 자연스러운 수순입니다. 먹거리를 생산하는 방식이나 먹거리 그 자체에 대한 사유에서 화폐 의존도가 아니라 사람 의존도가 가장 중요합니다. 먹거리를 가지고 잉여가치를 많이 축적하겠다는 생각보다 어떻게 하면 사람과 사람의 관계 속에서 먹거리를 생

---

[44] 손채연, "수도원 운동의 꽃: 성 프란시스 아씨시", 숭실대학교유럽중세사연구실, 중세유럽 문화의 이해2, 숭실대학교출판부, 2012, 14-46쪽.

[45] Jacques Le Goff, 안수연 옮김, 중세와 화폐, 에코리브르, 2011, 194-201쪽.

산하고 나아가 그 먹거리를 사람이 먹을 수 있는 음식이 되도록 만들 것인가를 고민해야 합니다. 그러니까 먹거리는 근본적으로 돈이 아니라 사람을 우선으로 생각하고 숙려해야 한다는 말입니다. 성 프란치스코도 예수의 삶을 따라서 화폐 투쟁적인 삶을 살게 되었다는 것은 결국 화폐, 즉 물질적 가치보다는 정신적 가치 혹은 영적인 가치를 더 중요하게 여겼다고 볼 수 있습니다. 따라서 청빈의 가치는 자발적인 가난을 통하여 자족하는 삶을 살겠다는 강한 의지와 다르지 않습니다.

수도원은 구성원들이 함께 살고 함께 먹고 함께 일하고 함께 예배하는 공동체였습니다. 하루에 7번씩 낮기도(낮 시간경들은 세 시간 간격으로 바치는 〈아침기도〉, 〈제1시기도〉, 〈제3시기도〉, 〈제6시기도〉, 〈제9시기도〉, 〈저녁기도〉, 〈끝기도〉)를 하고 식사는 매우 검소·소박하게 하면서 건강을 유지하였으며 자급자족을 하는 독자적인 공동체, 금욕적인 공동체로서 농민들의 계몽과 구원에 앞장을 섰습니다.[46] 그들은 또한 문화의 지킴이였고, 복음의 선봉자였습니다. 무엇보다도 그들은 사제와 주교의 자질보다도 훨씬 나은 사람들이었습니다. 하느님 나라를 위해서 동정과 정결로 희생을 마다하지 않았으며 부도덕한 삶을 혐오하면서 수도원적 독거의 삶(수도승을 의미하는 monachus는 "홀로"를 뜻하는 그리스어 monachos에서 유래)을 자원하였고, 특히 여성의 경우에는 사회적 억압으로부터 해방의 탈출구로서 수녀가 되는 경우도 있었습니다.[47] 그러한 수도원은 "자신이 소유를 모두 남겨 두고 육체와 정욕의 절제를 통해

---

[46] Sidney Painter, Brian Tierney, 이연규 옮김, 서양중세사, 집문당, 2012, 109-119쪽; Benedictus, 이형우 역주, 수도규칙(Regula Benedicti), 분도출판사, 1991, 114-115쪽.

[47] Jean Comby, 노성기·이종혁 옮김, 세계교회사여행1. 고대·중세편, 가톨릭출판사, 2010, 263-265쪽.

서 하느님께 나아가고자 하는 사람들의 몸부림이었으며, 부패된 그리스도교 사회의 정화를 위한[48] 공동체였습니다.

과거 수도원에서 먹었던 음식들이 무엇이었을까에 대한 자료들은 그리 많지 않습니다. 제한된 자료에 근거하여 추단해보면, 수도자들뿐만 아니라 중세의 그리스도인들은 호밀빵을 주식으로 했던 것이 분명합니다. 그리고 특별한 경우가 아니라면 빵과 포도주는 늘 미사와 식사를 위해서 준비가 되어 있어야 했습니다. 포도주나 맥주의 생산은 9세기부터 발달하기 시작하였으며 십자군 전쟁 전후로 땅을 희사하는 이들 덕택에, 특히 와인 산업이 발전하였습니다. 또한 수도자들이 완전히 고기를 금했던 것은 아니지만, 수, 금, 토요일의 금육일마다 육식을 하지 못하기 때문에 주로 바다 생선 혹은 민물생선을 즐겨했으며, 그중에서도 청어(토마스 아퀴나스도 좋아했다)를 많이 먹었다는 기록이 나와 있습니다. 그 외 거친 식사를 부드럽게 해주는 무화과 열매나 건포도를 먹었을 뿐만 아니라 버섯이나 계란과 야채수프를 즐겨 소비하기도 하였습니다.[49] 이러한 음식들을 비단 수도자들만 먹었던 것은 아니지만 그 당시 도시민이었느냐 아니면 시골빈민이었느냐에 따라서 약간의 먹거리 불균등이 있었던 것은 짐작할 수가 있습니다.

그러나 무엇보다도 수도자의 음식에 대한 진수는 각 수도원의 수도

---

[48] 이은경, "초기 수도원 영성에 나타난 선교적 함의", 기독교영성연구소, 모래와 함께 살던 사람들, 2010, 137쪽.

[49] Peter Hammond, 홍성표 옮김, 서양 중세의 음식과 축제, 도서출판 개신(충북대학교출판부), 2003, 8-38쪽; 106-107; 145쪽; 김대식, "하늘, 수도자의 밥상에 내려오다!", 이찬수 외, 식탁의 영성, 모시는사람들, 2013, 196-198쪽; Adolar Zumkeller, O.S.A., 이형우 옮김, 아우구스띠누스 규칙서, 분도출판사, 1990, 92쪽. "포도주는 항상 나왔다. 왜냐하면 아우구스띠누스는 '하느님께서 만드신 것은 모두 다 좋은 것이고 감사하는 마음으로 받으면 하나도 버릴 것이 없습니다'(1디모 4:4)라고 하신 사도의 말씀을 알고 있었고 그대로 가르쳤기 때문이다"(전기 22:2).

규칙에 명시된 것을 본질로 하는 것이 중요할 거라 생각합니다. 다시 말해서 수도자들이 '무엇을 얼마나 먹었는가'라는 질량적 측면의 분석보다는 '어떻게 먹었는가' 혹은 '왜 먹었는가'라는 본질적인 측면을 살펴보아야만 현대의 음식문화에 대한 시사점을 찾을 수 있을 것입니다. 베네딕도의 『수도규칙Regula Benedicti』 제36장 9절을 보면, "고기 음식은 극히 허약한 병자에게만 회복을 위해서 허락할 것이며, 회복되었거든 관례대로 고기(음식)을 금할 것이다"라고 씌어 있습니다. 이 내용만 보고서 속단할 수는 없지만, 수도원의 기본원칙은 고기 음식에 대해서 금지를 하고 있다는 것을 알 수 있습니다. 이것은 아마도 수도자들이 평상시에 네 발 달린 짐승의 고기를 먹어서는 안 된다는 규정을 따른 것으로 보입니다.[50] 또한 제39장에는 음식의 분량에 대해서도 자세하게 언급을 하고 있습니다. 이를 간략하게 정리해보면, 베네딕도 수도회에서는 에집트 수도승이 하루 두 끼 혹은 한 끼에 한 가지 음식을 먹던 것에 반해, 6시(요즘의 오후 12시)와 제9시(요즘의 오후 3시)에 요리된 2가지 음식을 섭취하였습니다. 그리고 거기에 과일이나 연한 채소를 더 먹을 수 있었던 것 같습니다. 빵은 하루에 약 300g 정도를 받을 수 있었습니다. 『수도규칙』는 그것으로도 충분하다고 적고 있는데, 이는 과식을 피하여 소화불량에 걸리지 않도록 하기 위함이라고 말함으로써 수도자의 건강과 함께 그들이 영적으로 정신적으로 둔해지는 것을 방지하고자 하였습니다. 음료의 경우에는 포도주를 마실 수 있었는데, 하루에 0.25리터 혹은 0.75리터로 분량을 한정하였습니다. 하지만 베네딕도는 가급적 포도주를 안 마신다면 하느님이 보상을 해줄 것이라

---

50 Benedictus, 앞의 책, 158-159쪽, 164-165쪽 참조.

고 하면서 금주하는 것이 더 좋다는 식으로 말합니다. 이것은 과음을 삼가자는 취지인 동시에 수도자의 탈선을 막기 위한 방책이었습니다. 더 중요한 것은 만일 이러한 음료를 지역에서 구할 수 없더라도 불평을 하지 말라는 것을 강조하고 있습니다. 지역의 여건과 기후에 따라서 먹거리에 대한 전략과 개선 혹은 정책을 유연성 있게 대처했던 것을 알 수 있습니다. 한마디로 말해서 먹거리를 구할 때 지역적인 특성, 환경 등을 고려하여야 하는데, 굳이 지역에서 구할 수 없는 것을 무리하게 조달하지 말자는 논조로 보입니다.[51] 이른바 지역생산물 우선소비정책 같은 것이라 볼 수 있습니다.

베네딕도의 『수도규칙』 제41장 8절-9절에서는 "식사 때 등불이 필요하지 않도록 〈저녁기도〉를 바쳐, 모든 일을 햇빛이 있는 동안에 마치도록 할 것이다. 그러나 모든 계절에도, 저녁식사이든 (한 끼) 식사이든 이렇게 조절하여 모든 일을 햇빛이 있을 때 이루어지도록 할 것이다"[52]라는 말이 눈에 들어옵니다. 이 말은 여러 가지 추론이 가능할 수 있겠으나 오늘날 생태적인 시각에서 보면 식사 때에 가급적이면 인위적 전기를 사용하기 보다는 자연 채광을 이용해서 식사를 하도록 하라는 교훈으로 받아들일 수 있을 것 같습니다. 이처럼 식사 행위는 단순히 먹는 음식의 문제만이 아니라 식사를 둘러 싼 여러 환경적인 조건까지도 아울러서 심사숙고해야 한다는 것을 알 수가 있습니다. 하루에 얼마나 먹어야 충분한가 라는 것은 현대 식품열량적 기준으로 놓고 볼 때 여러 변수를 생각해 볼 수 있으나 지나치게 많이 섭취하고 시

---

[51] Benedictus, 앞의 책, 162-167쪽.
[52] Benedictus, 앞의 책, 168-169쪽.

도 때도 없이 음주를 곁들인 고기를 주요 에너지원으로 고집하는 현대인들에게 가능한 한 절제할 수 있어야 한다는 것을 깨우쳐줍니다. "음식은 분명 단순한 물질적 고안물 이상의 것이다. … 당신이 먹는 것이 바로 당신 자신이다."[53] 이는 음식 곧 먹거리가 유형의 물질 이상의 의미를 가지고 있다는 말이며, 더군다나 음식과 몸, 음식과 인간이 별개가 아닌 인간 정체성 혹은 동질성을 형성하는 관계라는 것을 나타냅니다. 음식은 음식이고, 인간은 인간이라는 경계는 더 이상 무의미합니다. 그렇다고 먹거리를 신비화하자는 것은 아니지만 인간은 먹는 주체이고 음식은 먹히는 객체에 불과하다는 이분법적 도식은 오늘날의 먹거리 담론을 새롭게 기획하는 데 하등의 도움이 되지 않는다는 말입니다. 반면에 우리가 생각하는 음식이 가진 실제 생리적 문법은 아주 간단합니다.

우리가 먹는 밥은 탄수화물인데, 소화가 되면 포도당을 생산해서 필요한 에너지를 공급합니다. 고기는 단백질로서 아미노산을 생산하여 우리의 세포를 형성하는 기초재료가 됩니다. 사람의 몸은 약 70조 개의 세포로 구성되어 있는데, 그중 약 300-500억 개의 새로운 세포는 우리가 매일 숨 쉬고 먹고 마시는 것을 재료로 삼아 생성됩니다. 따라서 좋은 것을 먹으면 좋은 세포를 생성하고, 나쁜 것을 먹으면 나쁜 세포가 생성된다는 것입니다.[54] 이와 맞물려 시간이 갈수록, 문명이 발달하면 할수록 인간의 육류 소비가 점진적으로 증가되는 추세입니다. 선진국일수록 육류의 소비는 더 많아져서 비만 또한 크나큰 국가적인 문

---
53 Michael Carolan, 김철규 외 옮김, 먹거리와 농업사회학, 도서출판 따비, 2013, 141쪽.
54 이계호, 태초 먹거리, 그리시어소시에이츠, 2013, 29-30쪽.

제가 되고 있습니다. 우리나라도 예외일 수는 없습니다. 그런데 "육류 1킬로그램을 얻기 위해서 닭은 2킬로그램, 돼지는 4-5킬로그램, 소는 8-10킬로그램이 곡류가 필요합니다. 미국 곡류 생산량의 70%, 전 세계 곡물 생산량의 35%가 가축사료로 쓰입니다." 이런 이유로 아마존 강 유역의 밀림 지대는 무차별적으로 잘려 나가고 그 속에서 살고 있었던 동식물은 말할 것도 없고, 원주민의 삶의 터전까지 잃게 되는 일이 발생하고 있습니다. 그뿐만 아니라 육류의 소비는 결국 비만이나 질병을 일으키는 주요 원인으로 꼽히고 있습니다.[55] 게다가 육류 소비를 하기 위해서는 필연적으로 공장식 축산 방식으로 동물들이 사육되고 있다는 사실을 기억해야 합니다. 그런 동물들은 밀집 사육 때문에 병에 걸리지 말라고 항생제를 투여하고 고정된 사육장에서 더욱 빨리 성장하라고 성장촉진제까지 투여하고 있는 실정입니다. 그들은 그곳에서 스트레스와 고통으로 힘들어하면서 지내게 된다는 것을 알아야 합니다. 현실적으로 그렇게 사육된 고기를 소비하는 우리는 질병치료를 가로막는 원인이 되는 항생제를, 성조숙증을 유발하는 성장촉진제를 같이 먹고 있다는 것도 간과해서는 안 됩니다.[56] 이렇게 섭취하는 단백질의 경우 우리의 뇌세포를 과잉되게 흥분시키거나 공격하는 흥분독소인 아미노산이 분비되어 인간의 행동에 영향을 미친다-때때로 기분을 좋게 혹은 쉽게 잠을 자게 만드는 역할-고 합니다.[57] "인간에게 고기는 약이자 독이었습니다. … 특히 고기는 단백질과 지방의 보고인 동시에

---

[55] 다음을지키는엄마들의모임, 습관이 차리는 나쁜 식탁 VS. 제대로 장 봐서 만드는 건강한 밥상, 민음인, 2012, 111쪽.
[56] 다음을지키는엄마들의모임, 위의 책, 112-113쪽.
[57] Russell L. Blaylock, 강민재 옮김, 죽음을 부르는 맛의 유혹, 에코리브르, 2013, 57-62 참조.

가장 위험한 음식이므로 기쁨과 즐거움뿐만 아니라 혐오나 질시 같은 부정적인 감정도 불러일으킵니다."⁵⁸

더욱 큰 문제는 동식물을 대하는 "인식론적 거리epistemic distance"를 헤아릴 수 있어야 합니다. 다시 말해서 우리의 시야에서 동식물이 길러지는 것(장소, 사물 등)을 볼 수 없거나 멀리 떨어져 있다고 해서 도덕적 무관심으로 대할 수 있기 때문입니다.⁵⁹ 먹거리 주관성이나 무사유적 태도는 밥상에 올라오는 음식에 대한 과정, 그에 대한 근본적, 생명적 이념을 아예 무시해버립니다. 그래서 윤리학자 피터 싱어Peter Singer는 인간이라는 동물 이외의 동물에 대해서 충분한 윤리적 숙고를 해야 한다고 봅니다. 동물도 인간과 동일하게 고통을 겪는다는 점, 그래서 그들도 존중받아야 하고 적어도 생명으로 공평하게 대우해야 한다고 주장합니다.⁶⁰ 그의 논조는 무분별하게 생명을 유린하고, 동식물이 살아야 할 권리를 임의로 박탈하려는 인간의 욕망에 대해서 경종을 울리는 것입니다. 그러므로 적어도 우리가 섭취해야 하는 먹거리도 동일한 생명의 연장선상에 있다는 생각을 가져야 하는 것은 말할 것도 없거니와 인간 권위, 인간중심주의적 사유를 넘어설 수 있는 윤리적·영성적 관점이 요청되고 있습니다. 사흘이 멀다 하고 고기 단백질을 섭취해야 한다는 강박증은 지나친 자기 이기심이고 이로써 다른 생명체는 고통을 당하든 말든 상관없다는 폐쇄적·단절적 실존이 되고 마는 것입니다. 이러한 의식에서 비롯되는 먹거리는 오히려 인간에게 낯설어

---

58 전중환, 오래된 연장통, 사이언스북스, 2010, 106-107쪽.
59 Michael Carolan, 김철규 외 옮김, 먹거리와 농업사회학, 도서출판 따비, 2013, 155쪽.
60 Peter Singer, Jim Mason, 함규진 옮김, 죽음의 밥상, 산책자, 2008, 348쪽.

지고 독이 될 뿐입니다.

　이와 더불어 푸드 마일을 생각하지 않을 수가 없습니다. 사실 먹거리의 근본적인 문제는 로컬 푸드를 먹는 것보다 생산 자체에서 더 큰 문제를 발생시키고 있다는 점입니다. 이는 먹거리가 얼마나 이동하느냐보다도 무엇을 생산하느냐가 더 중요한 문제가 되는데, 온실가스 배출량을 보면 육류를 생산하면서 발생하는 (복합)오염이 더 큰 문제가 되기 때문입니다. 따라서 차라리 로컬 푸드를 먹는 것보다 개별 가족의 식단 자체를 개선하는 것이 더 시급하다고 볼 수 있습니다.[61] 더군다나 석유 학자들이 내다보는 석유 에너지 자원의 고갈 시점을 생각해 볼 때 먹거리 이동 거리는 짧으면 짧을수록 좋은 것입니다.[62] 먹거리의 이동거리를 줄이는 것은 신선하고 먹을 만한 음식을 섭취하기 위한 관건이 되는 일입니다. "상품은 많이 만들어서 많이 팔게 되면 많은 돈을 벌게 됩니다. 만드는 측에서는 대량생산·장기보존·장거리수송에 편리하도록 겉보기 좋고 오래 보존하기 위해 많은 약품이나 독을 먹게 되고 돈을 빼앗기고 그 위에 육체는 서서히 좀먹혀 가게 됩니다."[63] 자연의 흐름, 즉 제철 음식을 먹기 위한 노력을 하지 않고 먹거리를 자연의 순리에 맡기지 않는다면 먹거리는 인간을 배반하게 됩니다. 그러므로 제철음식을 먹고 생산자가 직접 판매하는 것이 이동거리를 단축시키고 궁극적으로는 이동거리 자체를 없애는 방법이 될 것입니다.[64]

---

[61] Michael Carolan, 앞의 책, 240-242쪽.
[62] Mark Winne, 배훙준 옮김, 협동으로 만드는 먹거리 혁명, 도서출판 따비, 2013, 192쪽.
[63] 마루야마 히로시(丸山 博), 김영주 옮김, 생명과 음식, 분도출판사, 1991, 19쪽.
[64] Oran B. Hesterman, 우석영 옮김, 페어 푸드, 도서출판 따비, 2013, 211-212쪽; Hans-Ulrich Grimm, 이수영 옮김, 위험한 식탁, 율리시즈, 2013, 333쪽.

수도원, 새로운 생활세계적 공간의 창조

시대의 변화에 따라 수도원의 과거와 현재의 모습은 많이 달라졌어도 그 형태와 정신은 여전히 동일한 맥락을 유지하고 있습니다. 애초에 수도원은 속세와의 단절을 통하여 하느님을 향한 초월로의 길을 트기 위한 삶의 방식으로 공동체가 만들어졌다고 볼 수 있습니다. 신앙공동체가 오로지 초월자만을 지향할 뿐만 아니라 기도와 일치된 삶을 살면서 순수한 신앙을 간직하기 위해서는 바로 '공간의 해체'를 통한 '새로운 공간'이 확보되어야 했던 것입니다. 원래 탁발수도회란 예수의 삶처럼 거의 구걸에 가까우리만큼 끼니를 연명하는 가난한 삶을 추구하는 공동체를 의미하였던 것은 사실입니다. 하지만 그렇다고 해서 탁발수도회가 오롯이 본래의 뜻대로 존속할 수 있었던 것은 아닙니다. 시간이 갈수록 탁발수도회도 일정한 수도 공동체 안에서 자급자족이 가능한 공간을 가지고 수도자들이 함께 먹고 살아야 하는 실존적인 문제가 있었기 때문입니다. 구체제의 공간, 즉 도시 공간에서 탈피하여 자급자족이 가능한 공간을 만든 것은 무엇보다도 먹거리의 문제를 자체적으로 해결·조달하기 위한 것이었음은 말할 것도 없습니다. 이와 같은 수도 공동체의 변화는 도시 공동체 혹은 밀집 공동체의 삶을 통하여 남이 생산한 먹거리를 소비하던 데에서 이제는 스스로 자기 먹거리를 생산하는 공동체로 바뀌기 시작했다는 것을 의미합니다. 이른바 종래의 공간을 해체하면서 새로운 생태공간이 등장한 것입니다.

『아우구스띠누스 규칙서』(Praeceptum, 혹은 Regula Sancti Augustini) I:1-2[I:2-3]절에는 수도생활의 목적을 다음과 같이 명시하고 있다. "수도원 안에 살고 있는 너희가 지키도록 우리가 정한 규정들은 이러하다. 너희가 하나로 모여 있는 첫째 목적은 한집 안에서 화목하게 살며, 하느님 안에서 한마음과 한뜻이 되는 것이다"(사도 4:32). 여기에서 잘 나타나 있는 것은 삶의 '공동체성'입니다. 수도자들은 하느님께 전념하기 위해서 공동체 생활을 하는 사람들입니다. 수도자라는 말이 '홀로'를 나타내는 'monachus'이지만, 그들은 결코 홀로가 아니라 공동체로 모인 혼자인 셈입니다. 하나의 공간 안에 혼자인 개별적인 존재들이 일정한 목적, 즉 하느님을 잘 섬기기 위해서 공동체로 모인 수도자는 지금까지는 완전히 다른 공간 안에서 살게 됩니다. 자신이 살고 있는 공간으로부터 새로운 공간, 자립적인 공간으로의 이동입니다. 이들은 새로운 공간의 창조를 통하여 종래의 삶과 단절하고 새로운 공동체적인 삶을 살기 위해 지향성을 달리한 사람들입니다. 그들의 공동체는 사랑과 친교가 넘치는 곳이며, 우정 어린 마음과 형제애로 뭉친 곳입니다.[65] 이것이 암시하는 것은, 그들의 수도 공간이 공동체로 모이게 되는 가장 근본적인 신앙적 정서 혹은 공동체의 기반이 되는 정서는 사랑과 친교, 우정과 형제애라는 것입니다. 일찍이 헨리 조지H. George의 경제 원리에 토대를 두고 토지 윤리를 강조한 대천덕Reuben A. Torrey III 신부는, 우리는 "전 우주적인 아버지의 아들들이고, 비옥한 땅은 그분의 선물"이라고 말했고, 친교koinonia란 땅을 나누고 집을 함께 쓰며 모든 물질을 나누는 자비의 행위라고 주장했습니다.[66] 이처럼 일정한 공간이 형성되어질 때, 그 공간 안의 공동체는 이와 같은 친교의 행위, 즉 유대감과 일치 등을 기본으로 해야만 합니다. 다시 말해서 한 공간 내에 뜻

---

[65] Adolar Zumkeller, O.S.A., 앞의 책, 32-41쪽.
[66] 대천덕(Reuben A. Torrey III), 기독교는 오늘을 위한 것, 홍성사, 2009, 138, 190쪽.

을 같이 하는 사람들을 '이웃'으로 간주하고 화목하게 살아가려는 의지가 표명되어야 합니다. 기실 도시 공동체, 아파트 공동체에서 살고 있는 사람들이 옆에서 살고 있는 사람을 이웃으로 대하지 않는 공간적 특성을 감안해 볼 때, 먹거리 생산자가 과연 동일한 지역 공동체에서 살고 있는 사람들을 이웃으로 대하겠느냐 하는 의문이 제기될 수도 있습니다. 하지만 결국 먹거리의 문제는 자신이 살고 있는 지역 공동체 안의 구성원을 사랑, 친교, 우정, 형제애 등의 정신과 감정적 인식을 가지고 대하지 않기 때문에 발생합니다. 더군다나 정체불명의 원거리 푸드 이동으로 먹거리가 생산 공급되는 현실이라면 이와 같은 공동체성, 혹은 생태 공간, 공감대가 형성되는 공동체가 이루어진다는 것은 거의 불가능한 것입니다. 이러한 의미에서 볼 때 먹거리의 생산자는 먹거리 공동체를 위한 봉사자라고 봐야 할 것입니다. 이는 경영의 묘를 살려 이윤을 남겨 전혀 자본을 축적하지 말라는 얘기가 아닙니다. 적어도 큰 차원에서 이웃의 범주를 넓히고 양심적이고 진정성이 있는 먹거리를 이웃 공동체에게 먹이는 사회 공동체적 실천이 있어야 한다는 말입니다.

『아우구스띠누스 규칙서』 V:1-3[V:30-32]절의 내용을 인용해보면 다음과 같습니다. "아무도 자신을 위한 일을 하지 말고 모든 일을 공동체를 위해 할 것이며 자신을 위한 개인 일을 할 때보다 더 열심히 그리고 더 기쁘게 할 것이다. "사랑은 사욕을 품지 않습니다"(1고린 13:5)라고 기록되어 있는데, 이 말은, 사랑은 개인의 것을 공동의 것보다 더 중히 여기지 않고, 오히려 공동의 것을 개인의 것보다 더 중히 여긴다는 뜻이다. … 그러므로 만일 누가 수도원에 사는 자기 자식이나 어떤 친척 관계에 있는 자에게 옷이나 그 외 필요하다고 생각되는 무슨 물건을 주면, 몰래 받지 말고 공동소유로 하여 원장의 권한으로 필요한 사람에게 줄 수 있게 할 것이다." 이곳에서 역설하고 있는 것은 수도원의 재산은 공동소유, 혹은 공유라는 말입니다. 수도원은 사적 이익이 아니라 공동의 이익을 추구하는 공동체입니다. 사적 관심을 떠나서 공동체의 관심사를 최우선으로 생각하는 공간입니다.[67] 사회적 관계성에서 제일 먼저 숙고해야 하는 것이 개인의 이익이 아니라 공동의 이익이라는 점을 잘 드러내주고 있는 것입니다. 재산이나 수도원의 공간이 공동의 이익에 부합하는 것이라면, 먹거리를 생산하는 자연 그 자체는 공동의 이익을 위한, 공동의 노동을 위한 대상이어야 합니다. 마찬가지로 지역 사회의 먹거리 생산 공간이 경영을 위한 사적 공간이라 할지라도 그것이 갖고 있는 성격이 공동체성을 띤 것이라면, 적어도 지역 공동체의 공유, 공동소유적인 땅이라는 인식을 가질 수 있어야 합니다. 다소 이상적인 생각일 수 있지만, 이미 먹거리를 통해서 공급되는 순간, 먹거리는 공급자의 사적인 것이 아니라 소비자와 공유되는 공유재의 물품이 됩니다. 나만 먹는 것이 아니라 공동으로 먹는 것이니 설령 생산 공간 자체가 사유지라고 할지라도 먹거리의 성격상 공유지, 공동 소유의 개념을 품고 있는 것이나 다름이 없습니다. 생산자가 먹거리를 통해서 소비자 전체의 건강을 책임지는 입장이라면, 그곳은, 그 지역은, 그 땅은 결코 '내 것'이라는 사유 개념으로만 생각해서는 안 될 것입니다(이 점에 있어서 헨리 조지는 토지에 대해서 소유권은 없고 오직 사용권만 있다고 본 것에 주목할 필요가 있습니다). 따라서 먹거리를 직간접적으로 생산하는 공급자는 수도원 공동체가 추구하는 것처럼, "공동체가 나에게

---

[0] Adolar Zumkeller, O.S.A., 앞의 책, 121-128쪽.

무엇을 줄 것이냐?"가 아니라 "내가 공동체에 무엇을 할 수 있느냐?"를 물어야 할 것입니다.[68]

먹거리의 소비자와 먹거리의 생산자 사이를 생각해본다면, 먹거리는 개인의 문제 혹은 개인의 운동 차원의 문제라기보다 공동체적인 차원의 문제로 봐야 합니다. 위에서 말한 바와 같이 먹거리를 생산, 유통하는 공급자가 진정한 의미에서의 공동체적인 마음을 가지고 있을 때, 지역 사회에 봉사한다는 마음을 갖고 이웃으로서의 소비자를 만날 때, 안전하고 건강한 먹거리를 먹을 수 있게 됩니다. 따라서 내가 소유하고 있는 땅이라는 먹거리 생산지로서의 공간이 소유나 이윤 창출을 위한 소비·소유 개념을 넘어서 새로운 먹거리 공동체적 사유를 가져야 합니다. 그러기 위해서는 인위人爲적으로 먹거리를 통해 형성된 탐욕, 이익, 이윤, 이기적인 공동체를 버리고 내가 타자를 지향하고, 또 타자는 나를 지향하는 무위無爲의 공동체를 만들어 나갈 때 먹거리의 문제도 해결의 국면을 맞이할 수가 있다고 봅니다. 공동체란 우리 사이에 항상 존재하고 있었던 것으로서 결국 공유와 사유라는 것은 분리 불가능한 것이라는 의식으로 전환이 되어야 할 필요가 있습니다.[69]

이것은 수도 공동체가 새로운 공동체적 개념을 염두에 두고 있기 때문입니다. 수도 공동체는 단지 수도원만이 아니라 지역 사회의 이웃들 전체가 공동체라는 인식을 가지고 그들을 진심어린 형제자매로 환대합니다. 그래서 넓은 의미의 공동체 인식을 통하여 이웃을 섬긴다는

---

[68] Adolar Zumkeller, O.S.A., 앞의 책, 127쪽.
[69] 하용삼, "자본주의적 종교와 로컬리티의 세속화", 부산대학교 한국민족문화연구소 엮음, 선망과 질시의 로컬리티, 소명출판사, 2013, 239-282쪽.

초공간적인 사명을 가지고 자기 이익이 아닌 공동체의 이익을 생각하는 모습을 볼 수가 있습니다. 즉 "자기 이익을 잊는 것이 자기에게 이익이 된다"는 자기 비움, 혹은 가난의 영성을 실천하고 있는 것입니다. 수도원 전통에는 이렇게 이윤 제일주의를 넘어서 자기 비움과 섬김이라는 신앙적 덕목을 잘 승화시키고 있음을 알 수가 있습니다.[70]

먹거리는 성격상 정치적입니다. 다시 말해서 악덕 자본가와 농업 대기업과의 싸움입니다. 이러한 관계 속에서 먹거리의 혁명을 가져올 수 있는 방법은 지역 경제를 촉진하기 위한 몸부림과 이미 앞에서 언급한 제철음식을 먹자는 운동을 전개하는 것입니다. 그래서 땅의 환경 수용능력을 넘지 않고 지역 경제를 활성화하는 길을 모색하는 것이 중요합니다. 이것은 결국 이웃과의 관계를 유지하는 좋은 생태적 공간의식, 생태적 지역의식, 생태적 공동의식이라고 말할 수 있습니다.[71] 또한 "경제는 인간의 한 사회행위입니다. 경제가치보다도 인간의 생명·생존·생사가 걸린 생명의 가치를 더 높게 두는 인간 우선의 정치가 인간이 살아가는 행위에 있어서는 목적과 수단을 잘못 취하지 않도록 함으로써, '음식은 생명이다'라는 생각을 기본으로 식품의 문제를 중시하도록 행정을 변혁시켜 나가는 것이 중요한 과제라고 생각합니다."[72]

---

[70] August Turak, 이병무 옮김, 수도원에 간 CEO. 나는 경영을 수도원에서 배웠다, 다반, 2014, 13-32쪽; Benedictus, 이형우 역주, 수도규칙(Regula Benedicti), 분도출판사, 1991, 196-199쪽, 제53장 1절과 15절 참조.

[71] Andrew Rimas & Evan D. Fraser, 유영훈 옮김, 음식의 제국, 알에치코리아, 2012, 381-383쪽.

[72] 마루야마 히로시(丸山 博), 앞의 책, 112쪽.

수도원, 시간의 해체와 생태적 시간

한편 수도자들은 몸을 위한 공간의 재창조에 의존하기만 했던 것은 아닙니다. 그들은 시간의 거룩함을 위해서 새로운 시간을 만들어가기 시작했습니다. 그것이 기도와 노동ora et labora의 조화뿐만 아니라 기도 사이사이에 바로 노동을 하면서 하느님을 향한 신심을 돈독히 하는 '성무일도'가 되었습니다. 성무일도는 크게 3시간을 단위로 해서 8개의 시과時課(주일야간기도 포함)를 두어 새벽(아침) 기도로부터 하루의 일과가 시작되어 종과(끝기도, 저녁 9시)에 이르러 취침을 하였습니다. 이러한 시간 개념은 도시 시간 개념에서 비롯된 것이 아니라 역으로(기도 시간을 중심으로) 세속의 식사 시간과 식사 횟수-시민들은 매우 이른 시간에 아침 식사를 하고 오전 9시경이나 10시경에 정찬을 한 후 저녁식사를 어두워지기 전 오후 3시경에 하였습니다. 수도자들은 일출과 일몰을 기점으로 하여 낮시간과 밤시간을 구분, 9시과, 그러니까 오후 3시경에 정찬을 하였고 저녁식사는 해질 무렵 만과verper(저녁 기도로서 하루의 일과를 다 마치면서 다음날의 도움을 청하는 기도) 이후에 하였습니다. 또는 정오에 점심식사를 하고 오후 3시경에 저녁 식사를 함으로써 하루에 두 번 식사를 했다는 설도 있습니다-에까지 적용될 만큼 그들의 시간 체계에도 상당한 영향을 미쳤습니다.[73] 이것은 도시의 시간과는 다른 시간 개념을 형성하면서 낮과 밤, 혹은 밝음과 어두움

---

73 Peter Hammond, 홍성표 옮김, 서양 중세의 음식과 축제, 도서출판 개신(충북대학교출판부), 2003, 160쪽; Adolar Zumkeller, O.S.A., 앞의 책, 93쪽; Benedictus, 앞의 책, 101쪽 각주 1번 참조.

의 시간에 해야 할 것과 하지 말아야 할 것 등을 수도규칙에 명시함으로써 시간을 거룩하게 하는 수도자의 삶의 모습을 견지해나갔다고 볼 수 있습니다. 『아우구스띠누스 규칙서』 II:1-4[II:1-13]절에는 "지정된 기도의 때와 시간을 지켜야 한다"[74]고 말하고 있습니다. 앞에서 언급했듯이 세속의 시간이 그리스도교 혹은 수도원의 시간 체계에 의해서 규정된 것을 보면 시간 안에 묻어 있는 속된 소리로부터 자유로워지기 위함이라는 것을 알게 됩니다. 세속된 소리와 분심을 하느님의 목소리로 모으고 마음을 새롭게 하는 시간은 식사 시간이나 식사 횟수보다 앞섭니다. 먹는 것보다 더 중요한 것은 분망한 마음을 기도의 때(시간)를 통해서 하느님의 목소리를 듣는 것입니다.[75]

현대 사회에서 대부분의 사람들은 시도 때도 없이 들려오는 여러 문명의 소리, 사실 듣지 말아야 하는 소리나 듣고 싶지 않음에도 불구하고 들어야 하는 소리를 차단할 수 있는 아무런 장치나 저항력이 없습니다. 일하는 시간, 잠을 자야 하는 시간, 쉬어야 하는 시간, 공부를 하는 시간, 심지어 식사를 하는 시간 등을 구분하지 않고 온갖 소리를 들어야 하는 것이 현실입니다. 그런데 이미 수도원에서는 그러한 시간과 구분되는 성시간聖時間, 즉 기도의 시간을 정해서 그때를 반드시 지키라고 분명하게 드러내고 있는 것입니다. 이것은 자본의 시간, 측정되는 시간이 아니라 정신의 시간, 영혼의 시간, 마음의 시간이라고 말할 수 있습니다. 시간을 하나의 전례ritual로서 인식하고 노동의 시간(에서 들리는 소리)과 달리 자신의 내면의 목소리를 듣고 초월자의 목소리

---

[74] Adolar Zumkeller, O.S.A., 앞의 책, 71쪽.
[75] Adolar Zumkeller, O.S.A., 앞의 책, 72-83쪽.

를 경청하는 시간의 정확한 구분과 성별이 필요합니다. 그래야만 우리가 이야기하는 좀 더 진지한 식사의 시간까지도 구분, 구별, 성별이 될 수 있으며 먹거리를 통해서 들려오는 소리, 음식물을 씹는 소리, 감사와 존중의 내면의 소리를 들을 수 있게 되는 것입니다. 이것은 『아우구스띠누스 규칙서』 Ⅲ:2[Ⅲ:15]절에서 좀 더 확실한 전거를 발견할 수가 있습니다. "공동 식탁에 앉으면 일어날 때까지 관례대로 독서하는 내용을 소음을 내거나 떠들지 말고 귀담아 들을지니, 너희 입으로 음식만을 먹지 말고 또한 귀로 하느님의 말씀을 받아들일 것이다."[76] 마찬가지로 베네딕도의 『수도규칙』 제38장에서도 이와 같이 말하고 있습니다. "형제들의 식사 동안에 독서를 생략해서는 안 되며, 우연히 책을 잡게 되는 사람이 책을 읽어서도 안 된다. … 완전한 침묵summum silentium을 지켜 단지 독서자의 소리 외에는 그 어떤 수군거림이나 목소리도 들리지 않게 할 것이다. … 형제들이 순서대로 읽거나 노래하지 말고, 듣는 사람들을 감동시킬 수 있는 형제들이 하도록 할 것이다."[77] 식탁에서 대하는 것은 음식과 동시에 하느님의 목소리입니다. 음식을 먹는 행위에서조차도 초월자의 소리와 가까이 있어야 한다는 것은 음식의 전례와 말씀의 전례가 동떨어져 있지 않다는 것을 의미합니다. 분명한 것은 시간의 전례화가 가능하다면 음식의 전례화 혹은 음식 의례도 가능할 수 있다는 것입니다. 그런 의미에서 수도원의 시간은 현대 시간의 탈시간화, 혹은 시간의 초월을 통한 종래 시간 개념의 해체라고 말할 수 있겠습니다.

---

[76] Adolar Zumkeller, O.S.A., 앞의 책, 84쪽.

[77] Benedictus, 앞의 책, 160-163쪽.

수도원의 시공간의 해체가 갖는 의미를 살펴볼 때, 먹거리는 자기가 사는 공간 내에서 자신의 직간접적인 노동을 통하여 생산된 것이어야 한다는 것이고, 또 하나는 기도와 노동 중에 노동은 기도를 위해서 존재하는 것이지 노동을 위해서 기도가 존재하는 것이 아니기 때문에 먹거리 생산은 거룩한 시간 전체의 일부분으로서 노동 시간을 통하여 이루어진다는 것을 알아야 합니다. 다시 말해서 수도원의 시간 전체는 하느님을 위한 시간이고 중간에 이루어지는 노동조차도 그 하느님의 성시간聖時間 안에서 이루어지는 거룩한 생산 행위였다는 것입니다. 그렇게 함으로써 낮에는 기도시간 뿐만 아니라 노동시간을 잘 활용하고, 밤에는 노동으로 인해서 피로한 몸을 푸는 쉬는 시간이면서 거룩한 밤의 시간으로 삼았을 것입니다. 오늘날 우리의 현대 시간 개념은 노동이 중심이 되어서 낮에도 노동, 밤에도 노동을 함으로써, 저녁은 노동 때문에 저녁이 되고, 주말은 노동 때문에 주말이 되는 노동과 쉼(기도)의 시간이 단절(혹은 분절과 혼용)되어 있는 것을 볼 수 있습니다. 거룩한 시간이 없는 것입니다. 오로지 노동의 시간만이 존재합니다.[78]

우리가 직면한 시공간의 난맥 속에서, 먹거리는 '왜'라는 근본적인 물음을 넘어서 '어떻게'라고 묻는 현실이 된 것은 어쩌면 너무나도 당연한지도 모릅니다. 단순히 먹는 것으로 치자면, 현대인들은 무엇을 먹든지 간에 다들 먹고 삽니다. 하지만 '어떻게'는 조금 다릅니다. 이 물음은 방법이나 윤리, 도덕, 철학, 종교 등 광범위한 답을 구하도록 요구

---

[78] Benedictus, 앞의 책, 184-185쪽. 『수도규칙』 제48장에서 "형제들은 **정해진 시간**에 육체노동을 하고 또 **정해진 시간**에 성독(聖讀, lectione divina)을 할 것이다"라는 말에 주목하라!(굵은 글씨는 글쓴이 강조)

하고 있기 때문입니다. 이러한 상황에서 그리스도교적인 입장에서 보자면, 글쓴이는 과거 수도자들이 이룬 시공간의 해체가 답이라고 생각합니다. 먹거리는 가급적 자신의 직간접적인 행위를 통하여 가까운 공간에서 생산해야 합니다. 그리고 그 먹거리를 생산하는 방식조차도 수행처럼, 수도자적인 삶을 사는 마음으로 씨를 뿌리고, 소출할 수 있는 자세가 되어야 합니다. 더불어 인간은 먹거리 생산을 위해서 먼저 낮과 밤이라는 자연의 이치에 따라서 노동과 쉼의 조화를 이루어야 하고, 동식물에게는 충분히 놀 시간, 먹을 시간, 잘 시간을 허락해야 합니다.

빠름의 효율성만을 고려하는 시간 개념 속에서 먹거리는 생각을 하며 먹을 수 있는 여유를 허락하지 않습니다. 패스트푸드란 글자 그대로 빠르게 먹는 음식이다. 자본주의의 시간에서는 효율성과 성과 위주의 노동을 강조합니다. 노동자가 충분히 음식을 먹으면서 음식에 대해서 사유하고 그 음식의 근원성과 신비에 대해서 감사하는 마음을 갖는 시간을 허락하지 않습니다. 당연히 급하고 빠르게 먹는 음식은 건강에도 좋을 리가 없습니다. 먹고 가능한 한 빨리 노동현장에, 빨리 학습현장(학생의 경우)에 투입되어야 하기 때문입니다. 패스트푸드는 맛의 획일화, 맛의 표준화를 통해서 맛을 느낄 자유마저도 빼앗습니다. 현대인들은 다양한 음식, 그리고 천천히 정성스럽게 만든 음식을 통해서 먹거리가 밥상에 올라와 그것을 함께 나누는 것이 아니라 다만 노동을 위한 에너지를 섭취하는 빠른 먹거리 시스템에 길들여지고 있는 것입니다.[79]

---

[79] (사)희망먹거리네트워커, 친환경무상급식풀뿌리국민연대, 모두가 행복한 밥상, 리북, 2013,

수도원에서는 모두가 한솥밥을 먹는 사람들입니다. 그래서 그들은 동료company라고 합니다. 공동체 구성원들은 모든 수도자들을 위해서 부엌에서 다른 수도자들에 의해 정성스럽게 봉사한 음식을 놓고 감사의 기도를 올리고 모두가 '함께' 식사를 합니다. 식사를 다했다고 먼저 일어나거나 나갈 수 있는 것은 아닙니다. 한 사람이라도 식사를 덜하였거나 못했다면 그 수도자가 식사를 다 마칠 때까지 기다려줍니다. 기다림, 감사, 그리고 천천히slow 식사를 통해 미각의 즐거움을 맛보는 수도자들의 식탁은 하느님의 사랑과 농부들의 수고, 그리고 자연의 베풂에 대해서 함께 생각하며 음미하는 시간으로 채워질 수가 있는 것입니다. 오늘날 과거의 가족family, oikos이라는 전통적인 관념이 많이 사라져서 한 밥상에서 식사를 할 수 있는 시간, 공동체적 식사라는 것이 의미가 없어지는 것이 사실입니다. 하지만 식사란 우주, 나, 그리고 먹거리를 둘러 싼 전체적인 관계 속에서 이루어지는 성스러운 행위라는 것을 잊어서는 안 됩니다. 그러므로 식사 행위는 단순히 끼니를 때우고 허기를 달래는 수준이 아니라 거룩한 삶의 의례, 거룩한 시간, 즉 나와 우주(자연), 그리고 먹거리를 사유하며 멈추는 시간이고 감사의 시간이 되어야 합니다.

그러나 이 모든 것이 한갓 탁상공론으로 그치고 말 수도 있습니다. 대부분의 그리스도교 공동체가 도시에 집중해 있기 때문에 과연 수도원처럼 자급자족하면서 탈도시적인 시공간 개념으로 바꿀 수 있을 것인가 하는 의문이 들 것입니다. 이미 초시간적/초공간적/탈영토적/탈지역적인 먹거리가 생산되고 있는 실정이기 때문입니다. 따라서 이제 그

226쪽.

리스도교 공동체는 그야말로 소공동체를 지향하면서 먹거리 생산을 확보할 수 있는 탈도시 시공간을 만들어야 합니다. 대형교회를 지향하기 보다는 감당 가능한 양심적인 공동체를 구성하여 다른 그 어느 것 보다도 앞장서서 먹거리를 생산해낼 수 있는 대안적 시공간을 모색해야 합니다. 또한 종교가 돈으로부터 자유로울 수 있어야 합니다. 교회당(성당)을 건축하고 유지하기 위해서 돈에 의존하는 순간 종교의 순수성은 상실될 수 있습니다.[80] 먹거리의 문제도 마찬가지입니다. 이는 실질적으로 브라질, 쿠바, 일본, 독일 등과 같은 해외의 사례에서만 보아도 도시에서의 자급자족이나 어메니티를 얼마든지 형성할 수 있다는 것을 알 수 있습니다. 이를 위해 수도원의 공동체적인 성격을 잘 이해해야 합니다. 노동하는 공동체, 밥을 먹는 공동체, 삶을 공유하는 공동체가 서로 동떨어진 것이 아니라 일치가 되는 것을 볼 수 있습니다. 수도원은 게다가 먹거리를 자체적으로, 혹은 인근에서 구하였으니 그들은 가급적 자신들이 살고 있는 공동체와 지역 사회와의 연관성에서 먹거리와 경제를 진지하게 생각했다는 것을 추측할 수 있습니다. 나아가 수도원 어메니티, 수도원처럼 토지의 공유재, 고유재를 인식하면서, 도시 텃밭, 공동체 텃밭community garden을 조성하는 운동도 전개하는 것이 좋을 것입니다.

로컬 푸드를 이용하기 위해서 지역교회는 먹거리 문제에 대해 방관자로서 있는 것이 아니라 참여자로, 참여시민으로서, 참여종교로서 자각해야 합니다. 그것은 "생태적 도시공동체" 혹은 "녹색도시"의 구상을 통해서 가능할 수 있을 것입니다. 생태적 도시공동체를 형성하려면 여

---

[80] 함석헌, 함석헌전집, 한국기독교는 무엇을 하려는가 3, 한길사, 1983, 279-280쪽.

러 가지 조건 중에 가장 핵심이 되는 것은 먹거리의 자급율 확보와 환경문제의 개선입니다. 더욱이 안전하고 건강한 먹거리 마련을 위한 생태적 도시공동체는 기존의 자본주의적 생산 방식과 소비 방식을 비판하고 개인주의를 넘어선 공동체주의를 지향해야 합니다. 그뿐만 아니라 생태적 도시공동체 혹은 녹색도시는 지역의 교회(종교)가 지역을 위한 교회가 될 때 가능한 일입니다. 그러기 위해서는 앞에서 언급했듯이 초공간적 대형교회를 지양하고, 자본 중심의 탈공간을 지양하고 지역 공간 속의 교회, 지역시민과의 연대를 지향하는 교회가 되어야 합니다.[81] 그런 의미에서 다음과 같은 조용훈의 주장은 지금까지 논한 수도원의 생태영성 혹은 생명밥상공동체를 많이 반영하고 있습니다.

> 공동체를 추구하는 교회는 교인들만으로 구성되는 공동체가 아니라 하느님을 주님을 고백하는 모든 교회들과 보편적(catholic) 교회로의 발전을 지향한다. 그런 지역교회는 하느님께서 교회 안의 백성들만 아니라 교회 밖의 사람들의 구원에도 관심하는 분임을 알아 지역사회 구성원들을 위한 섬김의 자세를 지닌다. 더 나아가 온 우주의 창조주이시며 통치자이신 하느님 안에서 범우주적 공동체를 염두에 두어야 한다. 이러한 목적에 도달하기 위해 교회는 자신을 하나의 제도가 아니라 성도의 교제나 사귐으로 이해하며, 세상을 섬기는 종으로서 이해할 필요가 있다. 교회는 세속화된 도시로부터 자신을 고립시키는 대신 적극적으로 세속도시를 섬김으로써 도시를 보다 더 지속 가능한 공간으로 만들 수 있다. 이를 위해 지역교회

---

[81] 조용훈, "생태적 도시공동체를 위한 지역교회의 과제", 한국기독교학회, 한국기독교신학논총, 2011(74), 253-254쪽.

는 생태적 지역공동체라는 비전을 지역주민과 공유하고, 지역의 환경문제를 자신의 문제로 인식하며, 구성원의 하나로 문제해결을 위해 적극적으로 참여해야 한다.[82]

이러한 생태적인 종교 이념을 가진 생태적 도시공동체를 위한 모범적인 사례들을 보면, 주민생협, 예장생협, 농도생협 등을 열거할 수 있습니다. 이들은 자연과 사람의 생명을 건강하게 살리면서 교회가 위치한 지역에 뿌리를 내리고 생산자와 소비자를 직접 연계하는 유기농산물직거래운동을 전개합니다. 또한 농촌(교회)과 도시(교회)가 하나되어 유기농직거래를 통해 서로 상생하는 생활공동체와 생명공동체를 건설하려고 합니다. 여기서 농촌교회는 도시교회의 안전하고 건강한 먹거리를 생산하기 위해 노력하고 도시교회는 그 먹거리를 소비함으로써 농촌교회 혹은 지역교회에 이윤을 가져다줍니다.[83] 따라서 앞으로 "교회가 자신을 '지역교회 local church'로 이해한다는 말은 지역의 문제를 교회의 문제로 인식하고, 지역사회의 발전을 교회의 성장과 함께 추구하며, 지역주민의 삶의 질에 사목적 관심을 기울인다는 말입니다. 이런 배경에서 자신이 가진 인적·조직·물적 자원을 통해서 지역사회를 섬기는 봉사사역에 초점을 두는 교회가"[84] 되어야 할 것입니다.

---

[82] 조용훈, 위의 글, 266쪽.
[83] 조용훈, 위의 글, 254-255쪽.
[84] 조용훈, 위의 글, 264쪽.

환경과 생명에 대한 종교·영성적 인식의 전환

먹는다는 것은 인간의 가장 본능적인 행위입니다. 본능은 생명 개체가 자신을 유지시키기 위한 근본이 되는 욕구를 말합니다. 그것은 생명체가 자신에게 필요로 하는 환경과 요소가 무엇인지를 이성의 합리적 판단을 거치지 않아도 자연스럽게 알게 되는 것입니다. 먹는다는 것은 배가 고파서 그리고 배를 채우고 활동에 필요한 영양소와 에너지를 얻기 위해서라는 것은 누구나 다 아는 사실입니다. 그런데 여기서 먹음 행위를 잘 못할 경우에는 심각한 문제를 양산하게 됩니다. 오히려 육체와 정신에 악영향을 미칠 수 있습니다. 그래서 먹을 수 있는 것과 먹지 못할 것을 분명하게 구분해야 할 필요가 있습니다. 그렇다면 지금 먹을 수 있는 것과 먹을 수 없는 것을 구분하는 권력은 누구에게 있을까요? 우리가 전혀 알지 못하는 대기업이라든가 제3의 생산자가 그것을 나누어줍니다. 먹거리에 대한 정보는 우리로서는 하나도 알지 못합니다. 오직 우리의 본능적 먹음 행위를 가능하게 만들어주는 것은 그들의 몫입니다. 이러한 때에 교회가 의식이 깨어서 모니터링을 할 수 있고 먹거리의 생산 과정에서 소비에 이르기까지를 지속적인 관심을 가지고 새로운 대안과 대항, 그리고 운동을 궁리·고안할 수 있어야 할 것입니다. "이젠 어디에서 물건을 사든지 거기에서는 진짜만 팔고, 산 것은 모두 생명의 바탕이 되는 음식물이 되어야"[85] 한다는 것이 허언이 되어서는 안 됩니다. 먹거리를 통제, 조작하고 심지어 이윤을 위해서는 소비자들의 목숨 정도는 아무렇지도 않게 생각하는 생산자의 의식을

---

85 마루야마 히로시(丸山 博), 앞의 책, 29쪽.

바꾸는 것은 소비자의 의식 변화에 달려있습니다. 대량으로 생산되어 먹기 쉬운 것, 먹기 좋은 것이 반드시 안전하고 건강한 먹거리라고 말할 수 없습니다. 시간이 걸리고 손이 많이 감으로써 경제적 가치나 척도로서는 타당하지 않다고 하더라도 제철 음식을 먹고 근접 거리의 유기농 먹거리를 소비하는 것이 미래의 먹거리 문화와 미래 세대의 건강을 위해서 반드시 필요합니다. 앞에서도 말했듯이, 이것은 지역 경제를 살리기 위한 중요한 변화가 될 것입니다.

그뿐만 아니라 종교(교회)는 먹거리 계급화를 넘어서는 먹거리 공유와 평등성을 일깨워야 합니다. 예수의 정신을 보면 자신의 식탁에는 누구나 와서 먹을 수 있도록 했습니다. 그는 먹거리를 나눌 수 있는 기회를 누구에게나 준 것이고, 언제나 먹거리의 접근성을 열려 있게끔 하였습니다. 유대교 사회에서 먹거리의 차별성을 혁파하고 동일한 식탁에 앉아서 나눌 수 있었다고 하는 것은 대단히 파격적인 행동이었습니다. 어디서든 먹거리를 같이 나누는 행위는 나와 너의 거리, 권력, 관계를 확인하는 수단이 됩니다. 그만큼 함께 먹는다는 것은 그 먹음을 통해서 마음을 나누고 의사소통을 하면서 교감하는 보이지 않는 언어가 됩니다. 그와 동일한 맥락에서 수도자들의 식탁 또한 먹거리의 평등성, 무계급성, 관용, 기쁨, 사랑이라는 공동체적 의식을 공유했습니다. 그러한 공동체적 의식은 단순히 내부의 수도자들뿐만 아니라 수도원 외부의 이웃과도 맞닿아 있었다고 볼 수 있습니다. 그러므로 종교이든 아니면 먹거리 생산자이든 먹거리의 사유화私有化를 넘어서 먹거리의 공유화, 먹거리의 사회화를 추구할 수 있는 음식사유飮食思惟의 변화가 있어야만 합니다.

먹거리는 생명적인 것들이 인간의 밥상 위에 올라오기 때문에 그들에 대한 숭고함까지는 아니더라도 최소한 존중하고 자연에 대한 예의를 갖추어야 합니다. 동식물은 인간의 미각을 위해서만 존재하고 자연은 끊임없이 인간의 식탁을 위해서 헌신한다는 알량한 생각은 금물입니다. 이러한 인식이야말로 언젠가 자연이 인간의 먹거리 독립성을 하찮게 여기는 결과가 될 것은 뻔한 이치입니다. "문명국가들이… 경제적으로 진보하는 운동에서 나타나는 특징가운데 생산이라는 현상과 긴밀하게 연관되어 가장 먼저 눈길을 끄는 것은 자연에 대한 인간지배력이 끊임없이, 그리고 인간의 예지력이 연장될 수 있는 한도까지 무제한으로 성장한다는 점입니다."[86] 인류의 진보에 대한 맹신, 그에 따른 자연의 지배에 대한 과욕과 교만을 나타내 보이는 이러한 확신이 오늘날 자연에 대한 폭력과 그로 인한 먹거리의 배신이 뒤따랐다고 볼 수 있습니다. 먹거리의 인위성, 작위성, 조작성, 먹거리의 파괴와 폭력성 등이 먹거리와 그 근원인 자연을 사물적인 것으로 전락하도록 만들었습니다. 음식은 결국 사물적인, 비인격적(비생명적)인 '그것'을 먹는 것이 아니라, 생명적인 '너'를 먹는다는 생명 존중의 인식이 있어야 합니다. 이를 위해서는 수도원 공동체처럼 적어도 자신이 직접 생산한 먹거리가 아니라면 로컬 푸드를 선택하여야 합니다. 물론 이러한 경우에는 반드시 상호간의 신뢰가 담보되어야 하는 것은 말할 것도 없습니다. 생산자가 정말 생명을 존중하면서 또는 환경을 보전하면서 먹거리를 생산하리라는 믿음이 있어야 한다는 말입니다. 먹거리와 생명, 그리고 환경보전이라는 문제는 결코 따로 분리해서 생각할 수 없는 문제이기 때문입니다. 환경이 보전되어야 건강하고 안전한 먹거리를 확보할 수 있다

---

[86] John S. Mill, 박동천 옮김, 정치경제학 원리4, 나남, 2010, 20-21쪽.

는 것은 상식입니다. 따라서 먹거리 생산의 문제는 윤리의 문제, 곧 사회 공동체적 윤리와 직결되어 있다고 해도 과언은 아닙니다.[87] 그런 의미에서 "자연파괴·식품공해·건강파괴는 그 뿌리가 하나같이 경제지상주의·자연경시·인간경시의 자본주의 사회의 필연적 결과이다"[88]라는 마루야마 히로시丸山 博의 비판을 방과放過해서는 안 될 것입니다.

수도원은 세상의 소란함과 번잡함을 피해 세속을 떠나 기도와 묵상을 하고자 하는 무리들이 모여 형성되었습니다. 그들은 깊은 고독을 즐기면서도 공동체 안에서 영원한 휴일, 영원한 안식을 생각하였습니다. 그들만의 안식처를 위해서 그들은 수도원 안에서 정원을 만들었고, 그것을 통하여 창조의 근원, 즉 하느님을 묵상하였습니다. 세상의 일부, 아름다움을 가져다주는 마치 내세의 기쁨gaudium을 미리 맛보는 수단이 되기도 하였습니다. 그러면서 그들은 정원을 통하여 우주를 만든 이를 향해 시선을 돌릴 수 있는 여유로움을 간직할 수 있었습니다.[89] 마찬가지로 오늘날 도시 위주의 삶을 살고 있는 현대인들에게 자연을 심미적으로 바라볼 수 있는 작은 공간이 필요합니다. 녹색도시, 혹은 녹색교회를 통하여 자연친화적인 삶이 가능할 수 있다면, 모든 먹거리의 근원이 되는 자연에 대한 심미성을 가질 수 있을 것입니다. 먹거리는 단순히 어떻게 안전하고 먹을 만한 음식을 생산할 것인가에 대한 문제를 넘어서 그 먹거리의 근원을 알고 먹거리를 대하는 우리의 태도 변화가 선행되지 않으면 안 됩니다. 따라서 생활세계 내에서 자연친화적

---

87 김석신, "음식에 대한 착한 생각, 음식윤리", 김영준 외, 좋은 음식을 말한다, 백년후, 2012, 205-237쪽.

88 마루야마 히로시(丸山 博), 앞의 책, 112쪽.

89 Robert P. Harrison, 조경진·황주영 옮김, 정원을 말하다, 나무도시, 2012, 135쪽.

인 요소와 환경을 조성하는 게 급선무가 되어야 합니다. 자연에 대한 관조, 그리고 자연 이면의 초월자에 대한 묵상, 더 나아가서 그 자연이 주는 먹거리에 대한 감사는 수도자들처럼 깊은 사유와 기도, 그리고 자연과의 관계 속에서 자신을 바라볼 수 있는 여유로움과 고독 속에서 발생할 수 있습니다. 이처럼 자신의 삶에서 자연에 대한 심미적 관조는 먹거리 혹은 물질 나눔과 물질의 관조까지도 나아갈 수 있는 영성적인 틈새를 마련해줍니다.

『아우구스띠누스 규칙서』 I:3[1:4]절에서는 먹거리를 비롯하여 일상적인 생활필수품조차도 공동의 의식을 가지고, 공동의 시선 속에서 바라보도록 안내하고 있음을 알 수 있습니다. "너희는 아무것도 자기 것이라 말하지 말고 모든 것을 너희의 공유로 할 것이다. 그리고 너희 원장이 너희 각자에게 음식과 의복을 나누어 주겠지만, 모든 이가 똑같은 건강을 갖고 있지 않으므로 모두에게 똑같이 하지 말고 각자에게 필요한 만큼 나누어 줄 것이다. 사실 너희가 사도행전에서 읽는 바와 같이 "그들은 모든 것을 공동 소유하여 저마다 필요한 만큼 나누어 받았다"(사도 4:33, 35)." 베네딕도의 『수도규칙』에서도 같은 내용이 명시되어 있습니다. "기록되어 있는 바와 같이 "모든 것은 모든 이에게 공동 소유가 되어야 하며", 누구라도 "무엇을 자기 것이라고 말하거나" 생각하지 말 것이다. … 적게 필요한 사람은 하느님께 감사드리고 애석하게 생각하지 말 것이며, 많이 필요한 사람은 연약함에 대해 겸손하고 자비를 받은 데 대해 교만하지 말아야 한다"(제33장-제34장).[90] 이와 같은 수도원의 규약에서 우리가 알 수 있는 것은 수도원의 근본적인 소

---

[90] Benedictus, 앞의 책, 151-153쪽.

유 개념에는 개인의 소유를 철폐하고 있다는 점입니다. 수도원의 재산, 구성물은 공유(재)입니다. 특히 여기에서 주목해야 할 것은 음식도 사유私有가 아니라 공유共有라는 것, 나누어야 한다는 지침을 세우고 있습니다. 더군다나 음식은 "필요한 만큼"이라는 표현이 이색적입니다. 음식을 나누되 각자가 필요한 양 만큼만 먹을 수 있다는 말입니다. 과욕, 과잉이 아닌 필요에 의해서, 인간의 근본적인 본능을 달래는, 어쩌면 자기보존의 욕구로서의 음식을 이야기하고 있는 것입니다. 음식, 즉 먹거리는 필요한 만큼만 섭취하도록 하는 것은 본능을 절제하고 먹거리의 가난을 실천하겠다는 발로로 봐야 합니다. 수도자에게 있어서 음식은 처음부터 끝까지 음식의 개별성보다 공유성, 공동성에 있습니다. 애초에 공동의 것을 나눈다는 의미는 음식의 공동체성을 통하여 개인의 이기심으로부터 자유로워지고, 개인보다는 공동의 것을 귀중하게 여기는 정신을 강조하기 위함입니다.[91]

수도자가 자기의 내면적 본성을 잘 다스리고 욕망을 순화, 절제하는 첫 번째 수단은 모든 것을 공동의 것으로 여기되, 먹거리조차도 공동의 분여임을 깨달아 사적 대상으로 삼지 않는 것입니다. 개인의 밥그릇(식기) 위에 놓여 있는 먹거리라고 해서 개인의 것이라고 하면 안 됩니다. 개인의 먹거리로 등장하기 위해서는 그 먹거리 생산의 동료성(공동성), 공동의 노고와 기도, 우주와 자연의 섭리, 초월자의 정신이 결합되어 있는 공동의 산물이라는 큰 틀에서 보면 먹거리는 공동성을 내면화하고 있는 것입니다. 그래서 먹거리의 가난은 인간의 본능(과욕, 과잉)에 대한 영성적·도덕적 지배력이라 볼 수 있습니다. 먹거리의 영성은

---

[91] Adolar Zumkeller, O.S.A., 앞의 책, 48-49쪽.

이렇듯 과욕을 부리려고 하는 자기 자신의 욕망을 넘어서는 수도자의 기본적 자세입니다. 이렇게 수도자들이 복음적 가난, 자발적 가난을 선택하는 것은 "하느님을 위해 또 그분께 봉사하기 위해 마음을 자유롭게 하는 것"입니다.[92] 먹거리에 대한 자발적 포기를 통해 가난의 영성을 실천할 수 있는 원동력은 그들이 그리스도의 정신적 DNA를 가지고 있기 때문입니다.[93] 먹거리의 가난 영성을 구현하는 데에는 수도자들의 '예수 근연도近緣度, degrees of relatedness' 혹은 '예수 혈연도'가 강하기 때문입니다. 예수 그리스도가 몸소 가난을 보여주신 것처럼 그들도 먹거리의 가난을 자기 귀속성으로 삼을 수 있는 것입니다.

먹거리의 생산자인 자연, 그리고 그 자연의 흐름 안에 인간이 있어야 하고 노동과 쉼의 조화를 이루면서 제철 음식을 통한 우주의 에너지를 흡수해 살아갈 때에 비로소 건강해질 수 있다는 것은 거듭 강조해도 지나친 말은 아닙니다. 그러나 우리나라 인구의 상당수가 도시에 집중해서 살아가고 있는 상황에서 자연의 흐름을 통해 먹거리를 안전하게 확보할 수 있는 사람은 그리 많지 않은 게 사실입니다. 게다가 권력과 장치라는 미셸 푸코M. Foucault의 논리로 도시 공간 자체를 풀어보면, 도시는 이미 계급 구조의 한 현상이고 또 한 축에서는 감금과 통제, 규율을 통한 장치가 내재되어 있음을 그냥 지나칠 수 없습니다. 다시 말해서 도시라는 곳은 죄인 혹은 악을 양산하는 공간이라는 것입니다. 먹거리의 계급화는 도시 안에서도 철저하게 이분화되어 권력을 가진 계층에서는 보다 정확하고 안정된 정보를 통해서 양질의 먹거리

---

[92] Adolar Zumkeller, O.S.A., 앞의 책, 51쪽.
[93] Adolar Zumkeller, O.S.A., 앞의 책, 53-57쪽.

를 확보할 수 있지만, 그렇지 않은 구획에서는 몸의 일반적인 통계적 건강과는 상관없는 먹거리를 통해서 생계를 유지할 수밖에 없는 하층 계급이 존재합니다.

이러한 상황에서 종교가 먹거리 문화와 먹거리 문제에 대해서 교정적인 역할을 할 수 있는가? 종교 스스로 먹거리의 양극화 혹은 먹거리의 계급화가 발생된 현실을 타개할 수 있는 탈권력화를 지향할 수 있는가? 도시 혹은 도시 속에 있는 종교가 이미 권력화가 되어버린 먹거리로부터 소외된 계층들에게 좀 더 솔직하고 건강한 먹거리를 제공할 수 있는 담론을 양산할 수 있는가는 미지수입니다. 대부분 고등 종교의 경우 먹거리에 대한 규정들을 명시하고 있습니다. 그 이유는 (생태)인류학적 차원에서 보면 종교적 터부가 아니면 자연과 인간의 공존 혹은 더 나아가서 먹거리에 대한 안정적인 확보를 위해서 만들어 놓았다는 것을 알 수 있습니다. 그런데 지금의 먹거리는 존재의 문제가 아니라 소유의 문제, 권력의 문제로 전락하고 말았습니다. 먹거리의 탐욕은 먹거리의 상업화와 자본화로 이어질 수밖에 없고, 먹거리는 결국 단순히 음식 레시피로 그치는 것이 아니라 규율, 통제, 독점, 감시의 문제가 됩니다.

먹거리의 풍부와 풍요로움 속에 살고 있는 우리들이 먹거리의 가난 영성을 체화해야 하는 것은 먹거리에 대한 불평등 때문입니다. 일부 사람들은 타자를 의식하지 않고 과잉이나 과욕을 통해 먹거리를 사적 욕망의 관점에서 바라보고 누리지만, 또 다른 사람들은 과소나 기아로 기본적인 욕구조차도 충족할 수 없는 경우가 많습니다. 이러한 상황에서 먹거리의 가난 영성을 통해 먹거리의 자발적 포기와 자족의 삶을 살아간다면 우리도 수도자의 정신적 DNA, 더 거슬러 올라가 예수

혈연도에 근접한 먹거리 의식의 DNA를 되새길 수 있을 것입니다. 모름지기 자족은 먹거리의 사적 지배를 넘어서 먹거리의 공동성, 먹거리의 공유성으로 갈 수 있는 지름길입니다. 우리 스스로가 먹거리에 대해서 가난할 수 없다면 먹거리의 균형, 먹거리의 평등성은 깨질 수밖에 없을 것이고, 먹거리의 독점으로 더 많은 사람들이 실질적인 가난에 허덕일 수밖에 없을 것입니다. 따라서 먹거리의 가난 영성은 공동의 것을 나눈다는 의지와 실천에서 출발한다는 것을 명심하고 먹거리와의 공존재, 먹거리 나눔을 통한 상호존재를 깊이 사려思慮해야 할 것입니다.

수도자의 식탁에서 먹거리는 온 우주와의 연대를 통해서 이루어진 산물이라는 의식이 있었을 것입니다. 그래서 수도자의 식탁은 인간의 망각된 것들의 기억이기도 합니다. 식탁에 올라온 먹거리(동식물)의 생명에 대한 기억과 되살림은 먹거리를 겸손하고 감사하게 생각하는 자발적인 가난으로 이어집니다. 먹거리에 대해서 일부러라도 유아론적 독식을 문제 삼지 않는다면 자연에서 파생되고, 동료의 수고에서 만들어진 먹거리를 좀 더 근원적인 생명의 지평에서 고려하지 않게 될 것입니다. 그러므로 먹거리에 대해서 가난한 마음을 갖는다는 것은 먹거리에 대한 감사요, 미각의 즐거움과 기쁨을 누릴 수 있도록 해준 신의 은총에 대한 감사이면서 먹거리를 신성함으로 바라볼 수 있는 영적 심성입니다. 무엇보다도 먹거리에 대해서 어느 누구도 사적으로 소유할 수 없다는 탈주권적이고 탈지배적인 사유와 실천만이 먹거리로부터 자유로울 수 있고, 그로인한 먹거리의 가난 영성을 종교인(그리스도인)이 삶의 태도로, 신앙의 소명으로 인식할 수 있는 길입니다.

『아우구스띠누스 규칙서』 III:1-5[III:14-18]절에는 먹거리에 대한 자유로움을 위해 다음과 같이 권고합니다. "건강이 허락하는 한도에서 너희는 식사와 음료의 단식재와 절제로 너희 육신을 제어하여라. 단식재를 지킬 수 없으면, 병자가 아닌 이상, 점심 식사 외에는 어떤 음식도 들어서는 안 된다. … 궁핍을 견디는 데 강한 자들은 자신을 더 부유한 자로 여길 것이니, 많이 소유하는 것보다는 요구가 적은 것이 더 낫기 때문이다."[94] 수도자들은 그리스도를 따라서 자기 극복, 육체적인 욕망의 극기, 감각과 감정의 절제, 통제, 억제를 해야 합니다. 음식도 예외일 수는 없습니다. 물론 육체적인 욕망 중에서 음식의 절제는 음식을 완전히 금욕적으로 억제하여 그 근본 욕구를 없애라는 것은 아닙니다. 다만 절제를 통해 육체의 기쁨보다는 영혼의 기쁨을 갖기 위해서이며 하느님의 법칙, 곧 성령의 법칙에 따르기 위함입니다. 창조주가 인간에게 먹음이라는 자유와 기쁨을 주신 것은 사실이나 거기에는 반드시 어떤 "질서에 맞게 적당하게" 취해야 합니다. 탐욕이나 탐식, 그리고 무절제는 창조주가 정해 놓은 질서를 깨는 것이므로 자신이 생각하기에 합리적이며 스스로 짊어질 수 있는 짐으로 여길 수 있을 정도로 음식에 대한 자기 절제가 필요합니다. 음식의 자기 절제는 이성과 의지, 특히 육체의 욕구를 잘 통어하고 창조주의 질서 안에 있기를 바라는 태도입니다. 그렇다면 궁극적으로 음식을 용기 있게 절제하는 이유는 어디에 있을까요? 하느님과 이웃에 대한 사랑입니다. 타자에 대한 배려와 염려, 그리고 그들을 향한 연민은 음식을 절제하고 나누는 정신으로 이어질 수밖에 없는 것입니다. 수도자들이 가지고 있는 음식에 대한 가치관을 현대인의 음식 문화에 접목해야 하는 이유가 여기에 있습니다. 과욕과 탐식을 절제하고 타자에 대해서 배려하는 마음과 행동이

---

[94] Adolar Zumkeller, O.S.A., 앞의 책, 85-86쪽.

먹거리를 공유하고 나눌 수 있도록 만드는 영성적 힘이 되는 것입니다. 많이 가지고 있고 많이 먹는다고 해서 부자가 아니다. 게다가 그렇다고 해서 그들이 행복하다고 볼 수도 없습니다. 오히려 수도자처럼 적은 음식과 의복에 만족할 수 있다면 그것이 진정한 행복입니다.[95] 현대인들은 너무 많이 먹어서 병이 발생합니다. 암癌이라는 것도 알고 보면 산山처럼 많이 먹어서[品] 생기는 병[疒]입니다. 그러므로 다른 사람들이 먹을 수 있는 기회를 줌으로써 덜 먹고 자족, 절제할 때에 비로소 먹거리를 통해서 건강해질 수 있을 것입니다.

먹는 문제(먹거리)를 성스럽게 하십시오! 아마도 수도자의 밥상은 이렇게 표현할 수 있을 것 같습니다. 현대인들에게 음식은 맛있거나 신기하거나 계급을 나타내거나 건강하게 하는 몸을 위한 것에 초점이 맞춰져 있다면, 수도자의 식탁은 인간의 영혼과 정신을 건강하게 해주면 그것으로 족하다는 사고를 가지고 있었습니다. 달리 말하면 음식과 정신, 영성이 구분되는 것이 아니라는 것입니다. 무엇을 먹느냐 혹은 어떻게, 어떤 자세로 먹느냐, 음식을 어떻게 대하느냐에 따라 영혼이 자유로워질 수 있느냐 없느냐가 결정됩니다. "음식은 신의 선물입니다." 음식을 굳이 신과 결부시키는 것은 음식 속에 하늘의 마음과 정성이 녹아 있기 때문입니다. 하늘은 인간에게 생명을 내려준 것입니다. 그러므로 음식을 먹는다는 것은 하늘 마음을 먹는 것이고 하늘의 생명, 하늘의 시간을 공유하는 것입니다.[96]

---

[95] Adolar Zumkeller, O.S.A., 앞의 책, 87-98쪽.
[96] 김대식, "하늘, 수도자의 밥상에 내려오다!", 이찬수 외, 식탁의 영성, 모시는사람들, 2013, 200-206쪽

모름지기 먹거리는 환경과 생명에 대한 인식의 문제에서 비롯됩니다. 사목자가 다른 일반적인 형태의 사목(성장 중심, 프로그램 및 이벤트 중심 등)에 초점을 맞추는 것을 넘어서 먹거리와 생명, 그리고 환경에 대한 관심을 기울여야 합니다. 사목자가 환경과 생명의식을 가지고 사목을 구상하지 않고 여전히 구태의연한 사목을 고집한다면 먹거리 소비자는 생산자에 의해서, 그리고 대기업에 의한 폭력으로 목숨을 내놓아야 하는 상황이 될 것입니다. 양심적인 생산자나 기업이 아니라면 그들이 생각하는 이익과 이윤 창출을 위해서 얼마든지 먹거리를 조작할 수 있기 때문입니다. 그러므로 먹거리의 필연적이고 근본적인 혁명은 곧 지금의 생존 문제와 직결되어 있을 뿐만 아니라, 미래 후손의 생명지속 가능성을 열어주는 것임을 명심해야 합니다. 그러기 위해서는 당면한 음식폭력에 맞서 저항하고 음식비폭력의 행위를 보여주어야 합니다.

나오는 말

글쓴이는 '수도자가 무엇을 먹었을까?'에 대한 논의보다 '수도자가 어떻게 먹었을까?', '먹거리를 대하는 그들의 태도와 자세는 무엇일까?', 더 나아가서 '수도자들이 근본적으로 먹거리를 위해서 어떤 삶의 환경, 생활세계를 만들었을까?'를 중심으로 본 논문을 전개하였습니다. 사람들은 오늘날 가급적 건강하고 안전한 먹거리를 위해서는 채식을 해야 한다고 말하기도 합니다. 틀린 말은 아닙니다. 그렇다고 해서 과거 수도자들이 채식만 했다고 말할 수는 없습니다. 다만 그들은 절제를 강조하였고, 몸보다는 정신과 영혼을 위해서 소식小食을 선택했다는 점이 대안으로 제시될 수는 있습니다. 하지만 그것이 전부는 아닙니다.

지금 우리의 밥상을 위협하고 있는 것은 다름 아닌 거대한 기업과 자본주의적인 먹거리 시스템의 폭력이기 때문에 그 구조적인 문제에 맞서기 위해서는 어떠한 자각과 먹거리 운동이 필요한가를 고민해야 합니다. 먹거리는 지구적 차원의 문제, 사회 구조적인 문제, 시스템의 문제라는 말입니다.

이러한 상황에서 이제는 먹거리 정의, 먹거리 민주주의를 위해서 종교가 앞장서야 할 때가 되었습니다. 그것은 각 종교의 먹음의 행위를 면밀히 검토하고 영성화뿐만 아니라 삶의 실천으로 이어지게 함으로써 종교의 먹음 행위, 혹은 성과 속의 금기 인류학이 단순히 이론이나 교리가 아니라 건강을 위한 지혜였음을 확증해야 할 것입니다. 먹거리를 단지 이윤 창출을 위한 생산품이나 수단으로 간주하는 행위에서 이제 먹거리는 생명이고 정신이고 영혼이라는 사실을 생산자 자신이 깨달아야 합니다. 그리고 교회는 생산자 자신이 될 수 있는 가능성, 되어야만 하는 당위성과 위기의식을 갖고 좀 더 먹거리에 관심을 기울여야 할 것입니다. "대다수의 사람들은 풍부한 '식품'더미를 앞에 두고 자기들이 '식량'을 고르는 자유를 빼앗겼다고는 자각하지 못하고 있습니다."[97] 먹거리의 주권, 즉 먹을 만한 음식을 먹을 수 있는 권리를 되찾고 확보하는 일은 매우 중요한 일입니다. 먹거리 주권은 먹거리 폭력을 무력화시키고 먹거리가 단순히 먹는 것, 먹기 위한 재료나 도구를 넘어서 먹거리의 품격, 품위, 가치를 다르게 부여하자는 이야기입니다. 먹어서 죽지 않을 음식을 먹을 권리라든가, 먹어서 건강하게 오래 살도록 하는 음식을 먹을 권리는 먹거리의 지위(자리), 먹거리 자체의 성격을 어떻게

---

97 마루야마 히로시(丸山 博), 앞의 책, 136-137쪽.

규정하고 이상화할 것인가 하는 것과도 맥을 같이 합니다.

앞에서 말한 것처럼 먹거리 혹은 먹거리 행위는 이제 영성화해야 할 시점에 와 있는 것입니다. 지난 날 수도자들이 음식을 먹을 때 하느님과 노동과 자연의 모든 수고와 땀, 그리고 그 마음을 헤아렸던 것처럼 먹거리는 하나의 시적이고 창조적인 과정을 통해서 이루어진 것이니 만큼 그런 대우를 당연히 받아야 한다는 것입니다. 그렇게 되면 그것을 취하는 인간의 먹거리 주권도 격상될 수밖에 없습니다. 먹거리를 하찮게 여겨서 그것들을 평가절하하고 제대로 다른 생명에게 자신의 생명을 고귀하게 내어줄 권리를 인정하지 않는다면 우리는 또 다른 자연을 상정하여 먹거리의 위격을 부여하는 역설을 경험할 수밖에 없습니다. 그것도 생산공장에서 말입니다. "음식물은 원래 자연에서 자란 것(들에서 나는 풀, 들에 사는 짐승 등)인데, 인간이 자연의 과정을 이용하여 재배·사육한 것(야채·곡물·가축 등)을 전통적인 방법으로 제조·가공 또는 조리한 것(말린 것, 절인 것, 유제품, 유지, 육제품 등)인데, 이 모든 것이 자연환경(태양·공기·물·흙 등)의 산물이고 음식물은 자연물 그 자체인 것이 당연한데-그런데도 일부러 '자연식품'이란 말이 생겨서 세상에서 쓰여지고 있다는 것은 그만큼 가짜이고 부자연한 식품이 범람하고 더 많다는 증거이다. 생명의 바탕인 음식이 사고 팔릴 때, 음식의 재료가 상품화될 때, 거기에서 이윤을 얻는 것을 생업으로 하는 식품제조판매업이 기업으로서 번성하는 이유도 바로 그것이다."[98] 하느님과 자연, 그리고 노동을 통해서 식탁에 올라온 먹거리를 감사하게 여겼던 수도자들의 마음은 곧 먹거리 혹은 먹거리 행위를 애매모호하게

---

[98] 마루야마 히로시(丸山 博), 앞의 책, 103-104쪽.

여기지 않았습니다. 다시 말해서 먹거리 혹은 먹거리 행위는 성스러운 사건이고 신비로운 경험의 일부일 수 있었습니다. 자연의 흐름, 곧 수도원의 독특한 공간과 시간을 통해서 만들어진 먹거리는 눈에 보이는 신비, 멈추지 않는 생명으로 보았을 것입니다. 그래서 그들은 먹음을 통해서도 하느님과 소통하고 자연과도 일치하는 경험을 하였기에 자연이라는 말이 죽은 단어가 아니라 거기에 어떤 고유한 위상을 부여하였을 것입니다.

또한 우리가 주지하다시피 "수도원은 사회와 사회의 주요 관심사에서 벗어나 있었습니다. 하지만 사람들과도 고립되게 생활했던 것은 아니었습니다. 초기 수도원은 노동의 중요성을 강조하여 스스로의 필요를 자급하였으며, 잉여분이 생겼을 때 이것을 팔아 가난한 사람들을 도와주었습니다."[99] 이처럼 수도원의 영성은 나눔 혹은 분배에 있었다고 볼 수 있습니다. 이것은 복음서(마태 14:13-21, 마르 6:31-44, 루가 9:10-17, 요한 6:5-15 참조)에 나와 있는 음식이적사화에서 예수가 무리들에게 음식을 분배하여 준 것이나 주님께서 가르쳐주신 기도에서 등장하는 생명을 위해서 물질을 제공하는 분배정의 혹은 부의 재분배와도 문맥을 같이 합니다. 빵은 생명의 물질적 기초입니다. 그것을 나누어야 한다는 생각은 예수나 수도자나 동일한 것이었습니다.[100] 이에 먹거리는 근본적으로 "생명의 바탕"[101]이라는 윤리관에 기초하여 만들어져야 합니다. 먹거리는 경제적 이윤의 추구의 문제가 아니라 생명이라

---

[99] 이은경, 앞의 책, 147쪽.
[100] Clayton Crockett & Jeffrey W. Robbins, *Religion, Politics, and the Earth. The New Materialism*, New York: Palgrave Macmillan, 2012, pp. 33-34.
[101] 마루야마 히로시(丸山 博), 102쪽.

는 토대 위에서 생산되어야만 시민들이 신뢰감을 가지고 소비할 수 있게 될 것입니다. 먹거리를 이윤의 척도, 즉 먼저 자신의 이익을 생각하고 시민, 지역 사회 공동체의 이익을 나중으로 생각하는 것을 바꾸어야 합니다. 먹거리를 통해서 자신을 비우고 헌신할 뿐만 아니라 지역을 위해서 섬긴다면 소비자들도 신뢰와 안전감을 가지고 그러한 먹거리를 우선적으로 소비해 줄 것입니다.

마지막으로 먹거리에 대해서 반성을 할 때 반드시 명심해야 할 것은 제발 먹거리를 낭비하지 말자는 것입니다. 먹거리를 남겨서 함부로 버린다는 것은 생명을 하찮게 여기는 것이나 다름이 없습니다. "음식을 낭비한다는 것은 곧 하느님의 시간과 마음을 소홀히 대한다는 것을 의미합니다. 음식은 생명으로서 누렸던 시간이 종말을 맞이하고, 자기 생명의 죽음을 통하여 우리의 생명의 시간을 살게 한 것이니, 음식을 나누는 시간은 하느님과 모든 생명 존재들에게 감사하는 시간이 되어야 마땅한 일입니다. 그러므로 식사를 할 때는 온전히 내 몸 안에 들어오는 음식에 집중하고 음식이 온 몸에 채워지는 것을 통하여 하늘 마음을 느끼시기를 바랍니다."[102] 수도자들이 하느님의 일opus Dei과 성무일도를 같이 본 것처럼, 노동의 시간과 전례의 시간은 동일하게 하느님을 섬기는 것servitutis officia처럼, 모든 시간은 사실 하느님의 시간이라고 말할 수 있습니다. 사람들은 한 때 인간에 대한 인식이나 신에 대한 인식을 바꾸면 세상을 다르게 볼 것이라 말하곤 했었습니다. 하지만 이제는 먹거리에 대한 인식을 달리해야만 인간 자신과 신에 대한 인식이 오히려 달라질 것이라고 말한다면 지나친 억측일까요?

---

102 김대식, 앞의 책, 206쪽

위의 그림 〈게으름뱅이 천국〉(1567)은 세 남자가 술과 음식을 배부르게 먹고 땅바닥에 쓰러져 자고 있는 모습입니다. 16세기 네덜란드 화가 피터르 브뢰헐Pieter Bruegel은 그 당시 먹거리가 풍부하지 못한 사회에서 늘 굶주림에 시달리는 사람들이 기름지고 배부르게 먹고 싶은 인간의 욕망을 보여주기 위한 작품입니다.[103] 그러한 욕망의 모순일까요? 한 심리학자에 따르면 음식을 "남기기보다 전부 먹는 편이 만족감이 느껴져 행복하다. 깨끗하게 전부 먹으면 사람에 대한 감사의 마음이 전해진다"고 말하면서, "잔뜩 주문해놓고 절반쯤 남기는 사람은 낭비벽이 있다"[104]고 주장한 바가 있습니다. 이를 토대로 인간에 대한 심리학적 환원주의나 보편주의적 행동론을 말하고자 함이 아닙니다. 우리 자

---

103 이명옥, "그림 속 음식… 꿈과 욕망을 머금다", 조선일보, 2014. 2. 6. A28면 참조.
104 시부야 쇼조, 박현석 옮김, 식탁 위의 심리학, 사과나무, 2013, 260-263쪽.

신의 무의식적인 행동들이 먹거리 자체에 대한 반성적 시각을 얼마나 등한히 하고 있는지를 일상적 삶에서 보여주고 있기 때문입니다. 이 글을 통하여 먹거리에 대한 수도자의 자세를 음미하는 것도 생활세계에서 일어날 수 있는 우리들의 먹거리에 태도를 변화시키기 위함이니 그 구조와 이론을 확립하기 전에 사소한 일상에서의 변화를 먼저 일으켜야 하지 않을까요? 음식은 마음·영혼·정신으로(을) 먹습니다. 고로 음식 영성, 혹은 먹거리 영성은 내일 이루어져야 하는 것이 아니라 지금 여기에서의 깨어 있는 의식과 결단, 그리고 용기 있는 행동에 의해서 구체화되어야 할 것입니다.

참고문헌

7. 함석헌의 '기억'의 신학과 영성적 철학

Schillebeeckx, E., "The Crisis in the Language of Faith as a Hermeneutical Problem", tra. David Smith, *The Language of Faith. Essays on Jesus, Theology, and the Church*, Maryknoll, New York: Orbis Books 1995.
금장태, 『조선 전기의 유학사상』, 서울: 서울대학교출판부 1997.
김　진, "함석헌 사상의 신학적 유산(1)", 「기독교사상」, 통권525호, 2002/9, pp. 134-142.
＿＿＿, "함석헌 사상의 신학적 유산(2)", 「기독교사상」, 통권526호, 2002/10, pp. 178-185.
＿＿＿, 『우리가 하느님에 대해서 말할 수 있는가. 함석헌과 파니카와의 대화』, 서울: 도서출판 한들, 1998.
김경재, "씨올사상 일고", 「씨올의 소리」, 9월호, 통권 제57호, 1976, pp. 54-61.
＿＿＿, "종교시에 나타난 하나님 이해", 씨올사상연구회 편, 『씨올, 생명, 평화. 함석헌의 철학과 사상』, 서울: 한길사, 2007, pp. 441-490.
김성수, "한국 기독교사에서 퀘이커주의와 함석헌의 위치", 박경미 외 지음, 『서구 기독교의 주체적 수용』, 서울: 이화여자대학교출판부, 2006, pp. 152-194.
박경미, "속죄론과 관련해서 본 함석헌의 예수 이해", 박경미 외 지음, 『서구 기독교의 주체적 수용』, 서울: 이화여자대학교출판부, 2006, pp. 195-241.
박소정, "함석헌의 씨올사상과 진정성의 윤리", 한신대학교 학술원 신학연구소 엮음, 『한국개신교가 한국 근현대의 사회·문화적 변동에 끼친 영향 연구』, 천안: 한국신학연구소, 2005, pp. 737-750.
박재순, 『민중신학과 씨올사상』, 서울: 천지, 1990.
서남동, "민중(씨올)은 누구인가?", 「씨올의 소리」, 4월호, 통권 제93호, 1980, pp. 59-73.
서현선, "한국적 '근대성'에 대한 비판과 종교적 대안들에 관한 연구", 박경미 외 지음, 『서구 기독교의 주체적 수용』, 서울: 이화여자대학교출판부, 2006, pp. 38-76.
송기득, "씨올의 삶-함석헌의 생철학의 문제-", 「씨올의 소리」, 9월호, 통권 제57호, 1976, pp. 38-53.
신승환, "영성개념의 철학적 사유 지평", 한국가톨릭철학회, 「가톨릭철학」, 제10호, 2008, pp. 5-33.
유석성, "함석헌의 평화사상", 「신학과 선교」, Vol. 33, 2007, pp. 113-135.
이병창, "함석헌과 샤르댕의 사상", 씨올사상연구회 편, 『씨올, 생명, 평화. 함석헌의 철학과 사상』,

서울: 한길사, 2007, pp. 551-580.
최인식, "함석헌의 성서적한국적 영성과 문화신학", 씨올사상연구회 편, 『씨올, 생명, 평화. 함석헌의 철학과 사상』, 서울: 한길사, 2007, pp. 491-549.
_____, "함석헌의 교회관", 『교수논총』, 제12집, 2001, pp. 463-496.
_____, "함석헌의 초기 신학사상 연구-성서조선(1927-1942)에 실린 글을 중심으로-", 『교수논총』, 제8집, 1997, pp. 243-265.
함석헌, "민족 복음화 운동", 『씨올의 소리』, 8월호, 통권 제66호, 1977, pp. 4-7.
_____, "사랑의 빛", 『씨올의 소리』, 2월호, 통권 제71호, 1978, pp. 4-13.
_____, "세계구원과 양심의 자유", 『씨올의 소리』, 1월호, 통권 제18호, 1973, pp. 6-18.
_____, "예수의 비폭력 투쟁", 『씨올의 소리』, 10월호, 통권 제77호, 1978, pp. 6-15.

(보론) 생명에 대한 존재론적 인식과 생명미학적 정치

Agamben, Giorgio. 김상운 옮김, 『세속화 예찬. 정치미학을 위한 10개의 노트』, 도서출판 난장, 2010.
Arendt, Hannah. 김선욱 옮김, 『예루살렘의 아이히만』, 한길사, 2006.
Balmer, Hans P. 임지연 옮김, 『철학적 미학』, 미진사, 2014.
Cateb, G. 이태영 옮김, 『인간의 존엄』, 말글빛냄, 2012.
Goudsblom, Johan. 천형균 옮김, 『니힐리즘과 문화』, 문학과지성사, 1988.
Habermas, J. 이진우 옮김, 『현대성의 철학적 담론』, 문예출판사, 1994.
Jonas, Hans. 김종국·소병철 옮김, 『물질·정신·창조』, 철학과현실사, 2007.
Jonas, Hans. 한정선 옮김, 『생명의 원리』, 아카넷, 2001.
Ranciere, J. 주형일 옮김, 『미학 안의 불편함』, 인간사랑, 2008.
Rutherford, Adam. 김학영 옮김, 『크리에이션: 생명의 기원과 미래』, 중앙북스, 2014.
Sartre, Jean-Paul. 박정태 옮김, 『지식인을 위한 변명』, 이학사, 2007.
Venkatesh, S. 문희경 옮김, 『플로팅 시티』, 어크로스, 2014.
김병수, 『트랜스리얼』, 도서출판 신원, 2013.
김영민, 『탈식민성과 우리 인문학의 글쓰기』, 민음사, 1996.
김진석, 『초월에서 포월로』, 솔, 1994.
다카하시 데쓰야(高橋哲哉), "타자에 대한 응답과 인문학의 책임", 연세대학교 국학연구원 HK 사업단 편, 『사회인문학과의 대화』, 에코리브르, 2013.
이창재, 『니체와 프로이트-계보학과 정신분석학-』, 철학과현실사, 2000.
장동석, 『살아 있는 도서관』, 현암사, 2012.
전재원, 『로고스와 필로소피아』, 경북대학교출판부, 2014.
조한상, 『공공성이란 무엇인가』, 책세상, 2009.
함석헌, 함석헌전집2, 『인간혁명의 철학』, 한길사, 1983.
Jonas, Hans. "Responsibility Today: The Ethics of an Endangered Future", John-Stewart

Gordon and Holger Burckhart, ed., *Global Ethics and Moral Responsibility*. Hans Jonas and his Critics, Ashgate, 2014.

Levy, David J. Hans Jonas: *The Integrity of Thinking*, Columbia and Lodon: University of Missouri Press, 2002.